湖南农业大学商学院学术文库编委会名单

主　任：刘志成

副主任：杨亦民　唐玉凤　李苏英

委　员：杜红梅　李苏英　李奇志　刘志成　莫　鸣
　　　　唐玉凤　孙艳华　杨亦民　张　珺　章喜为

湖南农业大学 商学院学术文库

湖南农业大学商学院学术文库

中国农产品绿色供应链耦合机制研究

Study on the Coupling Mechanism of Green Supply Chain for Agricultural Products in China

杜红梅/著

社会科学文献出版社
SOCIAL SCIENCES ACADEMIC PRESS (CHINA)

此项研究受到湖南省哲学社会科学评审委员会立项资助
（立项编号07YBB191）

湖南农业大学国际贸易重点学科资助
湖南农业大学商学院资助出版

目 录

第一章 绪论 …………………………………………… 1
 第一节 研究背景 ………………………………………… 1
 第二节 研究目的与意义 ………………………………… 8
 第三节 国内外研究动态 ………………………………… 9
 第四节 研究范围、相关内容阐释 ……………………… 24
 第五节 研究思路、主要内容和创新点 ………………… 32

**第二章 绿色供应链主体耦合的制度经济学
理论及其分析** ………………………………… 39
 第一节 制度经济学：对传统新古典经济学
    发出挑战 ………………………………………… 39
 第二节 契约理论 ………………………………………… 52
 第三节 供应链主体耦合：制度经济学分析 …………… 68

第三章 农产品绿色供应链耦合的动力机制
   ——价值创造和知识溢出 ……………………… 85
 第一节 农产品绿色供应链耦合的利益表现 …………… 85

1

第二节 一般供应链的利益来源分析……………………… 92

第三节 绿色供应链耦合的利益 …………………………… 102

第四章 农产品绿色供应链耦合的和谐与稳定机制 …… 112

第一节 农产品绿色供应链耦合的和谐与稳定
机制设计要求 …………………………………… 112

第二节 农产品绿色供应链耦合基础：信息
共享机制 ………………………………………… 114

第三节 农产品绿色供应链耦合激励：合作利益
分配机制 ………………………………………… 128

第四节 农产品绿色供应链耦合约束：契约履行
约束机制 ………………………………………… 138

第五章 加工商与原料生产者农户耦合的规范分析 …… 141

第一节 加工商与原料提供者农户的耦合机理 ……… 142

第二节 原料生产者与加工厂商耦合形式与问题 …… 146

第三节 加工企业与原料生产者农户参入农产品
绿色供应链的边界 ……………………………… 152

第四节 加工企业与原料生产者农户耦合博弈分析 … 158

第六章 "农户+加工企业"上游链耦合实证分析 …… 164

第一节 调研设计 ……………………………………… 164

第二节 基于农户视角的上游链耦合实证分析 ……… 167

第三节 基于加工企业视角的上游链耦合实证分析 … 175

第四节　案例：湖南 WY 米业有限公司与农户的
耦合分析 …………………………………… 185

第七章　加工商与贸易商的耦合分析 ………………… 196
第一节　加工 - 销售供应链耦合关系概述 ………… 196
第二节　单一零售商渠道模式下加工商与
贸易商耦合 ………………………………… 198
第三节　混合渠道模式下的加工商与贸易商耦合 …… 205

第八章　消费者绿色食品消费行为研究 ………………… 235
第一节　消费者对绿色食品的认知与评价 ………… 235
第二节　湖南省绿色茶油消费的实证分析 ………… 248

第九章　农产品绿色供应链耦合的外在动力：
政府监督与政府激励 …………………………… 269
第一节　政府规制：食品质量控制的重要手段 …… 269
第二节　农产品绿色供应链政府与企业博弈分析 …… 271
第三节　政府激励绿色农产品生产 ………………… 279
第四节　政府对绿色农产品市场实施监管 ………… 286

第十章　案例：加工生产商与原料生产者和
贸易商耦合 ……………………………………… 293
第一节　案例背景 ……………………………………… 293
第二节　茶油供应链模式 …………………………… 299

第十一章　研究结论 ………………………………………… 315

参考文献 …………………………………………………………… 319
附录1　绿色食品消费者调查问卷 ……………………… 328
附录2　农户调查问卷 …………………………………… 332
附录3　企业绿色食品生产与经营情况调查问卷 ……… 337
致谢 ……………………………………………………………… 343

第一章
绪　　论

第一节　研究背景

一　绿色化食品产业的提出

（一）绿色食品产生的背景

绿色产品作为有别于常规产品的一种新兴产业，其产生与发展受到社会、经济、资源、环境、技术等因素的深刻影响：①资源环境问题引起世界关注。农业现代化进程的加快，特别是化石能源在农业生产中的大量投入，一方面促进了农产品供给增长，另一方面也带来了能源危机、环境污染、资源退化和农业生产效率低下等问题。鉴于现代农业生产的一系列负面效应，世界各国在实践中探索了许多替代农业模式。20世纪80年代中期，持续农业的概念得以确定。1987年，世界环境与发展委员会提出了"2000年转向可持续农业的全球政策"；1988年，FAO制定了《可持续农业生产：对国际农业研究的要求》的政策性文件；1992年，在巴西召开的联合国环境与发展大会指出：可持续农业不只是一种选择，更是一种必然。在全球对现代农业的反思及对资源环境问题的关注中，以降低化石投入、保护资源环境、维持生态平衡、促进生态平衡、促进持续发展、确保人类健康的农业理念与实践应运而生，绿色食品正是这种新理念与新实践的结果。②食品污染问题危及人类健康。人工合成化学物质在农业生产过程中的投入及工业"三废"在自然环境中的排放，不仅造成了严重的资源环境问题，而且通过食品中有害物质残留与循环，将危害传给动物和人类，最终危及人类健康。我国癌症发病率、死亡率呈上升趋势，这些都与环境污染及食品污染有很大关系。食品污染的途径主要有生物性污染、化学性污染和放射性污染，其中生物性污染主要是由微生物及其毒素、寄生虫等引起的；化学性污染主要是由农用化学物质、食品添加剂、食品包装物和工业废弃物所引起；放射性污染主要由来自地壳中的放射性物质的富集引起。发生在欧洲的疯牛病、二恶英事件，更是引起全球恐慌。饲料添加剂的滥用，使有机砷成为通过有机肥向土壤中扩散继而在农产品中残留的人为污染源。③公众生活水平提高促进安全食品需求增长。随着经济的发展、公众收入水平的提高，食物在日常消费支出中所占的比重（恩格尔系数）逐步降低，这使公众对优质、营养、安全食品的消费增长成为可能。尽管目前世界上有机食品的市场份额大约只占食品总销售额的1%～3%，但在主要有机食品市场国家，有机园艺产品销售额在迅速增长。1990年，美国有机食品零售总额为10亿美元，1996年为65亿美元，2001年达90亿美元以上。在意大利，有机果品蔬菜的零售额在1998～2000年间，每年增长85%，而德国有机果品和蔬菜的销售额年增长速度分别为8%和15%。但居民收入水平提高带来的食物结构变化，特别是对猪肉、牛肉、羊肉、家禽、鲜蛋、蔬菜、鲜瓜果的人均购买量增长趋势，可以从一个侧面反映居民对优质、营养、高档、安全食品的需求增长。这说明，高收入群体的产生拉动了社会食品消费结构的超前变动，为安全食品、安全蔬菜的发展提供了需求空间。④绿色壁垒催化绿色食品产业成长。改革开放以来，随着我国主要农产品实现了由长期短缺到总量平衡、丰年有余的历史性转变，在强有力的市场拉动及政策推动下，中国农产品出口贸易得到快速发展。2007年，中国农产品出口额达370.1亿美元，比2006年同期增长23%，这预示着中国农产品出口已经进入一个新的发展阶段，成为国民经济中极具潜力的新的增长点。但是，随着关税等经济性贸易保护手段的空间越来越小，各进口国更多地将视线转向技术性贸易保护手段，并利用TBT协议和SPS协议存在的漏洞来提高限制农产品进口的技术壁垒，对食品安全标准和动植物检疫标准不断进行修改，标准不断提高，施用范围不断扩大，尤其是日本、美国、欧盟等地区有时甚至达到苛刻的地步。日本、美国、欧盟对我国农产品出口带来较大的冲击。据统计，2001年中国约有70多亿美元的出口商品受到技术贸易壁垒的影响，自2002年以来该影响呈扩大趋势。技术壁垒已经成为我国农产品扩大出口的主要障碍。

（二）绿色化食品产业的内涵

"绿色化食品产业"是相对于传统食品产业而言的。传统食品产业（食用加工农产品）在发展过程中，不仅造成生态环境的破坏，而且降低乃至损害着食品的质量安全，同时也造成产业链利益失衡。人们在充分认识生态演化、互利共生规律之后，开始科学理智地选择一种既有利于改善与保护生态环境、保障产品质量与安全，又有利于产业链各利益主体的新型食品产业可持续发展模式，这就是绿色化食品产业模式。绿色化食品产业强调链条建设，即强调"食品原料－食品加工－流通与消费"三个环节的绿色建设，充分体现了农业与食品加工和流通业唇齿相依、互利共生的关系。"绿色化食品产业"包含两重含义，一是指食品产业在满足人们对物质产品的需求的同时，最大限度地减少生产过程对物质资源的消耗、对环境的污染和生态的破坏，确保食品质量安全，兼顾食品产业的发展与生态环境的保护，最终形成产业发展与生态环境的协调；二是指贯穿于食品产业链中的各个主体利益的平衡。只有满足这两个方面的要求，食品产业才可能实现理性、稳定、协调发展。

二　绿色合作是未来企业可持续发展的方向

1. 企业绿色合作的含义

企业绿色合作是指企业在实现其经济目标的基础上，为了满足人类社会生态环境的可持续发展，通过产业系统的改造与重组，以实现产业链上的企业在有限生产资源条件下，旨在获得企业间资源、信息、技术等方面的整体竞争优势而进行的共生合作及其过程。

2. 企业绿色合作的目的

企业绿色合作目的可以将其主要动因归纳为以下三点。

（1）资源要素稀缺且分布不均决定企业绿色合作。获取具有竞争优势的资源要素是企业间谋求绿色合作的主要原因之一。在现实的经济系统中，资源承载力、环境容纳总量在一定时空范围内是恒定的，但其分布是不均匀的。差异导致竞争，竞争促进发展，优胜劣汰是自然及人类社会发展的普遍规律。按照系统的观点，任一系统都有某种利导因子主导其发展、都有某种限制因子抑制其发展，资源要素的稀缺性导致系统内的竞争和共生机制。这种相生相克作用是提高企业资源要素利用效率、增强系统自身活力、实现持续发展的必要条件，缺乏其中任何一种机制的系统都是没有生命力的系统。

企业是一个资源要素集合体，一个企业资源要素富余与短缺两种状态始终并存。企业资源具有稀缺性和特定性的特点，决定了企业资源具有较强的刚性，即短期内较快地增加资源或减少资源需要付出较高的成本、改变资源要素的构成也要付出较高的成本。企业资源的大小和结构既受到投入的限制，也受企业经营活动的影响。因此，企业资源富余和短缺两种状态必然同时存在。资源富余时，企业会想方设法地利用好资源，提高资源的利用率；资源短缺时，企业为减少其他资源利用的影响，要么增加对短缺资源的投入、改善其资源的结构,要么设法利用外部资源。充分、合理利用资源既是企业成长的动力源泉,也是企业对外合作的根本原因。

(2)形成组织网络,追求企业合作所带来的收益增加。从制度经济学的视角来看,企业共生的本质就是企业间的一种合作机制和依存关系。由于路径依赖的运行是由一定的动力推动的,这就是收益递增和由交易费用所确定的不完全市场[1]。前者是由某一种制度通过学习效应、协调效应等产生的;后者则进一步强化前一趋势。因此,在企业合作过程中所建立的以产品交换为纽带的网络效应,因其提高了资源的利用效率、降低了交易成本、建立了企业间的绿色合作关系,而得到了系统内关联企业的认同,进而形成了一致性的规则。这正反映绩优的路径依赖应该是:选择某一产权清晰的制度,经过学习效应等产生收益递增机制,再经过完全市场选择产权更清晰、更具有激励约束功能的制度以取代前一制度,以防锁定,并能够沿绩优路径前行,如此循环往复,从而收益不断递增,推动经济增长。这里的核心内容是:一要不断寻求产权清晰具有激励约束功能的制度;二要不断完善市场,两者彼此协调、缺一不可。

在以信息技术为基础的现代经济中,规模经济不再是生产方的规模经济,而是需求方的规模经济。其理由是:随着合作网络的扩大,企业间对生产资源和技术等信息的掌握会提高企业生存能力,给大中小企业一样的竞争机会,创造出边际收益递增的合作协同效应。这样,在现代经济中,不同的企业在合作中均获得了规模效益,增强了竞争力。因此,企业合作所要解决的不只是企业变大的问题,更重要的是,要解决中小企业之间、中小企业和大企业之间的合作问题。企业绿色合作使不同类型的企业围绕着自身的资源优势进行合理的市场分工,并且依靠生态网络寻求到相互合作、共享资源的专业化分工。由企业之间进一步分工合作和总体协调所带来潜在收益的增加,是促使相关企业采取绿色合作行为的直接原因。而其合作组织的有效运行取决于企业绿色合作产生的总效益是否大于由此而新增的交易费用。

（3）构造产业优势，规避恶性竞争。随着现代工业的发展，社会化分工、机械化的批量生产造成资源稀缺所导致的企业间竞争的加剧。于是，人们片面地将市场经济简单地理解为竞争性经济，孤立地强调竞争，似乎企业是为了竞争而生存的。需要指出的是，现代市场经济是竞争和合作相兼容的经济，合作能够降低竞争费用。对于企业来说，合作比竞争更为重要，兼容和资源共享就体现了合作。从一般意义而言，符合人类终极价值的合作发生在一般的市场行为中，其目标是避免企业间相互的恶性竞争、制定与遵守共同的规范、共同获取市场信息、联合影响政府从而获得有利政策乃至一般性的交流、沟通等。同时，绿色合作可以提高企业之间的竞争能力，还会产生生态效益和社会效益。竞争越是激烈，合作越显重要。

3. 企业绿色合作的本质和特征

企业之间能否建立合作关系，应考虑以下两个条件：①合作关系要实现的企业目标是否是战略性目标？②合作方是否具备更强大的资源、能力或市场实力，并能够使企业目标更便捷地实现？

企业间合作究竟采取何种组织形式，要综合考虑各种因素，包括合作伙伴的战略重要性、资产专用性及交易发生的频率、业务关联度等。合作是企业与企业相互作用的一种模式。企业间的合作作为一种新型的网络组织，被人们称之为除市场、企业之外的既有企业成分，又有市场属性的"第三种组织形式"。企业绿色合作的本质是以资源的循环利用为特征，以实现经济效益和生态效益为目标，实现经济活动主体与自然之间和经济活动主体之间关系和谐的新型组织关系与组织形式。总之，企业绿色合作体现了一个共同特征：市场的自组织协同取代了企业个体对资源的组织协调；企业间战略协作的准一体化模式取代了企业实体上的一体化模式；中小企业构筑的资源共生网络取代了不断强大的企业个体；共赢的企业竞合关系取代了单一的市场恶性竞争。

三 农产品绿色供应链管理模式的提出

20世纪90年代中期以后，世界农产品市场出现如下形势：①顾客对农产品的需求度变化快、服务要求高；②农产品供给大于需求，国内国际市场竞争激烈；③农产品贸易自由化、全球化进程加快农产品产业链网络化，从原产品到最终用户的农业综合企业管理越来越复杂，交易成本增加，非核心业务需要外包；④食品安全与质量要求日益严格，农产品生产与消费要求及环境相容。

面对这种新形势，农产品生产者和相关企业如何组织生产、经营，增强竞争能力，需要由农产品生产者到消费者乃至政府组成的供应链来协调解决。农产品经营者将农产品由生产推向市场，保持赢得利润的有效途径是建立有效的绿色供应链，这已被研究者和农业管理者普遍认同。因此，20世纪90年代末，农产品绿色供应链逐渐被学术界、政府和农业企业所关注，成为研究热点。

绿色供应链管理是最有力的竞争工具之一。农产品绿色供应链管理，会促进农业专业化分工，优化和链接供应链上所有过程和功能，把农业生产资料供应商、农产品生产者、加工商、销售商以及物流服务商整合为一体，以顾客需求为导向提供农产品，节约交易成本，提高资源利用效率，使整个供应链产生的价值最大化，同时向各环节都能获得平均利润的方向发展，更好地控制食品质量和安全，实现与环境相容，有利于供应链成员间传播知识和技术、扩散资本，使供应链的竞争者不易复制、模仿，从而提高供应链的整体竞争优势。

食品加工企业实施绿色供应链管理是其面对资源稀缺、环境恶化而作出的积极反应，是政策法律压力、绿色需求拉力、拓展市场动力的综合体，更是突破国际绿色壁垒的客观需要。但是，从实证调查来看，目前我国食品加工企业绿色供应链管理的意识还没有真正转化为实际行动。之所出现这种现象，本文认为一方面是由于缺乏相应的实施动力和压力，另一方面是由于企业缺乏对绿色供应链体系结构和运作流程的了解，缺乏可行的绿色供应链耦合机制来指导企业的决策及其行为，因此本文拟对农产品绿色供应链的耦合机制进行研究。

第二节 研究目的与意义

一 研究目的

长期困扰我国的食用农产品质量安全问题、食用农产品行业效率不高问题等，很大程度上是组织体制问题，即食用农产品供应链主体耦合问题，表现为食用农产品供应链各环节链接松弛，产、供、销利益不均衡，加工和购销环节利益过大，农产品的初级生产与加工和购销部门之间关系对立、矛盾尖锐。为了优化供应链上所有过程和功能，以顾客需求为导向提供绿色食品，节约交易成本，提高资源利用效率，使整个农产品供应链产生的价值最大化，同时向各环节都能获得平均利润的方向发展，更好地控制食品质量和安全，实现与环境相容，促进供应链成员间传播知识、技术、扩散资本，使供应链的竞争者不易复制、模仿，从而提高食用农产品供应链的整体竞争优势，就应该对食用农产品供应链的耦合问题进行研究。本研究将制度经济学引入到供应链关系的研究中，运用交易成本理论、委托－代理理论、博弈论等对供应链主体耦合进行分析，力图找到使农产品绿色供应链顺畅运行的有效制度安排，希望能丰富与发展供应链管理的理论体系，并能对我国农产品生产加工及其营销企业生产经营管理模式提供有价值的借鉴参考。

二 研究意义

（1）实施绿色供应链管理是提高我国农产品质量与价格竞争力的重要途径，这已得到理论界和实业界的认同。但对如何进行农产品供应链成员间协调与管理的研究不够。因此，通过对食用农产品绿色供应链耦合的研究，有利于我国市场化农业的发展，有利于为我国农产品绿色供应链管理实践提供理论指导。

（2）作为 WTO 成员国，中国的国内、国际农产品的市场竞争将更加激烈，通过对我国食用农产品供应链的优化，有利于提高我国食用农产品的竞争力、扩大市场占有份额。这里所谓食用农产品供应链的优化，是要通过加强原料农产品生产、加工、销售或农产品上下游企业之间的组织、信息、价值和物流的沟通与协调，提高农产品的附加值和增强质量竞争力。

（3）与国外农业跨国公司相比，我国的食用农产品加工企业在供应链、信息链、价值链等管理方面还很不成熟，迫切需要这方面的理论指导，这样，利用供应链管理理论就食用农产品链设计出的供应链耦合模式、实施方案才更加有针对性和可操作性。

（4）供应链管理的重点是探讨如何提高整个食用农产品供应链的效率问题，并通过产品链信息流系统逆向地将需求信息传到农产品生产部门，经过加工、储运、销售系统，最终满足市场消费需要。食用农产品供应链一头连接着市场，另一头连接着商品生产、加工、储运和供应，供应链管理有利于克服农产品市场信息不对称问题。因此，食用农产品供应链系统对切实解决农民小规模生产与农业发展专业化、商品化、社会化的矛盾，对提高农民收入和促进农村经济结构调整等都将产生重大的影响。

第三节　国内外研究动态

一　国外研究动态

（一）关于供应链、绿色供应链管理、农产品供应链管理研究

（1）供应链。供应链（Supply Chain，SC）是美国战略管理学

家迈克尔·波特的价值链理论从企业内部向企业外部发展的产物。波特提出的价值链是面向企业内部各职能部门的。然而，企业的价值链不是孤立存在的，企业的价值链与其上下游企业的价值链密切相关，包括上游企业的价值链及其企业价值输入的效率、下游企业的价值链及其企业价值输出的效率。因此，企业要获取并保持竞争力，不仅有赖于企业自身的价值链，而且有赖于企业所处的价值链系统。

Lin F. R 等认为，供应链是包括供应商、制造商、销售商在内，涉及物流、资金流、信息流的网络系统[2]。随后还有许多学者对供应链展开研究，但各自的侧重点不同，涉及的范围也不同，所以没有形成统一的定义，但普遍都强调了顾客需求活动的有机整体性及供应链的增值作用。H. L. Lee and C. Billington 提出，供应链管理是基于市场（消费者需求）导向，满足最终用户的真实需求，对采购、生产、运输和仓储配送及相关服务等诸企业网络之间的行为整合的管理模式[3]。

1985年，侯里翰指出供应链是由供应商、制造商、分销商、零售商、最终顾客等组成的系统，在这个系统内，物质从供应商向最终顾客流动，信息流动则是双向的，人们开始关注上下游企业之间的价值合作与协调问题[4]。

斯迪文斯在其论文中提出，供应链是在将商品从供应商传递到顾客的过程中计划、调整、控制物料、分配、制造等一系列连续的活动，在供应链内主要关心物流与信息流[5]。

近年来，经济全球化使供应链的范围进一步扩大，基于这一点，O'Brien and Head 认为，在经济全球化条件下，供应链也应该包括与政府规则、文化有关的问题[6]。

到了最近，供应链的概念更加注重围绕核心企业的网链关系，如核心企业与供应商、供应商的供应商乃至与一切前向的关系，与用户、用户的用户及一切后向的关系，此时对供应链的认识形成了网链的概念，如图1-1所示。世界上许多著名的大公司如丰田、麦当劳、沃尔玛特公司的供应链管理都是从网链角度来实施的。

从图 1-1 中可以看出，供应链由所有加盟的节点企业组成，其中一般有一个核心企业，节点企业在需求信息的驱动下，通过供应链的职能分工与合作（生产、分销和零售）等，以物流、信息流和资金流为媒介，实现整个供应链的不断增值。

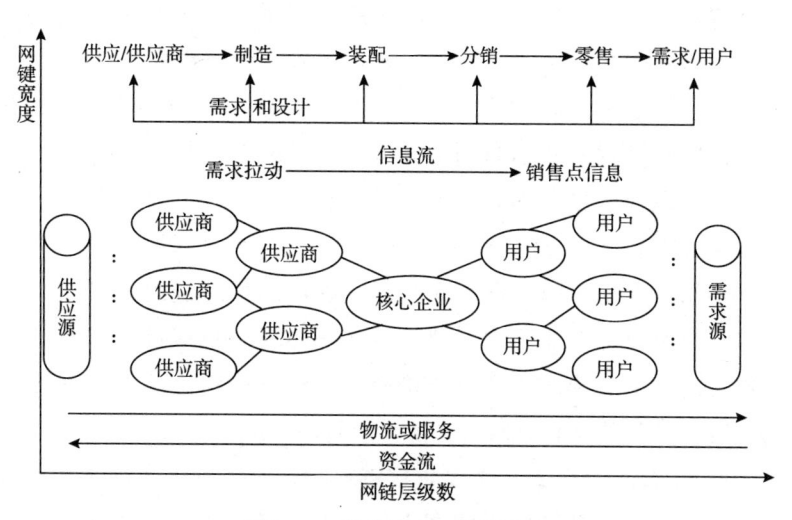

图 1-1　供应链网链结构模型

（2）绿色供应链管理。绿色供应链提出的时间较短，研究开始于 20 世纪 90 年代，绿色供应链来源于供应链管理思想与可持续发展的思想，从现有研究来看，对于绿色供应链的概念与内涵还没有形成一个完整的概念体系。

Steve V. Walton 等认为绿色供应链管理就是将供应商加入到企业的环境战略中，其核心思想是将集成管理的思想运用到绿色供应链的领域中[7]。

M. H. Nagel 认为绿色供应链的管理涉及产品的使用、组成以及生产的全过程，认为应在原有供应链思想的基础上强调环境保护的意识，并且要求在供应链范围内达成一种长期的战略关系，同时强调技术支持在绿色供应链运营过程中的关键性作用[8]。

（3）农产品供应链。W. Sterm 指出，农产品供应链是一个为了生产销售共同产品而相互联系、相互依赖的组织系统，它类似一种超级组织[3]。E. Pelton 提出，农产品供应链包括交换过程中的各种关系，是交换的推动器。国外的研究特别揭示涉农供应链是一种贯穿"田间到餐桌"的过程且"生产商与消费者双驱动模式"特征明显的非线性系统[3]。（这里的"生产商"简单说就是农民）。华盛顿州立大学 Kenneth Cassavant 教授认为涉农链是一个"生产调整＋消费驱动"的复杂系统[9]。Woods 和 Elizabeth 等提出，农产品供应链管理是指通过对农产品生产、加工、销售等各环节参与者的管理，以更高的效率向终端提供农产品，并在数量、质量和价格方面满足终端消费者的需要[10]。

从笔者查阅的国外研究文献看，农产品供应链组织模式分类根据组织发起者产业不同，分为后向一体化的供应链模式和前向一体化的供应链模式。还有，按照供应链的组织发起者与原料生产供应者的利益关系不同，分为合同制供应链和公司制供应链。

Brennan，D. 认为农产品供应链核心企业同成员企业通过契约联系起来，按照缔结契约各方合作深度及期限来划分，契约关系大致有三种类型：战略性契约关系、一般性契约关系和弱契约关系[11]。

（二）关于供应链与竞争力关系的研究

普拉哈拉德和哈梅尔定义核心竞争力是指企业或"组织中的聚合性学识（Collective Learning），特别是关于如何协调不同的生产技能和整合多种技术流的学识"[12]。决定企业竞争力的并不是某项或某些单独存在的技术和技能有多先进，而在于它们是否取得了"和谐的集合"。库姆斯提出，企业核心竞争力是企业能力的一个特定组合，是企业市场域和技术域相互作用的特定经验的积累，它既有技术特性，又具有组织特性[13]。伊斯顿等人也认为，一项资源的价值在与其他资源关联性运用中得到体现使其贡献得到放大，而且在资源的积累运用过程中涉及许多行动者[14]。后来众多学者进行的核心竞争力研究，提出的"资源组合"和"能量聚集"、"体系优势"的研究，都表明了资源之间的关联以及促进这种关联的组织能力在提升竞争力过程中居于极端重要的地位。无论对于企业，还是其他构成相对独立的"竞争单元"的系统，其系统层面上的资源聚集和整合都是至为关键的。对于任何层次的系统来说，组织的良好构建和运作可以使竞争主体建立起有别于其对手的核心能力和竞争优势。具体就供应链系统来说，为整条供应链竞争力的提高作出贡献的利益相关者的独特资源和能力，必须通过有机的联结才能形成力量的汇聚和放大，即取得"1+1＞2"的效果。

（三）关于供应链组织动因的理论诠释

1. 交易成本经济学

Davis 和 Goldberg 在如何创立农业关联企业的体系方法方面迈出了可喜的第一步。从 Goldberg 的著作中，人们可以利用工业组织理论了解农业关联企业体系。近年来，为了建立农业关联企业的管理体系，一些学者认为，除单纯的工业组织理论之外，还应以传统的价值转移理论及新制度经济学理论特别是交易成本和组织环境理论作为构筑农业关联企业体系的主要理论基础。最近的发展趋势是，将工业组织和交易成本经济学两种理论融合起来解释农业关联企业的管理体系，对于更好地理解农业关联企业体系的动态性带来了新的视野[15]。

科斯在《企业的性质》一文中指出，企业产生的根本原因就在于通过企业对市场的替代，从而节约交易费用[16]。这对于企业作为生产单位的传统理论而言是一个很大的挑战。张五常大大推进了科斯的理论，在张五常看来，企业的存在是因为"代理费用"取代发现"相对价格"的费用，当这种替代在边际上相等时，替代将无法进行下去；他进一步认为，"说企业取代市场并不十分确切，而应该说一种契约形式取代另一种契约形式"[17]。威廉姆森在科斯两分法的基础上，增加了一个"混合模式"。1985年，在其代表性著作《资本主义经济制度》中，威廉姆森深化了他对交易分布的研究，同时，针对混合模式中的交易提出了"抵押模型"。其核心思想是，通过恰当的抵押，在交易双方可以保持自己独立地位的同时，复制出纵向一体化中节约交易费用的结果[18]。在提出"混合模式"之后，如何解释这种治理结构以及如何解释这种治理结构中企业的行为特征，威廉姆森没有给出分析。青木昌彦同样较早提出了用长期缔约来替代纵向一体化，他使用"协作合同集团"一词来形容威廉姆森所谓的"混合模式"，他认为，协作合同集团是指"与一个主要的制造商签有合作协议的供应商的分层的、准长期的集团"；他还用一个突出分析了风险和谈判力的"定价模型"来描绘这一集团内部的某些行为特征[19]。

2. 交易价值范式

E. J. Iajac 和 C. P. Olsen 提出了一种共同价值最大化的假设，认为对于交易价值的预期，并非仅仅建立在单个企业的利益基础之上，而是建立在所有交易方的共同利益基础之上。在企业合作战略中的交易伙伴主要关心的是如何预期合作间交易价值，如何与合作伙伴共同创造价值以及如何分配这些价值[15]。K. J. Blois 也坚持交易价值范式，他总结了一些纵向一体化的各种可能的成本和收益，并进一步分析，如果一家企业与另一家企业发展一种特殊的关系，通过这种关系可以节约一体化的成本、却能得到一体化的收益，那么，与纵向一体化相比，发展这种关系便成为帕累托最优。K. J. Blois 所指特殊的关系便是企业间合作，他将之称为纵向准一体化。接着他又进一步分析了什么环境下可能产生这种准一体化关系，他认为，当在交易链中有一个大客户并且这个大客户有能力对供应商施加影响时，尤其当该供应商的产品具有产品或市场的专用性时，这种准一体化关系往往容易产生[15]。

3. 资源依赖理论

资源依赖理论的核心思想是，企业租金来源于企业自身是否具备竞争优势，即企业所拥有的资源是其租金的来源。该理论紧紧围绕企业的资源，从资源角度对企业进行了重新定义，在此基础上，他们也用资源来解释企业间的联盟和网络——战略联盟和企业间合作只是企业获得资源的一种方式。

4. 企业网络理论

企业网络理论核心思想是，经济行为发生在广阔的社会背景中，因此不能忽略这些社会关系对组织的影响。该理论认为，类似于供应链、特许经营、分包制等产品组织，可以在网络的框架下进行研究。企业网络理论对于企业的研究可大致归类为："嵌入型"关系，"弱关系"中的信息优势，网络中的控制优势和社会资本理论，分别有 Dyer、Granovetter、Burt、科尔曼等人进行了研究。科尔曼等将嵌入性关系、弱关系等概括为社会资本理论，他们认为个人除了控制着人力资源、自然资源以外，还有一种社会性资源，这种资源处于社会网络之中，只有在网络内的人才能使用它，这种资源可以为人们带来很大的收益[15]。

（四）关于供应链耦合的研究

（1）工业品供应链协调。工业品供应链协调研究成果相当丰富，分别有 Clark、Romano、Chandra、Sebadtian、Thomas 等众多学者提出了相应的协调机制和模型，相比较而言，农产品供应链协调机制的研究就显得很不够。

（2）关于农产品供应链功能主体。Kliebensteinetal 从收益和风险的角度分析了美国生猪生产阶段所使用的合同方式，指出农户使用合同的主要目的是减少风险、获得资金和增加收入[20]。Poole et al. 在对西班牙水果种植农场选择营销渠道行为的研究中指出，农户面临的价格和付款的不确定性是影响农户选择营销渠道的主要因素[21]。Boger 对波兰生猪养殖行业的研究表明，随着经济的发展，交易组织形式逐渐由市场交易向合同生产方式转变，质量是决定生产者是否采用合同生产方式的关键因素[22]。Daval et al. 通过美国小麦生产者对合同生产的态度和行为的研究表明，年龄、非农产区、农业收入、参加合作社的经验以及对合同生产等的认知状况显著地影响了小麦生产者选择合同生产的行为[23]。日本名古屋QS研究会探索了食品质量安全与产品生产的经济性，他们认为，企业生产的产品质量，可以解释为生产费用与产品瑕疵率的函数[24]。Antle依据质量可分离性理论，提出建立食用农产品供应链或实行供应链的有效管理需考虑许多因素，就供应商而言，除去考虑利润最大化外，食品流动过程中的质量安全及其保证将是有效的食品供应链必须考虑的又一个重要原则。Antle在研究中进一步假设，有不同的质量差异产品的需求和供给，并足以产生该产业一个均衡的享乐价格函数[25]。Keysen认为可以通过新的市场参与者不断进入供应链，发挥农产品（农用食品）已有的地区竞争优势，从而成功地稳固供应链关系并发挥供应链应有的作用[26]。美国纽卡斯尔大学农业食品与农村发展学院的哥地、摩尔多瓦经济研究所的杜米蒂柯以及英国普利茅斯大学的社会科学与商业系的怀特，他们用摩尔多瓦的实证数据分析了该国农民与加工企业之间的信息不对称如何导致市场失灵，并用牛奶公司的案例分析了如何克服这种危机。研究结果表明，这家公司大量投资于牛奶质量监督，奶产品经乡村收集站出售，牛奶是该地农户收入的主要来源，为避免逆向选择遭受市场失灵所开支的监控牛奶质量成本的效果是显著的。防止小规模生产者被牛奶供应链边缘化是改善乡村经济的十分重要的因素[27]。

食品消费者在食品安全管理中同供应者、政府相关机构一样扮演着至关重要的角色，Axleson和Conento等运用Ajzen – Fishbein模型和the Health Belief模型讨论了消费者在获得健康信息的前提下做出理性决策的问题。他们提出，只有当消费者发觉他们目前的行为已经危害到自身健康，同时确信改变行为能降低他们面临的食品风险时,消费者才可能改变他们现有的行为[28]。Halbrendt、Baker、Bagnara 等学者使用结合分析法、假设评价法和实验拍卖法来估计消费者对提高食品安全的支付意愿。FAO 的研究也表明,全球贸易链将先进的物流管理方法迅速推广到发展中国家,带动双边使更多的食品生产与供应商进入到食品供应链,超市逐步成为发展中国家一种新型贸易业态,并有成为整个贸易链主力的可能性[29]。

(3) 关于农产品供应链耦合。Larivirer 和 Tsay 指出,供应链的无效率是由外部性导致的,当一个企业的行为对整个系统产生的成本或效用不能完全被自身内部化时,系统的低效率不可避免。他们提出了克服这种外部性的两种方法:一是修正贸易结构,特别是系统中的所有权和决策权,如纵向一体化可以解决"Double Marginalization"问题,因为一体化后组合企业的边际成本就是系统的边际成本;二是修改交易的规则,尤其是所用合同/协议的类型以及作为合同基础的那些变量[30]。

供应链成员间的合作与协调问题困扰着众多企业,大量缺乏合作或利益冲突的具体问题造成整个供应链效率低下。据一项关于美国食品行业的研究估计,由于供应链合作伙伴之间缺乏有效的合作,每年浪费约 300 亿美元。

二 国内研究动态

(一) 关于绿色供应链及其管理、农产品供应链管理研究

但斌与刘飞认为,绿色供应链是一种在整个供应链内综合考虑环境影响和资源效率的现代管理模式,它以绿色制造理论和供应链管理技术为基础,涉及供应商、生产商、销售商和用户,其目的是使产品在物料获取、加工、包装、仓储、运输、消费的整个过程中对环境的影响最小、资源利用效率最高[31]。

王能民将绿色供应链界定为：在以资源最优配置、增进福利、实现与环境相容为目标的以代际公平与代内公平为原则的，从资源开发到产品的消费过程中物料获取、加工、包装、仓储、运输、销售、使用到报废处理、回收等一系列活动的集合，是由供应商、制造商、销售商、零售商、消费者、环境、规制及文化等要素组成的系统，是物流、信息流、资金流、知识流等运动的集成。其中特别提出绿色供应链管理的三个目标：①充分实现资源的优化利用；②提高活动的社会福利；③供应链内各成员的活动要求实现与环境相容[32]。三维目标体系用图来表述，见图1-2。

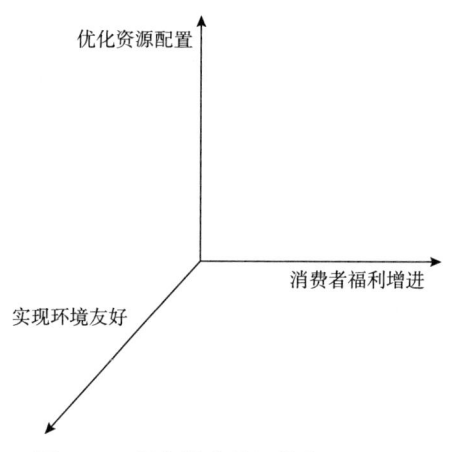

图1-2 绿色供应链运营的三维目标

谭涛等将农产品供应链描述为农产品沿着农户、加工企业、配送中心、批发商、零售商以及消费者运动的一个网状链条[33]。李晓明等认为，农产品供应链是指农产品生产、流通过程中所涉及的生产者、中间商和消费者所组成的网络体系[34]。冷志杰将农产品供应链描述为由农业生产资料供应商，农产品种植者、养殖者、加工者，物流服务经销商，消费者等各个环节形成的组织形式或网络结构[35]。农产品供应链相对于工业制成品供应链而言有其特殊性。张晟义提出，与工业连接型供应链相比，涉农供应链中集合了自然再生产和社会再生产双重因素[36]。冷志杰认为：①农产品供应链主体涉及政府参与；②农产品供应链跨越第一、第二、第三产业，供应链中各环节的衔接比工业品供应链复杂；③农产品供应链具有资产专用性高、物流要求高以及市场不确定性大等特点；④农产品供应链需要很好的柔性[35]。李晓明通过对我国农产品供应链组织模式的研究得出结论：农产品供应链中龙头企业（加工商）与农户（原料生产提供者）的合作关系主要体现为弱契约关系特征，即内部过程不紧密、供应链不稳定、组织关系松散[34]。张晟义认为中国农产品供应链缺乏具有足够权威性、影响力和领导能力的核心企业[36]。李强等认为，我国农产品供应链的特点是物流业发展滞后，与供应链配套的基础设施严重不足，物流不畅导致供应链各个节点连接不畅[37]。

冷志杰对农产品供应链进行了分类：①农产品供应链按是否存在加工可分为加工农产品供应链与生鲜农产品供应链；②加工农产品供应链按最终消费农产品的加工深度可分为初级农产品供应链、中级加工农产品供应链、深加工农产品供应链[35]。

朱毅华将农产品供应链管理界定为：对整个农产品供应链中各参与者之间的物流、信息流、资金流进行计划、协调和控制，通过伙伴间的密切合作，以最小的成本为客户提供最大的价值和最好的服务，从而提高整个供应链的运行效率和经济收益，并通过一定的利益分配机制使供应链上所有贸易伙伴的经济效益得到提高[38]。冷志杰认为农产品供应链管理是指在食品和农业综合产业部门应用供应链管理，其实质是通过对农产品的物流、资金流、信息流、价值流等进行有效集成和协调，实现供应链上各节点企业资源的整体优化，最终达到顾客满意度最大化与供应链成本最小化的一种平衡状态[35]。

（二）关于农产品供应链组织模式

冷志杰提出农产品供应链有四种组织模式：①以农产品企业

为核心的供应链整合模式；②以农产品加工企业为核心的供应链整合模式；③以物流中心为核心的农产品供应链整合模式；④以营销企业为核心的农产品供应链模式[35]。谭涛提出了两种主要的农产品供应链组织模式：一种是以加工企业为核心的供应链整合模式，另一种是以物流中心为核心的供应链整合模式[33]。

（三）关于农产品供应链管理的动因

任迎伟提出，农产品供应链管理可能为成员组织带来以下优势：一是通过对农产品供应链各环节关系的管理，为各成员之间利益的合理分配提供更为公平且透明的谈判平台；二是供应链管理本质上是一种渠道整合和管理，各成员之间能够通过分享信息和共同计划，减少整体物流的风险并提高运营效率，使紧密协作乃至构筑战略同盟成为可能，有利于价值增值；三是终端消费者对农产品低价格和高质量的需求压力将迫使生产者、零售商和分销商不断提高供应链效率，结果是在获及成本优势的同时，能更快地满足客户需求的变化[39]。

孙剑等从农产品供应链管理的演变中，总结出农产品生产经营企业走向战略联盟的动因：农产品供应链的形成经历了企业间无供求的自由竞争关系，为谋求利益最大化而进行的离散（偶尔）供求关系，以及基于战略联盟的持久的连续供求关系[3]。

（四）关于农产品供应链管理的绩效

朱毅华对农产品供应链整合绩效进行了实证研究，研究结果表明：①物流能力对企业绩效存在正向影响；②企业的内部整合与外部整合具有高度的相关性，两者相互促进，外部整合程度较高的企业在内部整合上也达到较高的水平；③内部整合与外部整合对企业的物流能力和物流绩效存在正向影响，从路径分析结果看，外部整合对企业绩效的影响远远小于内部整合对企业绩效的影响；因为在供应链整合初级阶段，内部整合的绩效存在比外部整合大得多的影响；当外部整合达到较高水平时，外部整合能使企业获得更高的竞争力[40]。

陈超对猪肉行业供应链效率进行了研究，从供应链组织化与运作能力两个方面设计供应链效率综合评价指标体系，并构建供应链效率矩阵，在运用层次分析法计算指标权重的基础上，将经过处理的样本企业的数据置入供应链效率矩阵之中加以分析，得知目前猪肉行业供应链的成员之间缺乏稳固的合作关系，且供应链内部信息交流很不充分，造成猪肉供应链组织效率很低[41]。

（五）关于农产品供应链耦合的研究

郭红东实证研究表明，农户对订单农业越了解，其参与的可能性越大；经营商品化程度越高的农户，参与订单农业的可能性越大；生产家畜、家禽和茶叶农产品的农户，参与订单的可能性越大；农产品市场销售越难的商品，农户参与订单农业的可能性越大；市场价格波动越大的农产品，农户参与订单农业的可能性越小；当地政府对发展订单的支持程度越大，农户参与订单农业的可能性越大。企业参与订单农业受企业的类型、企业经营的产品类型以及企业产品市场的特性影响。从企业与农户的订单履约情况看，"公司+农户合作经济组织+农户"的订单组织形式的订单履约率要高于其他组织形式；生产合同的订单履约率要高于销售合同；保底收购的订单履约率要高于价格条款；对农户专门投入有要求和奖励措施条款的订单履约率要高于没有这些条款的订单履约率；赔偿条款对提高订单的履约率影响不明显[42]。

周曙东认为，随着农业生产、加工及分销领域专业化程度的加深，科技的进步以及来自消费者需求的推动，农业领域内的垂直协作形式也不断变化，从以市场交易为主的协作方式转向其他方式，包括合同生产、战略联盟和垂直一体化等形式，即协作的密切程度越来越高[43]。

黄祖辉等提出，农产品供应链内部各环节谈判的控制权逐步从生产向加工、销售领域转移，主要是因为生产者往往是家庭经营而非企业化运作，使其容易丧失发言权。即使生产领域的组织化程度提高，农产品控制权逐渐向产业链下游企业组织发展的趋势仍然存在，而且比工业品领域要迅速。那么，在此情况下，生产组织，特别是小型生产组织与下游的核心企业之间的关系更显得微妙，很难用"平等"两字来描述[39]。马士华等认为，供应链中合作企业关系模式，经历了从以生产物流相结合为特征的物流关系到以战略协作为特征的合作伙伴关系这样的过程[44]。供应链中的这种战略伙伴关系体现了企业内外资源集成与优化利用的思想，它是平等互利的"双赢"合作模式。任迎伟指出，在中国由于市场体系不完善，在农产品供应链中，下游核心企业一般愿意与大型生产组织而非小型生产组织合作；农户规模小、农产品市场行情不稳定等诸多因素阻碍加工厂商同农户的合作[39]。

学者们达成共识：农产品供应链是典型的需要协调的系统，它是由不同利益主体构成的合作型系统，农产品供应链成员在追求自身利润最大化的同时，往往与系统整体目标产生冲突，导致农产品供应链失调。农产品供应链失调将导致的后果有：生产成本增加；库存成本增加；缺货现象增多；农产品供应链中各节点成员关系恶化。杨金海等分析了农产品供应链失调的原因：信息未能实现共享；农产品供应链节点成员间缺乏信任与合作；农产品交易成本高，消费群体小，不利于供应链合作伙伴联盟的形成；农产品生产加工的企业规模小[45]。

冷志杰提出，制定集成化大宗农产品供应链的协作、定价和生产规划与控制的有效策略，对提高生产供应商的收入具有重要的理论和实践意义[35]。供应链协调有两个层次：第一层次是企业内部不同部门之间的协调，第二层次是分布的独立决策者组成的供应链的协调。就第二层次的协调而言，因为供应链所有成员都是独立决策的自主实体，他们的决策目标是最大化自身的利益。由于没有集中的决策控制，不能保证各成员的行为符合系统的整体利益。这时协调的关键就是设计一种有效的激励机制，使这些独立的决策者自利行为的结果自动导致全局最优[31]。张贯一认为，企业间信任关系的建立需要政府的参与及管理。他在进行分析后得出结论：从现代经济学的观点和企业使用的外部性看，政府的管制很有必要[46]。

张新铎提出，信息共享是实现供应链管理的基础。信息共享可以弱化供应链上不可避免的信息扭曲现象"牛鞭效应"，改善供应链由于信息不对称而导致的供应链失调，给供应链成员带来收益。他进一步运用多目标优化理论和管理激励理论，以工业产品的一个两阶段供应链（一个制造商和多个零售商）为研究对象，建立了多目标、多因素管理激励机制模型，得出的研究结果是：通过建立良好的供应链信息共享条件及有效的信息共享管理激励机制，可以提高供应链的性能，实现供应链成员"双赢"[47]。有关信息共享价值大小的研究，相关文献很多，它们采用不同模型所得出的定量化分析结果也相差甚大，最为乐观的报告显示可以达到35%[48]，有的却不到9%[49]。

尽管大多数文献对于信息共享贡献大小的观点不尽一致，但是有一点却几乎是相同的，那就是信息共享对供应链是有价值的。

从笔者所搜索掌握的文献来看，供应链管理伴随着全球化演进、市场竞争的激烈、消费者需求个性化而成为理论界和实业界研究的热点，供应链管理思想在工商业领域被广泛运用。在农业领域，也因为中国入世和农产品质量问题凸显，被作为提高中国农产品价格、质量的国际竞争力策略而提出。不过农产品供应链管理的研究成果远不如工业品供应链管理，其研究薄弱点主要在于：①主要是从技术的层面展开研究，很少有从经济的层面探讨如何使食品供应链条上的主体参与到绿色链条中来的动力机制和稳定机制；②在国内虽有不少学者涉足农产品供应链管理领域，但研究还处于起步阶段，研究局限于对农产品在整个或部分供应链中的初步分析，提出问题，给出相应对策，具体细致深入的研究少；③国内研究大多停留于某一方面问题的研究，比如就供应链伙伴关系而言，研究大多集中在加工厂商与农户的关系研究，而对于农产品加工商同贸易商关系的研究不多，还有对消费者、政府及相关机构在供应链中的地位和作用，以及他们对供应链运营的影响研究很不够；④在全面、系统研究农产品供应链时，对农产品原料生产供给者、加工厂商、销售商、消费者、政府的协调，如何建立成员间的合作机制与控制体制的研究十分欠缺，尤其是政府对农产品绿色供应链运营支持的研究不够系统。

笔者认为，社会进化和发展的历史深刻表明，人类对技术的超越势不可挡，生态技术、绿色技术的创新和运用是必然的，而人类对自身、对制度（或体制）的超越却是发展中的最大难题。要使食品产业的生态化、绿色化发展变成现实并成为经济活动主体的自觉行为，不仅需要有一套促使产业链条主体耦合的内在机制，而且要有健全的外部机制，因此，对此进行研究具有十分重要的现实意义。

第四节 研究范围、相关内容阐释

一 研究范围说明

本研究所指农产品是食用加工农产品，即以动植物为原料，经过加工后的农产品。因此，书中将农产品、食品作为同一概念使用。

本文所研究的农产品供应链是食用农产品加工供应链（Agricultural Products Processing Supply Chain，下文中简称"APPSC"），它是以农产品加工企业为核心，通过对信息流、物流、资金流的控制，从农用物资的采购开始，经过农产品的种养及加工生产成最终产品，最后由销售网络把产品送到消费者手中的，将农资的供应商、农户、加工企业、批发商、零售商直到最终消费者连成的一个整体功能网链结构模式。

农产品供应链管理即食用农产品加工供应链管理（Agricultural Products Processing Supply Chain Management，下文中简称"APP-SCM"），是以农产品加工企业为核心，以信息流通网络为依托，应用系统的方法来管理从农产品的种养一直到加工成成品并顺利转移到消费者手中的过程，使得从农资供应商、种养户、加工企业、批发商、零售商直到最终用户的信息流、物流、资金流等在整个供应链上畅通无阻的流动，达到供、产、运、加、销有机衔接，使农产品产前、产中、产后与市场之间联结成满意的系统优化运转状态，最终达到供应链上各个主体共赢目的的过程。

本书将农产品绿色供应链定义为一种将"绿色"理念融入整个农产品供应链中，在整个供应链中综合考虑环境影响、资源利用率、消费者福利以及合作主体利益和谐的现代管理模式，它以绿色制造理论和供应链管理技术为基础，以农产品加工企业为核心，通过农业生产资料供应商、农产品种养者、农产品加工企业、农产品销售商、消费者的紧密合作，达到对环境的负面影响最小、资源效率最高、功能主体利益和谐，以保证农产品的质量安全，增进消费者福利，实现保护生物多样性和促进农业可持续发展。具体内容主要包括：绿色采购，绿色生产，绿色加工，绿色营销，绿色物流。

组成农产品绿色供应链的节点企业有农业生产资料供应商、农产品种养者、农产品加工企业、农产品销售商等，通过供应链各节点成员的努力和相互合作，开展绿色化运作，以达到消耗资源最少、环境影响最小、节点成员利益和谐，实现农产品的安全、卫生、环保。

本书主要是研究农产品绿色供应链各主体之间的耦合机制。农产品绿色供应链耦合是基于竞争的条件下，通过企业内部和外部耦合，使供应链平滑运行，实现环境友好、资源优化利用、社会福利提高、合作主体和谐的目标。本书主要是研究农产品绿色供应链外部耦合，即各主体之间的耦合。绿色供应链是基于"竞争－合作"机制的，耦合是绿色供应链平滑、稳定运行的基础。要使供应链合作主体耦合好，一方面要存在利益诉求，即合作空间，这是耦合的基础；另一方面必须进行利益的协调，这是耦合的保障。因此，可以说，利益空间的存在是供应链构建的基础，利益协调是绿色供应链稳定运行的关键。供应链的协调分为两个层次：企业内的协调和合作主体间的协调。本研究以合作主体间的协调为主，以利益协调作为手段，通过协调达到耦合状态，处于耦合状态就具有路径依赖性，朝着绿色供应链的目标演进。本书研究方向是：如何通过一种制度设计（机制设计），实现合作主体间的耦合，即农产品种养者、加工企业、贸易商、消费者和政府之间的相互协调，这种耦合能够降低成本，提升整个农产品供应链的管理水平和运作效率，从而提高农产品绿色供应链的整体绩效。

绿色供应链产出的必然是绿色产品。农产品绿色供应链产出的是绿色食品；本书中的绿色食品除特别说明，一般是指广义的绿色食品，包括无公害食品、绿色食品、有机食品。

二 绿色供应链管理及其特殊性

本书认为，绿色供应链管理就是在供应链管理中不仅考虑和强化环境因素，而且考虑利益因素，具体说就是通过与上、下游企业的合作以及企业内部各部门的沟通，从产品的设计、材料的选择、产品制造、产品的销售以及回收的全过程中考虑环境效益最优化，同时提高企业经济绩效。绿色供应链管理目标不仅包括物理"绿化"，即技术的绿化；而且包括生态"绿化"，即合作主体关系的绿化，最终实现企业和所在供应链的可持续发展。

笔者认同国内学者王能民提出的绿色供应链管理三目标的观点，同时认为，由于环境的不确定性和交易中专用性资产投入高，绿色供应链管理对成员企业之间的合作程度要求更高，它要求供应链功能主体建立长期、稳定的合作关系。因此，绿色供应链管理的目标除了这三个方面外，还应当包括供应链上各功能主体的利益关系和谐，即：①资源配置效率高，降低供应链各环节的库存费用和交易费用，实现供应链的价值增值，为供应链节点企业创造长期性的竞争主动权和超过同业平均利润水平的超额利润。②环境相容，就农产品供应链来说，在生产、加工与流通过程中，降低资源消耗，不造成对环境的负面影响，尤其是在动植物的种养过程中，注重保护生物多样性和促进农业可持续发展。③提高社会福利，为消费带来长期关键性利益，为终端消费者提供最大化价值。④主体关系和谐与稳定，供应链上节点企业之间利益分配关系公平、合理，各主体满意度高。只有实现这四个目标，供应链管理才能够得到可持续发展，也才是完整意义上的绿色供应链。

与一般供应链相比，绿色供应链具有一定的特殊性，这些特殊性主要表现在以下几个方面。

（1）绿色供应链合作关系的建立存在较多障碍。绿色供应链的行为主体合作的障碍在于：外部性、信息不对称、个体理性与集体理性之间的矛盾等。首先，外部性的存在使得提供具有正外溢性的产品（如绿色技术等）及抑制负外溢性的产品（如污染等）存在障碍，而从绿色供应链的运营目标看，提供正外部性产品和有效控制负外部性产品是实现绿色供应链运营目标中与环境相容目标的必要条件。其次，信息不对称的程度比一般供应链的成员间的信息不对称程度更明显。这一点在绿色供应链内生产系统与消费者之间的信息拥有量上表现得尤为明显，消费者受到知识、时间和成本的约束，不可能对所消费产品的提供者的信息进行了解和识别，不能完全地了解产品的绿色功能，或者不能心甘情愿地接受产品所附加的绿色保健功能，消费者对产品的性价存有怀疑。甚至有生产商根本就不具备绿色生产的能力，却谎称具有生产绿色产品的能力，导致"劣质"绿色产品就凭借低成本的优势占领消费市场,形成"柠檬市场"现象,优质绿色产品被排挤出市场,降低优质绿色产品的市场占有率。再次,由于供应链的竞争是处于整个市场中的竞争,这样就会出现个体理性与集体理性之间的矛盾,即有些供应链主体采取了与环境相容的生产工艺与材料等,但其他供应链主体从利益最大化的目标出发,不采取与环境相容的活动。

(2)绿色供应链运营目标具有多元性特点。一般供应链合作的目标更多是强调如何建立协调机制来实现整个供应链的利润水平,利润的最大化始终是供应链管理的出发点。与一般供应链有所不同的是,绿色供应链的运营目标具有多元性:①充分实现资源的优化利用;②提高活动的社会福利;③要求供应链内各成员的活动与环境相容;④实现供应链上各功能主体的关系和谐。这4个目标要求在整个供应链中遵循经济活动主体与自然之间、经济活动主体彼此之间相容的思想,从这一点看,绿色供应链的运营可以看做是一个团队的活动,因此也就存在搭便车的可能。

(3)绿色供应链的成员不仅包括供应商与生产商,而且包括消费者。绿色供应链为了实现与环境相容,要求包括消费者在内的各行为主体均能采取与环境相容的活动。消费者对于绿色供应链的有效运行具有十分重要的意义:只有绿色产品为消费者所接受,供应商及生产商才可能实现其产品的市场价值,这也是保证其供应商与生产商获取不低于市场平均收益的利润率的前提,消费者的合理消费是降低整个供应链对环境的负影响的重要环节。消费者的消费理念与行为是绿色供应链运行的重要影响因子。因此,消费者是否与供应商、生产商合作是绿色供应链有效运营的基础性条件之一。

三 农产品加工导入绿色供应链管理

21世纪以来,食品种类和品牌日益增多,流通渠道日趋多样化,消费者对价格、品质、服务日益敏感,购买习惯更加捉摸不定。消费者行为模式的演变形成对整个生产及流通领域的压力，对企业的生产与经营提出了越来越高的要求，能否准确把握消费者需求并快速响应已成为企业生存的关键。而基于绿色供应链管理的 QR、ECR 等策略则提供了达成这一要求的有效手段。

快速反应（QR）由美国的管理学者在 20 世纪 80 年代中期提出，是一种供应链对顾客需求的变化做出迅速响应的管理策略。其基本要素包括：贯穿整条链的有效的信息通信结构，短的产品开发与制造周期，有效的市场预测和补给系统，快速的订货和供货系统等。

有效消费者反应（ECR）最早由美国食品营销协会（FMI）提出，并被相继运用于食品、服装等行业，取得显著成效。有效消费者反应是 QR 和 EDI（电子数据交换）的变体，通过这一策略将批发商、供应商及杂货店主紧密联系在一起，共同把产品送到消费者面前。ECR 策略导入农产品加工业有助于供应链中各主体摆脱"零和"博弈局面，优化分销渠道，通过准确把握消费者的需求并迅速响应以获取竞争优势和增值利益。

农产品加工企业导入绿色供应链管理，本质上意味着贯穿于整条农业价值链的持续创新与变革。一方面，推动农业产业组织流程再造（BPR），实现资源的优化配置，提高组织效率；另一方面，能够实现社会经济系统与自然生态系统的和谐稳定。农产品加工企业导入绿色供应链管理并非渠道成员合作关系的外延式简单相加，更非一般性地倡导农工商一体化模式。它通过供应链节点成员在组织结构和管理模式设计上面向过程而非职能，形成以市场驱动为主导的反应方式，为构建农产品加工业的核心优势奠定基础。此外，它将推动食品供应链中的所有成员在共赢基础上的信息共享机制的建立，对于解决整个渠道成员分段式信息管理模式下农产品"买难"和"卖难"及物流低效问题具有重要意义。总之，有必要采用国际上先进的绿色供应链管理理论对我国食用农产品加工行业进行重新塑造，以增加绿色食品的有效供给，提高人民生活质量,保证产品安全,降低生产成本,促进产品生产的规范化、标准化,从而增强我国农产品加工业的整体竞争力。

农产品加工供应链管理(APPSCM)是以作为龙头的农产品加工企业为核心的多元经济复合体。农产品加工企业利用利益机制,集聚一大批农户和中间商组成具有中国特色的农产品加工供应链节点主体,这种形式既有利于提高农业组织化程度,又能保护和激发农民的积极性。加工企业把农业生产资料供应和农业生产以及农产品加工、运销等环节的诸多农户和中间商结合起来,共同整合和延长农产品产业链。加工企业实施农产品加工供应链管理的目的是稳定加工原料的来源,保障原料数量与质量,节约交易成本,降低库存水平,缩短生产周期,提高产品质量及服务水平,提高最终产品的市场反应速度,最大限度满足客户要求和社会需要。

1. 农产品加工供应链管理(APPSCM)组织模式

农产品加工供应链(APPSC)是靠一定的组织模式来维持,并按照相应的制度来运行的。生产专业化、市场贸易的发展和规模经济要求建立与之相应的组织系统。组织模式是制度的重要内容和管理的一大要素。西方的现代产业之所以达到非常高的经营效率和经济效益,就是因为它们普遍采用了极为有效的产业、行业和企业组织模式。我国的农产品加工行业要达到较高的经营效率和经济效益,也必须采用有效的产业组织形式。

农产品加工供应链管理(APPSCM)组织模式是指参与农产品的生产、加工和销售的各市场主体之间以合同为纽带,明确各自的权利和义务,统一协调行动,以取得比独立行动时更协调的合作和更好的产品销售业绩;根据合同进行一体化的生产,尽可能在企业间保持无缝的联结。各个市场主体以合同约束各自行为,作为供应链"增加价值的合伙人",各市场主体之间的合同不同于一般意义上的购销合同,它是指诸如企业联盟、特许经营等较为长期和稳定的紧密合作关系。这种方式有助于消除购销渠道中各环节行动的不一致和利益的纷争。其基本点在于：①农产品加工供应链管理组织模式的一体化运作系统是由各自独立的企业通过签订协作合同组成的，合同的签订并没有改变联合各方的产权的独立性。②供应链上各主体间建立紧密合作、"利益共享、风险共担"的关系。目标不再是追求自身利益的最大化，而是追求整个供应链上的利润最大化。通过合同作为制度和法律保证来界定各利益主体间的利益分配关系。③各个成员企业是一个不可分割的整体，他们分担采购、生产、加工、分销等职能而成为一个协调发展的有机体。

2. 节点主体的角色

在完善供应链管理的模式下，农产品加工供应链各主体以利益为纽带，通过合约、协商、股权等方式形成完整的产业组织体系，各节点主体分担供应链上的各个工作，扮演不同的角色。各节点间角色准确、权责分明、分工合作、协调一致，使农产品加工供应链高效运行。

（1）种养户的角色。种养户是农产品加工企业的原料供应者，直接决定着原料的安全性、均质性、优质性。主要职能是按照加工企业原料生产综合技术标准进行原料的生产，按内部协议价格按时、按量地为加工企业提供符合要求的安全、高质量的原料产品。

（2）农产品加工企业的角色。加工企业是农产品加工供应链的核心主体，其决策层面的职能是：负责制定供应链的发展战略与规划，把握供应链总体运行方向；对处于上游的种养户和处于下游的贸易商进行有关生产、经营管理等方面的指导；负责收集用户、销售商、替代品和竞争者的有关信息，维护和发展客户关系，保证供应链的有效运作和与环境的协调。微观层面的职能是：借助现代计算机信息技术收集消费者的需求信息，负责开发并生产符合消费者需求的商品，同时对供应链全程进行质量监控，并准时、准量、准确地为消费者进行配送。

（3）批发商的角色。具备完善的基础设施、充足的资金、标准化的运作、高效的管理等素质的批发商是现代化的分销存储中心，是向加工企业提供覆盖服务的潜在供应商。同时，批发商负责收集消费者的信息、产品的信息、竞争品的市场信息等，负责产品的推广和销售等工作。批发商的覆盖水平，相应地获取加工企业提供的覆盖服务费，批发商负责招聘、培训、管理覆盖队伍。批发商同时也是向中小零售终端提供管理服务的潜在供应商，通过提供电子商务、店铺宣传、品类管理、促销管理等服务，帮助客户提高他们的管理能力和运作效率。

（4）零售商的角色。零售商是农产品加工供应链直接面向消费者的窗口，供应链生产计划制定依据的信息源，维护和提高消费者满意度与忠诚度的重要主体。其主要功能是为消费者营造温馨的购物环境、提供优良的销售服务，减少顾客从购买产品到付款结账的逗留时间；向消费者传播产品的产地与生产厂家、加工工艺与质量保障措施、主要技术指标与安全卫生标准，以及所用原料的品种与饲料或者肥料、饲养方式与环境等信息，有效地激发消费者潜在的消费欲望，引导和促进消费，扩大农产品加工制品的有效需求；调查、研究消费者消费农产品加工制品的动机、行为、能力、偏好和趋势，并及时反馈给加工企业。

（5）消费者的角色。消费者是农产品加工供应链的最终服务对象、运行导向和生存与发展的土壤，是最终产品的检验者。他们需要及时反映对产品的质量、品种、价格、包装、标志、服务方式等方面的需求，并对其提出合理化改进建议，从而为产品优化提供依据。

第五节　研究思路、主要内容和创新点

一　研究思路

供应链管理能有效提高竞争力已得到理论界和实业界的认同，

实施供应链管理的关键，在于供应链上成员企业的有效耦合。供应链上成员企业之间适当的制度安排（机制设计）可促进成员的合作，提高组织的效率。要使供应链上功能主体有效耦合起来，必须遵从各成员的行为逻辑，设计激励约束机制，确保食用农产品供应链上功能主体有充分的激励主动地去实施绿色供应链管理，并且保持绿色供应链运行的稳定性；另外，鉴于农产品绿色供应链的特殊性，政府作为供应链上的一个重要主体，有责任和义务为农产品绿色供应链耦合提供良好的制度环境。消费者作为绿色供应链的终端，其消费行为影响着农产品绿色供应链绩效的实现，绿色食品生产经营者必须以消费者为导向制定经营策略。笔者将沿着这一思路展开研究。

二　研究内容

本研究将制度经济学引入到供应链关系的研究中，运用交易成本理论、委托-代理理论、博弈论等对供应链上各合作主体（耦合）关系进行分析，力图找到使农产品绿色供应链顺畅运行的有效制度安排，希望能丰富与发展供应链管理的理论体系，并能对我国农产品企业生产经营管理模式提供有价值的借鉴参考。在研究过程中，主要采用理论研究与实际调研相结合、定性和定量分析相结合、规范分析和实证分析相结合、制度经济学分析法、博弈分析法等进行研究。

全文分为十一章。第一章绪论，首先介绍了本文研究的背景，阐述研究的目的和意义；其次，对国内外在供应链、绿色供应链、农产品供应链及其相关问题的研究动态进行归纳总结；最后还介绍了本文的主要研究内容和研究方法，指出研究的可能创新之处。

第二章是理论阐释，主要阐述农产品绿色供应链主体耦合的制度经济学理论。绿色供应链主体耦合的制度经济学理论包括：分工与协作理论、企业性质与边界理论、交易费用理论、契约与履约理论、关系契约及治理模式、委托-代理理论；接着，对供应链主体耦合进行制度经济学分析，阐释了组织体制的制度演进逻辑，指出供应链组织是经济全球化条件下企业的一项诱致性制度变迁，提出供应链管理是供应链组织体制下的制度规范。

第三章对农产品绿色供应链耦合的动力机制进行阐述分析。首先，从博弈论视角、成本收益视角阐明农产品供应链耦合的利益；接着进一步分析供应链耦合的利益来源：供应链之间的竞争、关系资本及其关系租金创造，绿色供应链还有绿色知识的溢出；最后，基于绿色知识溢出建立农产品绿色供应链上下游企业合作博弈模型，比较企业间不开展绿色合作与开展绿色合作的经济绩效，激发供应链企业进行绿色合作的动机。

第四章对农产品绿色供应链耦合的和谐稳定机制进行分析。针对合作型供应链模式中的问题，提出农产品绿色供应链耦合的和谐与稳定机制设计要求；提出信息共享机制是绿色供应链的效率基础，也是供应链耦合的基础；提出供应链合作主体之间的利益分配是供应链稳定的核心要件，和谐稳定机制就是要建立科学、合理的利益分配机制。本章分别对信息共享机制、合作利益分配机制、契约履行约束机制进行了定性和定量分析。

第五章对农产品绿色供应链的上游链的耦合方式进行分析，对上游链主体——农户、加工企业提出具体的行为指导。首先，从加工企业与农户作为天生的利益共同体和绿色农产品的供给的角度指出加工企业与原料生产者耦合的必要性。其次，对加工企业与原料生产者耦合的形式与问题进行了分析；运用模型对加工企业与原料生产者参与农产品绿色供应链的边界进行定量分析；对加工企业与原料生产者耦合进行博弈分析，指出以信息对称为前提条件的集中决策，其利润大于分散决策的利润，并进一步分析了完全信息条件下原料生产企业与加工厂商的合作竞争博弈及其均衡。最后，阐述了一个加工企业与原料生产者合作的案例，说明利益的协调是绿色供应链管理的关键。

第六章以湖南省21家绿色食品加工企业、150户原料生产者

第一章 绪论

的农户问卷调查数据为基础，分别从企业、农户的角度，对农产品绿色供应链主体特征、对农产品绿色供应链认知与态度、运行情况及其绩效、双方合作情况、各自的需求等进行实证分析，并辅之以典型案例，揭示湖南绿色食品上游链的基本特征。

第七章在借鉴学者相关研究成果的基础上，针对农产品绿色供应链下游企业之间的合作，通过定量及定性的分析，探讨涉及加工制造商、零售商供应链中，产品定价、利润分配等问题。首先，以绿色食品的生产加工商→零售商→消费者的间接渠道模式为例，通过构建模型，说明绿色食品供应链下游的生产加工商与零售商进行合作的必要性，分析两者合作关系稳定的必要条件。其次，考察消费者不存在渠道偏好时，绿色食品生产商的渠道策略，得出了混合渠道是绿色食品生产加工商的理性选择的结论；进一步分析了当消费者存在渠道偏好时，绿色食品生产商在混合渠道模式下如何进行渠道份额决策。最后，探讨生产商在纳什博弈条件下如何协调好直销渠道与间接渠道之间、渠道内部的关系，激励零售商合作，使混合渠道的总利润最大化，使双方在合作后的利润均大于不合作时的利润，实现"双赢"。

第八章基于消费者在农产品绿色供应链中的重要地位，以湖南绿色茶油消费为例，对消费者的绿色食品消费行为进行实证研究分析，为政府相关部门制定政策以及为绿色农产品的产销者确定经营策略提供指导。

第九章基于农产品绿色供应链的正外部性，政府有必要介入农产品绿色供应链的运作，提出了政府对绿色食品实行规制，对绿色农产品生产给予补贴，对绿色农产品市场实行监管的必要性；同时，对农产品绿色供应链政府与企业行为进行了博弈分析，为政府和企业的管理层如何激发供应链管理提供决策依据。

第十章是案例研究，以绿色食品——茶油为主要线索，通过调查为××公司提供主要原料的油茶种植户、加工生产商——××公司、经销产品的零售商——××超市，走访相关行业主管部门，

35

深入研究茶油价格的形成、利益的分配,分别从农户、加工企业、超市、政府等不同层面进行经济分析,从中得到一些启示,期待为政府进行政策调控提供参考建议,以促进我国农产品绿色供应链的平滑运行。

最后是结论与展望,总结归纳全文的研究结论,指出研究的不足以及需进一步研究的问题。

三 研究方法

本书主要采用理论研究与实际调研相结合、定性和定量分析相结合、规范分析和实证分析相结合、制度经济学分析法、博弈分析法等方法进行研究。

(1) 理论研究与实际调研相结合。运用交易成本理论、博弈理论、委托 – 代理理论,认真分析总结实地调研所获得的数据与资料,形成自己的结论。

(2) 定性分析和定量分析相结合。本书对农产品绿色供应链耦合的动力机制、和谐稳定机制进行定性分析,同时,对原料生产者与加工生产商构成的上游链耦合机制、加工生产商与零售商构成的下游链耦合机制进行定量分析,使分析更为具体和直观。

(3) 规范分析和实证分析相结合。对农产品绿色供应链的利益产生、政府在农产品绿色供应链构建和运行中的职责、消费者在农产品绿色供应链中的地位等进行规范分析;结合我国绿色农产品供应链中企业与农户耦合关系的现实进行实证分析,并以岳阳××公司为个案,使理论得到实践的检验,更好地说明了加工企业与农户耦合机制。

(4) 制度经济学分析方法。从制度经济学视角,将供应链管理视为企业与农户耦合的一种制度规范,从而奠定了本文的研究前提和基础。

(5) 博弈分析方法。博弈分析方法主要用于分析绿色化食品产业环境下企业与政府、加工企业与农户、加工企业与零售商合作博弈的形成等方面，在一定程度上丰富了本文的研究方法。

四　研究创新与不足

1. 研究创新

（1）研究内容比较新。国外对供应链的耦合研究起步比较早，国内对供应链耦合机制的研究始于20世纪90年代末期，国内外学者的研究领域大部分在工业产品领域，本人借鉴前人的研究理论、方法及工具，在考虑食用农产品供应链的特殊性基础上，针对农产品绿色供应链主体耦合问题，提出了具有创见性、可操作性的耦合机制及措施。

（2）针对已有学者提出的绿色供应链管理的三个目标：充分实现资源的优化利用、提高活动的社会福利、供应链内各成员的活动要求实现与环境相容，提出绿色供应链管理目标不仅是上述三个"硬目标"，而且还应该包括"软目标"——供应链主体关系和谐与稳定，即供应链上节点企业之间利益分配公平、合理，各主体满意度高。实现这四个目标，供应链管理才能够得到可持续发展，也才称得上是完整意义上的绿色供应链。

（3）以已有研究成果为基础，对某些问题有所拓展和深化。如针对农产品绿色供应链下游企业之间的合作，通过定量及定性的分析，探讨涉及由加工生产商、零售商构成的产销链中，产品定价、利润分配等问题。对于消费者不存在渠道偏好时，解析了混合渠道策略是绿色食品生产加工商的理性选择；针对当消费者存在渠道偏好时，构建了绿色食品生产商在混合渠道模式下进行渠道份额决策的定量模型；探讨绿色食品生产商在纳什博弈条件下如何协调好直销渠道与间接渠道之间、渠道内部的关系，激励零售商合作，使混合渠道的总利润最大化，使双方在合作后的利润均大于不合作时的利润，实现"双赢"。

（4）研究方法比较新。本研究综合运用交易成本理论、博弈理论、委托-代理理论，对食用农产品绿色供应链的耦合机制进行研究，结合算例进行验证，同时也结合实地调研所获得的数据与资料验证某些研究结论。

2. 研究不足

国内农产品绿色供应链管理的研究起步时间不长，是一个比较前沿的研究方向。虽然本研究取得了一些成果，但由于认识有限及时间关系，所提出的农产品绿色供应链耦合机制的理论框架不尽完善，同时还存在许多有待深入研究的问题，归纳起来有以下几个方面。

（1）本书仅对一般意义上的农产品绿色供应链进行分析，由于农产品种类繁多，不同农产品供应链的耦合模式也多种多样，本文的研究相当有限、针对性不强。

（2）本书对农产品绿色供应链耦合的和谐稳定机制进行的论证分析，只从信息共享、利益分配、约束机制三个方面展开，没能对农产品绿色供应链耦合风险保障机制进行研究，因此，在今后的研究中还要扩大范围。

（3）本书主要侧重于理论定量模型研究，实证研究不够深入。比如，没有对影响农产品绿色供应链耦合的稳定性因素进行实证分析，由于缺乏实地调查的数据，提出的农产品绿色供应链耦合的和谐稳定机制框架难免带有一定的主观性和片面性。绿色食品产业在中国才刚刚起步，绿色食品企业多数处于生命周期的早期，生产经营活动还很不规范，本人在开始这一研究工作时，就一直在尝试寻找一家成规模的、社会影响大的绿色食品生产加工企业作为案例研究对象，却一直未能如愿。验证本文的研究结论以及结合实际对理论模型进行改进，这将成为今后研究工作的方向。

第二章
绿色供应链主体耦合的制度经济学理论及其分析

第一节 制度经济学：对传统新古典经济学发出挑战

一 分工与协作理论

被人们尊称为经济学之父的亚当·斯密在其代表作《国富论》中提出了两个重要观点：分工和专业化能够大大提高生产率，分工受市场范围的限制。斯蒂格勒（G. J. Stigler）在论文《市场容量限制劳动分工》中进一步深入研究了分工与市场范围的关系，形成了"斯密定理"。斯密定理的具体含义是，只有当对某一产品或服务需求随市场范围的扩大增长到一定程度时，专业化的生产者才会实际出现和存在。随着市场范围的扩大，分工和专业化的程度不断提高，反过来说，如果市场范围没有达到一定程度，即需求没有多到使专业生产者的剩余产品能够全部卖掉时，专业生产者不会实际存在。在斯密看来："市场要是过小，那就不能鼓励人们终身专务一业。因为在这种状态下，他们不能用自己消费不了的自己劳动生产物的剩余部分，随意换得自己需要的别人劳动生产物的剩余部分。"因此，斯密定理也可以反过来表述为：市场范围的扩展是分工发展的必要条件。

自从斯密的《国富论》发表以来,经济学家的主要任务是将亚当·斯密的这一命题形式化。他们以生产技术与消费者的偏好等因素一定为假设前提,追求自身利益最大化的个体在通过价格机制做出选择时要受到这些给定因素的制约,其狭窄的经济研究视野,使得这些理论并没有揭示出经济生活的全部,由于对价格机制在经济生活中的决定作用过分关注,使人们忽略了经济体系运作的其他方面。由此导致的结果是经济学家对经济现象的研究缺乏对经济组织的内部安排与协调的关注,而仅仅关注市场运行中发生的情况,即人们如何购买生产要素以及人们如何去销售使用这些要素生产的产品。而人们在购买这些生产要素和销售使用这些生产要素生产的产品之间所发生的事情则完全被忽略。

现实中,分工和专业化发展的一个结果是市场交易次数的迅速增加。在完全非专业化组织体制下,即自给自足的情况下,一个组织个体根本不需要与任何其他组织个体发生交易;在高度专业化的组织体制下,组织个体不仅需要与其他组织个体进行不同产品的交换,而且需要进行不同生产阶段或服务阶段之间的交换。这表明,提高专业化水平虽然能够扩大生产及交易规模、降低生产成本,但是,扩大交易规模却产生了经济组织内部及其组织之间安排与协调的问题,从而引起交易费用的增加。斯密强调了分工、专业化带来的生产成本降低,却忽视了交易费用增加的问题。

二 企业性质与边界理论

(一) 科斯对微观经济学的批评

20世纪30年代开始的科斯革命,对传统新古典经济学发出挑战。科斯认为,微观经济学分析讨论的是没有任何经验基础的理论,这种理论所研究的东西是经济学家心目中的构想,而不是现实中的经济生活或经济现象。由此,在这样的经济分析中,企业和市场也仅是有其名称而无实际内容的概念体系。古典经济学视界里的"市场"是完全竞争的、不需任何运作成本的；"企业"则被描述为一个难以打开的"黑箱"，只是生产函数和成本函数，这种理论只是完美的学术演绎。因此，这种理论苍白而空洞，存在着明显的缺陷：首先，他们关注价格机制的决定作用，而忽略了市场，或者说是忽略了制约交换过程的制度安排及与交易相关的费用问题；其次，在强调企业功能的同时，忽略了企业制度结构，所以不能解释生产活动为何被组织在企业内进行，大多数经济资源为什么和怎么样在企业内按行政决策配置等问题。

在科斯看来，在现实的经济生活中，价格机制在市场运作中起着十分重要的作用，它是资源配置最主要的方式，但是它并不是资源配置的唯一方式。资源的运作，在价格机制之外，还存在着企业、政府等其他的资源配置方式。

（二）企业：配置资源的一种方式

交易费用是制度经济学的基本要素，也是现实经济生活的核心。科斯在其开创性论文《企业的性质》中，从与古典经济学家不同的角度提出了为什么会有企业的问题，展开了组织起源问题的研究，提出了"交易费用"概念。交易费用概念的创立，是制度经济学区别古典经济学及传统经济学的标志。科斯认为市场运行存在交易费用，包括：①获取准确市场信息的费用。企业收集有关交易对象和市场价格的确定信息必须付出的费用。②谈判和监督履约的费用。为避免冲突就需要谈判、缔约并付诸法律，因而必须支付有关费用。③由未来不确定性风险而引致的费用，以及度量、界定和保护产权的费用。科斯的发现是：在真实世界里的市场机制并不是免费的，而是交易费用为正，企业组织正是为节约交易费用而存在[50]。科斯的主要贡献可概括为：①市场和企业都是协调资源配置的方式，是两种可以相互代替的机制。资源配置是有成本的，选择市场或企业方式协调资源配置，也必然遵循效率原则。只有当企业的组织管理成本低于市场交易费用时，企业才能存在。②企业扩张受组织管理成本制约。内部化协调成本趋向于市场交易费用时，企业的扩张就会停止，企业与市场协调资源配置的边界是内部化边际成本等于市场边际交易费用。③市场边际交易费用和企业内部化边际成本均是难以精确计量的，市场和企业配置方式的均衡取决于人们的试验，其类似于数学中的试错，使两种机制从非均衡趋向于均衡。④企业经营和管理关系实质上是利用价格机制和内部行政协调的关系，经营意味着预测和通过新的契约，利用价格机制进行操作；而管理则意味着仅仅对价格变化做出反应，并在其控制之下重新安排生产要素。因而，企业管理应服从于经营，企业活动必须以市场为导向，企业替代市场只能是局部的，不能否定市场。

科斯关于企业理论的研究是具开创性的。通过其引入的交易费用概念，使对企业性质的研究从纯技术的、侧重于生产力方面转向生产关系的研究，从而为人类经济组织行为的研究开辟了道路。

科斯对经济学的贡献在于提出了问题，而对问题的解释则主要由后人完成。根据科斯提出的交易契约关系，詹森和麦克林把企业界定为一种契约的集合。他们认为，企业是一种法律虚构，其职能是为个人之间的一组契约关系充当连接点。也就是说，企业构成要素组合和产出关系等是由一系列契约关系构成的，企业运行的核心是一组人与人之间的契约关系。但詹森和麦克林没有回答市场间的交易契约关系和企业契约关系的区别。威廉姆森指出了詹森和麦克林理论的缺陷，指出企业的特征是一种科层组织，企业的契约关系集中表现在出售劳务的人服从科层组织的行政协调。

三 交易费用理论

从科斯开创了把交易成本引入经济分析的先河后，越来越多的经济学家把交易成本概念应用于各种经济研究中。威廉姆森是交易费用理论的集大成者,他以交易为分析的基本单位,以交易费用及其节约为中心概念,把经济观和法律观结合起来分析交易的经济效益与组织管理方式之间的关系,概括出不同类型的交易与不同的组织管理模式之间的相应关系。《资本主义经济制度》、《市场体制与企业制度》两部著作是威廉姆森系统阐述交易成本理论的代表作,以此为基础形成了交易成本经济学。他的理论创新主要表现在以下几个方面。[51][52]

(一) 经济分析的基本单位:交易成本

所有的经济活动都可以看作是一种交易,而所有的交易都可以看作是一种契约。威廉姆森将交易作为经济分析的基本单位,将所有交易还原为契约。他认为交易成本就是契约运行的成本,具体包括契约签订前的和契约签订后的两部分成本。事前交易费用主要指起草、谈判、落实某种协议的成本;事后交易费用主要包括当事人退出契约关系所必须支付的费用,交易者为改变事先的错误信息所需支付的费用,为解决冲突而进行的法律诉讼费用,以及为确保交易关系的长期性和连续性需支付的费用。

(二) 交易成本的决定因素

威廉姆森认为交易费用产生基于两类原因。

1. 交易主体的两大行为特征——机会主义倾向和有限理性对交易的影响

(1) 有限理性。威廉姆森提出了与古典和新古典传统中的"经济人"假设相区别的"契约人"的概念。有限理性是指人类的行为常处于意欲合理和有限制地做到之间,人们在收集、储存和加工处理为更准确地达到目的所需要的大量信息方面,其能力受到严重限制。但当人们的这种能力受到限制时,却以逻辑的连续方式继续追求自己的目的。当有限理性与不确定或复杂的环境相结合时，就会使交易成本大量增加。交易当事人既不能完全搜集事前与契约安排有关的信息，也不能预测未来各种可能发生的变化，使得所签订的合约总是不完全的。

（2）机会主义倾向。机会主义是指交易主体以欺诈手段追求自身利益的行为，是以有限理性假设为前提的。由于人的有限理性，才使得有的交易者可以利用信息不对称环境或某种有利的讨价还价地位欺诈对方。因此，交易者在市场交易过程中，为了防止信息的不对称，避免自己利益受损，就必须在了解交易对象和监督交易对象的实施过程中付出很高的交易成本。由此产生了用某种制度安排来约束这种行为的必要性。

由于每个人的知识、洞察力、技能和时间都是有限的，人们就有了建立不同经济组织的主观需求，组织成为实现人类目的的有效手段。人们通过建立不同的经济组织，选择不同的合约形式以弥补有限理性的不足。

给定作为行为主体的人具有有限理性和机会主义动机，研究经济组织就需要对这两大行为主体特征都予考虑。因此，人们提出如下规则：组织经济活动的目的是为了在有限理性基础上达到最经济的效果，同时能够保障在争议中的交易免受机会主义之损害。

2. 市场交易的环境和交易的技术结构所具有的特性的影响

（1）资产专用性。资产专用性是指在不牺牲生产价值的条件下，资产可用于不同用途和由不同使用者利用的程度。在交易费用经济学中，资产专用性主要指沉没成本（Sunk costs）。资产可分为通用性资产和专用性资产，通用性资产可以很方便地转移到其他交易中去或能被方便地处置掉，而不会引起经济价值的重大损失；专用性资产是指用于支持某些特定的交易，如果改变其用途、转做他用就会降低其价值的资产。在这种场合，假如交易过早地终止，所投入的资产将完全或部分地无法改作他用，因而在投资所带来的固定成本和可变成本中都包含了一部分"不可挽救的成本"或"沉没成本"。

资产专用性主要包括场地资产专用性、物质资产专用性、人力资产专用性、专项资产专用性。契约双方中有一方投入了专用资产时，一旦另一方采取机会主义行为提前终止交易，将使另一方遭遇巨大的交易风险，蒙受损失。因此，资产专用性导致双方依赖性，资产专用性程度越高，双方的依赖性也随之增强。契约关系的连续性意义尤为重要，客观上要求建立起某种保障双方继续维持交易的管理机构。由于专用性投资支持的交易既不是匿名进行的，也不是在瞬间就能完成的，为了支持这类交易，就要求订立各种合同和采取组织保护措施。

资产专用性之所以重要，是因为事前的投资一旦进行，就会要求事后的交换关系保持连续性和有效性。因此，事后交换中合作的可能性只有在预先能够确定的情况下，某项专用性的投资才能充分进行。资产专用性对交易双方的约束是对称的，对卖方来说，如果买方中断交易，那么卖方先前所进行投资的大部分价值将蒙受损失；而对买方来说，如果卖方中断交易，买方只好转而寻求其他没有进行过专用性投资的供给。而专用性投资是效率的一个重要来源，因此买方从其他来源获得的供给，交易条件将明显变坏，可见，在资产专用性越强的场合，交易双方越会维持一种尽可能持久的交换关系，因为交易双方维持彼此的连续性交易会比各自寻求新的交易伙伴更有利可图。

当然，交易中对利益的分配方式，也会反过来影响事前进行的专用性投资，也就是说，专用性投资的供给取决于未来的交易。比如，供给者要根据买方所订购产品的特点而预先投资专门的设备和工具；或者买方（如制造商）必须预先在最终产品的促销方面进行投资，因此，未来交易中存在多大不确定性将直接影响是否进行这类专用性投资以及所作投资的多寡。需要强调的是，只有对所实现的利益进行合理分配，才能保证为支持某项交易的专用性投资的质和量在事前能够充分实现。比如，生产加工商和原料供应商的利益分配较合理会对他们未来的合作产生良好的影响，并形成彼此信任，从而为长期性交易关系奠定基础。

（2）交易不确定性。不确定性是指在一定的约束条件下，事件的状态与制约这个事件的条件之间不存在确定的一一对应关系，致使当事人的预期与现实世界中发生的真实状态存在背离的交易。交易不确定性可能是由于市场环境的复杂多变影响到交易双方的稳定性所致，也可能是交易双方的信息不对称和相互依赖程度的不对称而增加履约风险所致。在不同的交易中，不确定性所起的作用和约束交易的程度是不同的。一般说来，一次性交易，不确定性影响小；而长期交易，不确定性的影响较大。交易的不确定性存在，意味着交易抉择必须是适用性的、连续性的以及弱化这种不确定性影响的相应规制结构的存在。

（3）交易发生的频率。交易发生的频率是指在既定时间范围内交易发生的次数。交易不是一次终结而是频繁发生，频繁的交易行为意味着反复签约，因而导致较高的平均成本和交易费用。可以通过寻求一种有效的组织形式来消除交易频率较高带来的负面影响，这就是治理结构选择问题，主要取决于设立某种治理结构的费用能否得到补偿。因为一种治理结构的确立和运转是有成本的，这些成本在多大程度上能被所带来的收益所抵消，在一定的资产专用性和不确定性条件下，取决于这个交易的发生频率。如果所进行的交易不是经常性重复发生的，这种新增费用就难以得到补偿；多次发生的交易，较之于一次发生的交易，更容易使治理结构的费用得到抵消。

上述三个基本要素结合起来决定一项交易的特性。一般说来，一项交易的资产专用性越强，就越难转移或者因转移所遭受的损失越大，也就越容易被"套牢"，在交易中可能面临着更多机会主义行为的威胁与影响，如交易的一方利用契约的漏洞要挟或退出交易，从而使另一方专用性资产的预期报酬减少及丧失。为了避免这种情况给他带来伤害，专用资产的所有者就会强烈要求交易的保护性机构来保障自身利益。通常说来，特定类型的交易就应该采取特定的组织管理结构来进行组织和管理。

（三）交易性质决定契约安排

基于人的有限理性和机会主义的行为假定，威廉姆森指出，为了节约交易费用，就应该根据具体的交易费用，把属性不同的交易与各种不同的规制结构联系起来，采取不同的交易费用的激励机制。威廉姆森分析了不同类型的交易与不同契约安排和规制结构之间的匹配问题，提出交易者会选择交易成本最小的契约安排和规制结构的论点。威廉姆森把投资根据其专用性，分为非通用性资产、专用性资产以及介于两者之间的混合性资产；把交易频率分为偶尔与经常；不确定性假定足够大。资产专用性、不确定性和交易的频率这三种要素是威廉姆森所说的交易费用理论依赖的三个主要维度，它们的不同组合界定了不同的规制结构，见表2-1（关于这一内容将在契约和履约理论中详细阐述）。

表2-1 交易特性与交易契约安排的匹配表

		资产特性		
		通用性资产	混合性资产	专用性资产
交易频率	偶尔	市场规制（古典契约）	三边规制（新古典契约）	
	经常		双边规制（关系契约）	一体化规制（企业）

（1）市场规制。涉及通用性资产的交易，不论交易频率的高低和不确定性的大小，总是与市场规制相匹配。在市场上，交易双方都无意于维持长期的交易关系，交易瞬间完成，交易完成即互不相认。交易的完成借助于合同的完备性，慎重使用合同条款和措辞，一旦发生纠纷，则诉诸法院解决。

（2）三方规制结构。对于非通用性资产（具有一定专用性），交易频率不高的交易，适应三方规制结构。三方规制结构下，加入协约的有关各方关心协约的持续性，也认识到书面协约的不完善性和以后调整的必要性；一旦发生纠纷，有关当事人首先谋求在协约关系内部解决，即通常说的"私了"；法律被视为建立协约关系的外部框架，法院是最后诉诸的对象。

（3）双方规制结构。对于资产专用性强，并且经常重复发生的交易，适应双方规制结构。双方规制结构就是由协约双方共同组成的对交易进行组织管理的结构，但其中双方仍保持各自的独立地位。由于上述交易性质，交易双方实质上处于相互垄断关系中，相互之间具有很强的依赖性，协约关系的持续性因而变得很重要。

（4）一体化规制（企业体制）。涉及高度专用性资产，并且经常重复发生的交易，与一体化规制结构即企业体制相匹配。由于资产的高度专用性对协约关系的持续性和调适性提出了更高的要求，同时他又倾向于降低内生交易费用；高频率的交易能使专门设立的规制结构或者说组织资源得到充分的利用，设立专门的组织管理机构所引起的组织管理费用可由节省的交易成本所补偿，因而在这种情形下市场交易完全内部化，交易由内部行政方式来组织和管理就有其内在合理性。

因此，当交易的不确定性、交易频率和资产专用性较低时，市场是有效的协调手段；而当资产专用性程度和不确定性越高，交易越频繁，交易双方就越需要形成一种长期、稳定的交易关系。这种依资产专用程度而变化的规制结构保护了专用资产所有者对专用性资产的控制权和准租金的索取权，减少了交易的不确定性，能激励交易双方维持持久性的交易关系。

概言之，从经济组织的逻辑角度看，当资产专用性程度不断提高时，就需要强化对契约的保障，由此出现许多不同的契约规制结构，而纵向一体化是作为最后手段的组织方式。

从新制度经济学的发展轨迹看，早期的新制度经济学家一般认为，市场体制和企业体制是两种相互替代的业务或交易协调方式。后来，提出了"中间性组织体制"，学者们认识到，现实中的交易关系还包括市场体制与企业体制相混合的形态，也就是说，市场体制和企业体制并不是彼此替代的，而是可以同时并存、相互交融的。根据交易关系所体现的市场化程度的不同，市场体制与企业体制之间存在着权利与买卖关系不同混合状态的多种中间性组织体制。

从理论上讲，采用纵向一体化方式最具有长期性和稳定性，但它在实践中却面临着一个企业规模的效率边界问题。若企业采取所有权一体化方式，就可能使企业规模超出效率边界，从而加大企业内部协调成本，使一体化的成本超出了收益。例如，企业一体化明显会出现经营灵活性缺乏、组织管理效率下降等组织过于庞大的弊端，同时一体化还可能遭到同行企业反对以及政府的限制，这种情况下，企业为了稳定交易关系，最有可能在市场与纵向一体化两者之间选择双边、多边和混合的中间规制结构。

在1975年的著作中，威廉姆森认为交易在市场和等级组织之间的分布是两极分化的，且少量的中间规制结构是一种不稳定的组织形式，并可能向两级转化。经过长期研究后，在80年代中后期，他发现这些不规则的交易是一种非常普遍的交易形式，于是他开始重视中间规制结构。中间规制结构既不完全属于外部市场，又不完全属于内部企业，是介于企业和市场之间的一种中间组织。中间规制结构的基本特征是：交易双方的契约关系是建立在相互信任和长期合作的基础上的。其特点是一切有关合约的应变事宜均由交易双方借助自身能力协调解决，既不在合约中事先详尽规定各种可能的变故及处理措施，也不依靠第三者来调解纠纷，即它是一种双边长期合作。威廉姆森认为交易双方之所以选择长期合作方式而不是一体化方式，是因为在一定约束条件下它能够使交易费用最小。这些约束条件包括资产专用性程度、不确定性、交易频率以及企业规模等变量。威廉姆森认为该交易费用的大小取决于企业的"资产专用性"。一个企业对某一个交易关系的资产专用性依赖程度越高，用于控制该交易关系的交易费用越高，该企业越不易违约，在这种情况下，企业进行合作所减少的交易费用越大。反之，一个企业对某一个交易关系的资产专用性依赖程度越低，用于控制该交易关系的交易费用越低，该企业越容易违约，在这种情况下，企业进行合作所减少的交易费用越少。

但是，这个理论存在明显的局限性，它没有考虑到交易的制度环境对交易治理结构的影响。不过后来威廉姆森认识到这个问题，他认为制度环境会影响交易特性，而且也因它所处的制度环境而变化，这个制度环境主要包括社会文化、政治、规章、专业化、网络和企业文化等内容特征。他提出了个人、治理结构以及制度环境三个层次如何联系的层次图，见图2-1。

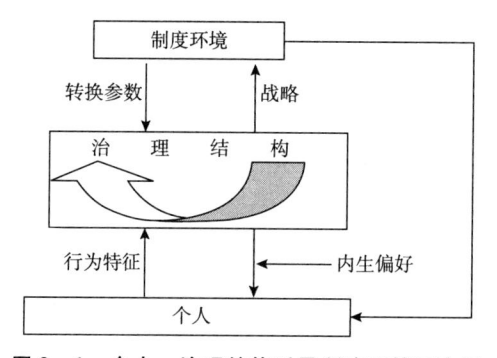

图2-1 个人、治理结构以及制度环境层次图

资料来源：威廉姆森著《治理机制》，中国社会科学出版社，2001，第414页。

（四）组织设计的原则

对于哪些类型的交易适合于企业契约安排，哪些类型的交易适合于市场契约安排，威廉姆森提出了很有影响力的解释。组织结构设计应遵循的基本原则有以下几点。

（1）经济性原则。一项交易是否需要建立一个专门的组织管理结构，要综合考虑资产专用性、不确定性、交易的频率三因素。一般来说，设置一个专门的组织管理结构虽然能对交易契约关系做更加灵活的调整，但必须考虑这样做的经济效益，以及所节约的交易费用能否弥补组织管理费用。一方面，专门实施管理结构需要很高的管理费用，它能否得到充分利用与交易的频率有关。另一方面，交易的规模经济效应也与交易的频率有关，从而影响交易组织管理结构的经济性。在资产专用性较强、不确定性程度较高时，交易的规模越大、频率越高，则建立专门组织管理结构更具经济合理性。

（2）资产专用性原则。资产专用性越强意味着资产越是用于专门的用途，越不可能转移到另一种用途上。由于交易的不确定性，资产专用性强的交易就面临着极大的市场风险，势必要求交易方在谈判中确保自己的利益，强调和保证合同的连续性、安全性，为此，谈判双方就要付出更高的交易费用。这样，实行市场交易的内部化就更具有经济合理性，企业就会替代市场。

（3）外部性原则。在市场交易中，由于外部性的存在，通常机会主义行为会相伴产生，如不履行合同、降低产品质量。因此，即使形成了市场契约关系，由于外部性的存在，契约的履行也不能得到保证，而要保证契约的履行，则必须付出高昂的交易费用。因而，市场交易的外部性越强，就越倾向于实行市场交易的内部化，以一体化组织替代市场合同的交易。

（4）等级分解原则。这是从企业的角度提出的原则，旨在使组织内部结构安排能克服各当事人的机会主义行为。从组织的决策方式看，该原则认为有必要将决策的问题分解为可管理的各个单位，便于操作和防止"道德风险"。等级分解实质上是指权力和责任的层层分解，从而对企业内部人员实行激励和约束。

（五）交易费用经济学的发展

威廉姆森之后的有关准市场理论的研究也相当活跃。迪屈奇发展了交易费用经济学理论，他在分析交易费用的基础上引进了管理效益，对半结合状态的组织形式进行分析，认为当市场管理效益大于公司交易费用、小于市场交易费用，且高于公司管理效益时，半结合必定发生[53]。迪屈奇通过引入"治理结构的收益"这一概念，将一体化、准一体化、市场关系三者相互替代的理论变为一种通论，并从理论上证明了准一体化形式下的交易费用低于科层组织，也低于市场安排。战略联盟就属于这种介于市场与企业科层组织间的"准市场"或"准科层组织"关系，在科斯式企业理论的框架内使联盟形式得到了解释[54]。企业间协作的发展可称为准内部化的过程，这一战略成为外部化及完全内部化之外的第三种选择。

在现代经济学的主流理论中，企业一直被假设为一个具有利润最大化动机的基本决策单位，其自身的结构好似一个黑匣子。经济学家们没能对企业的功能和运作机理进行深入的分析，当然，企业与企业之间的交易和契约关系也一直被排除在主流经济学的研究对象以外。传统经济学的重要缺陷之一就在于它排除了对企业制度以及企业间交易关系的分析[55]。Richardson，Pfeffer 和 Salancik 的研究指出，企业间活动是互补的，资源具有依赖性，所以企业间活动需要协调；但这种协调不是通过政府计划，也非通过一体化为一个企业来协调，而是通过企业间的多样化契约安排来协调，它可以成为企业进入其他领域的桥梁。因此，Picard Larsson 建议用市场、组织间协调和科层企业的三分法替代两分法，基于斯密看不见的手和钱德勒看得见手的隐喻，他把组织间协调形象地称为"握手"。

第二节 契约理论

一 契约理论

（一）契约的概念

"契约"（contract）俗称合同或协议，简单的理解就是：在一个合法的双边交易中，双方就某些相互义务所达成的协议。用法律的语言描述就是：当事人在平等、自愿的前提下，各方同时为改进自己的经济状况而在交易过程中确立的一种权利流转关系。在现代经济学中，契约的概念比法律所使用的概念更为宽泛，它不仅包括具有法律效力的契约，而且包括一些默认契约。现代经济管理中的契约概念，比法律所使用的契约概念的内涵更为广泛，它将所有的市场交易都看做一种契约关系，并将此作为经济分析的基本要素。契约有多种形式，可以是口头的或文字的、明示的或隐含的、简单的或复杂的以及短期的或长期的。从契约的内容来看，是交易双方界定未来业绩和未来事件风险的配置方式，它为交易提供了明确的架构。因为契约规定了具体的交易条款，界定了交易双方交换哪些权利以及按怎样的条件进行交换，也就是提供了一个交易的框架。从契约的实质来看，它是交易双方达成的一种规制双方交易的制度安排。由于交易的特性存在差异，使交易的契约安排呈现千差万别；而对于同一交易行为而言，契约安排的不同，其交易成本也是有区别的。新制度经济学认为，当事人总是能够根据自己所掌握的信息或约束条件对合约的备选方案进行比较和权衡，选择其中能以最小的资源消耗而使自身需要得到最大限度满足的契约安排。在经济学中，契约概念的内涵比法律所规定的要宽泛得多，它将所有的市场交易都看作是一种契约关系，并将它作为经济分析的基本要素。

从经济学的角度理解，契约是一组承诺的集合，这些承诺是当事人在签约时做出的，并且预期在未来（契约到期日）能够兑现。契约最核心的内容在于，它的条款是状态依存的，对未来可能发生的自然状态中参与者可以采取的行动作出规定，并规定了参与契约各主体基于可确证信息的最终结算方式[56]。本研究主要从经济学的角度理解契约。

（二）契约关系的类型

美国法学家麦克尼尔认为契约就是交易关系，他将契约划分为个别性契约和关系性契约。个别性契约是指当事人之间除了单纯的物品交换外不存在任何关系的契约，其范式就是新古典微观经济学的交易；关系性契约包括原始共同体式契约与现代关系契约两种。麦克尼尔进一步阐释道，每一个契约在某种意义上又是一个关系契约，因为，每一个契约，即便是理论上的交易，除了物品的交换外，都涉及关系。也就是说，这个契约不只是一次个别性的交换，而是涉及种种关系。

威廉姆森援用美国法学家麦克内尔教授的研究，从交易成本理论的角度把契约关系分为以下三类[57]。

（1）古典契约关系。古典契约是一种理想化的离散型协约关系，无论从法律意义上还是从经济学意义上看，其主要特点是：①交易双方在缔约时就对契约的有效期、双方的各项权利、获得收益的条件等条款作出明确的、详细的界定，并且当事人的各种权利和义务都能被准确地度量。古典契约，对于未来可能出现的任何一种事件以及任何事件出现时契约双方的权利、义务、风险分享、契约执行和结果，都能够以准确且无歧义的文字写入契约条款，不存在模糊和不详细之处。②契约关系的长期维持与否是契约各方所不关心的，违约的惩罚和索赔是各方所关注的。③交易是一次性的，所以当事人的人格化身份特征并不重要，交易完成后各方"形同路人"。④它不考虑第三方参与，强调法规、正式文件及交易自行清算。⑤没有考虑不确定性的因素。

（2）新古典契约关系。由于现实经济生活中存在不确定性，并非所有的交易都能够纳入古典契约的范畴，尤其对于那些在不确定条件下执行的长期契约。新古典契约是不完全契约，也是一种长期契约关系。新古典长期契约具有以下特征：一是在契约筹划时就留有余地，即对未来可能出现的不确定性因素留有余地；二是契约筹划者所使用的程序和技术本身可变范围很大，导致契约具有灵活性；三是当发生契约纠纷时，通常靠引入第三方进行裁决或仲裁的方式解决。在新古典契约关系中，当事人关心契约关系的持续性，并且认识到契约的不完全性和日后调整的必要。如果发生契约纠纷，当事人会首先谋求内部协商解决，如果解决不了再诉诸法律，因而，它强调建立一种包括第三方裁决在内的规制结构。

（3）关系性契约关系。这也是一种长期契约关系，同时也是不完全契约，它强调专业化合作和长期契约关系的维持。这种契约的特点是，由于订立契约各方的有限理性和交易成本的存在，使得契约存在缺口，且这种缺口无法通过法律和第三方仲裁来弥补，需要依靠在一个关系体系中的联系协商来解决。它意味着交易双方为了在交易中获得最大的预期收益，在经济的原则下根据目前的情况部分地规定交易条件，对于那些涉及双方利益的条款、在订约时就做出明确规定；所费颇多或者根本不可能的条款，则留待以后由交易双方进行过程性的、相机的处理，而且，初始明确的契约条款，一旦交易双方认为不再适宜时，也可以进行相应修改。关系契约与新古典契约的区别是，尽管两者都强调契约关系的长期维持和适应性调整，但新古典契约的调整始终以初始契约条件为参照物，关系性契约的调整可能参照也可能不参照初始协议，主要是根据现实需要做适应性调整，即关系性缔约活动将适应性贯穿到契约的始终，并且，关系性契约一般不需要第三方加入。关系型契约内生于一定的社会关系体系之中。

（三）不完全契约及契约的履行

1. 完全契约及其发生的环境

从20世纪70年代开始，信息不对称假设下的不完全契约成为经济学的研究热点，并且涌现出了大量有关契约研究的文献。不完全契约理论则始于格罗斯曼（Grossman）和哈特（Hart）的以产权理论为核心的开创性文献，并进一步扩展为企业内部权利理论和企业治理结构理论。不完全契约是相对于完全契约而言的。

完全契约是指交易主体基本上可以无成本地通过签订契约，

缔结双方都能完全预见契约期内可能发生的重要事件，将每个重要事件下所涉及的双方的权利和义务都订入条款中的契约。当缔结方对合约条款产生争议时，第三方（比如说法院）能够强制其执行。也就是说，一个完全合约能准确地描述与交易有关的所有未来可能出现的状态，以及每种情况下各缔约方的权利及所要承担的责任、风险分担、契约执行和结果。例如，公司与农户签订的优质稻购销合约，要规定时间和地点，优质稻的质量标准和价格，当市场价格发生变化时是否进行调整、如何调整，货款支付方式及违约赔偿办法等。

完全契约发生的环境包括：第一，契约不伤害除合约当事人以外的任何人；第二，每个决策者了解有关其选择的性质和结果的全部信息；第三，存在足够多的买主和卖主。他们既可能是现实的，也可能是潜在的，每个人都有可选择的交易伙伴，即没有人拥有价格和数量的垄断优势（垄断权的存在会削弱签订合约的自愿性，减少了履行合约不可能的条件）；第四，进行一笔交易的过程无成本。

由于交易主体的有限理性和机会主义行为倾向，以及交易所涉及的资产专用性，再加上难以观察到对方的行为而无法实施监督，将引发与完全契约相联系的契约签订前的逆向选择风险和契约签订后的道德风险，使得交易的供给无法达到最优状态。完全契约研究的核心问题就是如何利用制度安排和合约实现最优，但是在既定的约束条件下，一般来说，交易双方总是只能达到一个次优的均衡。

2. 不完全契约及其产生原因

现实的经济生活与完全契约的假设相去甚远，契约的签订和执行存在高昂的成本。

由于形势的不确定性，在签约时不可能预测到所有可能出现的状态；即使预测到，对每种状态进行准确的描述也是很困难的；即使能够加以准确描述，由于事后的信息不对称，当实际状态出

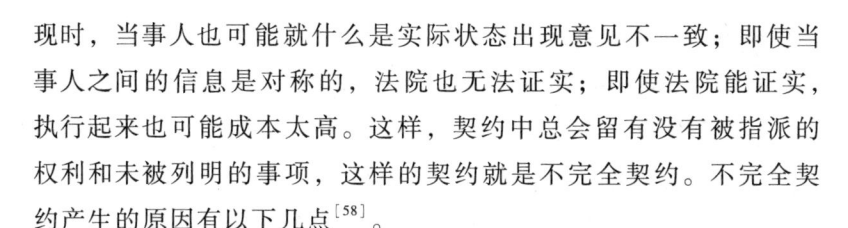

现时，当事人也可能就什么是实际状态出现意见不一致；即使当事人之间的信息是对称的，法院也无法证实；即使法院能证实，执行起来也可能成本太高。这样，契约中总会留有没有被指派的权利和未被列明的事项，这样的契约就是不完全契约。不完全契约产生的原因有以下几点[58]。

（1）信息不对称。交易双方之间信息不对称的状态意味着契约中总有"私人信息"。这些信息可能是"不可获得的"，即对于契约一方拥有的信息，当另一方试图获得时，有可能获得的成本过高以至于超出收益；这些信息也可能是"不可证实的"，即使一方向另一方主动披露这些信息，但对接受方而言，这些信息也是"不可证实的"。如果与契约相关的信息可获得而不可证实时，就存在"弱不可缔约性"；当与契约相关的信息即不可获得又不可证实时，则存在"强不可缔约性"。当弱的或强的不可缔约性存在时，一个契约就注定是"不完全的"。

（2）有限理性。完全契约是以完全理性为前提条件的。若当事人完全理解契约选择的范围，清楚地知道未来的各种可能性选择及其结果或这种结果的概率分布，那么，契约当事人就能把所有这些信息综合在单一的效用函数中，从而得到最优的契约条款。人的认知能力的有限性决定了人类的理性总是有限的，缔约主体对外在环境的不确定性是无法完全预期的，这就决定了不可能把所有可能发生的未来事件都写入契约条款当中，更不可能制定好处理未来事件的所有具体条款。同时，由于契约双方的疏忽，可能没有把有关的事宜订入契约，形成不完全契约。所以，最优的契约条款不可能达到。

（3）机会主义。Williamson（1979）认为，"机会主义"（opportunism）就是"损人利己"，如撒谎、偷窃和欺骗等。由于机会主义的存在，有限理性的缔约双方在进行契约的签订、执行时总为自己的利益着想，甚至为了自己的利益不惜去损害另一方的利益。因为契约条款的不完全，引起缔约双方在执行契约时会发生争议，这导致缔约双方都为自己的利益着想，试图从另一方所进行的"专用性投资"（asset specificity）中寻求"可占用性准租金"，即产生"敲竹杠"（hold up）现象。所以，契约难以完美执行。

（4）交易成本。由于资源有限及效用最大化的原因，交易双方对订立契约所需的交易成本都有最小化的倾向。在订立长期契约的过程中，交易方必须就付出成本作出决定。为达成有关协议，处理各种不测事件，用明确清晰的语言签订各种契约条款，使其能够得到明确的贯彻执行，订立完全契约需要花费高昂的成本。契约的拟定和签订存在事前交易成本，这使得缔约双方不可能用无限的交易成本来换取完全详尽的契约条款，此外，契约的监督和执行还存在事后交易成本。因此，完全契约是不成立的。

（5）语言的约束。语言只能对事项和状态做大体的描述，而对复杂的事件，语言的描述难以准确，总会有一定的模糊性，"词不达意"是经常的。当一个契约因为语句的模棱两可不清晰时，就可能造成契约的不完全。

（6）合作偏好的约束。契约当事人不仅有机会主义倾向，有时也表现出喜欢合作的倾向。如果契约当事人是异质的，但又偏好合作，那么，在签约时则可能有意地（Deliberately）遗漏一些条款而导致契约不完全。

在不完全契约关系下，未来不可预期的或然事件会因为种种原因而难以由契约界定，而使得交易契约化成本无穷大。这种发生在事后能够被双方观察但无法被作为第三方的法院证实的或然事件，会影响交易主体事先的专用性投资。交易不可契约化还会带来事后"敲竹杠"以及再谈判过程和利益分配调整等诸多问题。由于预期到事后的诸多问题，交易双方事先的选择也会导致一定程度的专用性投资不足。为了实现不完全契约关系下的交易效率最大化，明确的产权安排或者赋予交易一方剩余控制权是直接而有效的方法。剩余控制权的选择取决于专用资产特征、专用资产对于交易主体的重要程度、谁应该对激励承担更大的责任等多种要素特征。

3. 契约的履约机制

从以上阐述可以看到,在现实经济生活中,由于交易双方的有限理性和机会主义行为、信息不对称、信息不完全性等因素存在,使得契约不可能成为完全契约,合同经常不能得到很好的履行。新制度经济学家大都将契约的履行问题视为一个核心问题,并将大量文献放在了合同的实施和执行方面。其中最有代表性的人物是威廉姆森、本杰明·克莱因等。在他们看来,契约的履行机制主要有如下两种。

(1) 由政府或其他外部机构通过法律实施明确的契约保证。明晰的契约条款,能通过降低交易一方对违约方施加个人惩罚的成本而促进自我履约行为。因为明晰的契约条款为交易双方提供了一致同意的明确界定,交易者可以根据它来较为清楚地判定一方以外的力量,从而保证履约率。但这种方法实施的成本是很高昂的,他们需要承担确定可能出现意外和控制的成本以及在法庭上调查和实施契约的诉讼费用[59]。威廉姆森认为,法庭并不适合维护交易的长期性,法庭本身不可能是克服机会主义行为的唯一依靠,而且法庭也受机会主义行为(如律师)和有限理性(如法官)的影响。因此,从原则上讲,明确契约能解决机会主义问题,但实施成本高昂[52]。

(2) 由市场机制实施的默认的契约保证。由于法庭也受机会主义行为(如律师)和有限理性(如法官)的影响,所以,如果可能,法庭秩序就会被私人秩序取代或补充,也就是被合同双方的自我实施协议所取代。在私人秩序中,事前达成的防范机会主义的保证措施起着关键作用,通过提供抵押、公开保证书,通过一体化治理,或者通过订立自我实施协议,承诺具备了可信赖性,可以保证合同得到实施。一般情况下,交易双方都了解那些强有力的法律范围以外的制裁措施,当基本的行为准则被违背时,这些制裁措施就会生效。从原则上讲,默认契约成本较低,但不能解决机会主义问题，一旦出现机会主义行为就只能取消未来的交易。

本杰明·克莱因、罗伯特·克劳福德和阿尔曼·阿尔钦在其经典性的长篇论文《纵向一体化、可占用租金与竞争性缔约过程》中，从讨论一体化的存在入手，强调了默认契约的重要性。在论文中他们认同科斯提出的必须考虑交易费用的观点，并且赞同威廉姆森提出的要考虑契约中的机会主义行为。论文的中心观点是，产生毁约危险的原因在于存在可被有关当事人占用的专用性准租，这种准租使机会主义行为由可能变为现实[59]。所谓准租，是指一项专用性投资中，资产最优使用者超过次优使用者的价值。一旦进行一项投资，就必然会产生准租。在现实中，契约双方都想尽可能地占用这部分准租，例如，当没有出价次高的次优者加入竞价时，最优使用者会出次高价而不是最高价来使用某项资产，这时，全部准租金将会被他占用。为达到占用准租的目的，会出现种种不道德的或机会主义的行为。资产的所有者也有占用全部准租的激励，例如，资产所有者利用竞价过程而将资产的价格定在最高的竞争性价格甚至在这一价格之上。

在现实中，相对非正式的、不涉及法律的契约实施占据支配地位，真正依靠法律明确裁决的合同实施极为罕见。在《纵向一体化、可占用租金与竞争性缔约过程》一文中，默认契约被更加得到强调，因为默认契约更符合"竞争性缔约过程"的要求（强调的是市场力量、契约自由、缔约自愿）。他们提出，为了使默认契约有利于长期关系的维持，契约的市场运行的方式之一就是给潜在的欺诈者提供一种未来的"贴水"，更精确地说就是使价格远高于平均可变成本以保证准租金，并且使它超过从欺诈中获得的潜在收益。未来贴水的现期贴现值必须高于假设的潜在欺诈者可获得的任何财富的增加。这种贴水流量可以被认为是企业为防止欺诈活动而支付的保险费用。只要交易双方对由欺诈而获得的潜在的短期收益有相同的估计，这种保险的数额就会达到供求均衡，

第二章 绿色供应链主体耦合的制度经济学理论及其分析

可以预料的机会主义行为就不会发生。他们指出，如果预料到缔约后毁约行为会发生，那么支付一定贴水是最佳的阻止办法。如果这种贴水过于昂贵，那么特定的交易就不会发生，一体化才会出现。可以得出的经验性规律是：可占用性专用准租金越低，交易者依赖契约关系而不是共同所有的可能性越大；反之，由共同或联合所有的一体化的可能性越大，资产所包含的可占用性专用准租金就越高[59]。

在《市场力量在确保契约绩效中的作用》一文中，克莱因和基思·莱弗勒进一步强调：默认契约是保证契约实现绩效的一种重要契约安排。市场交换的经济范式隐含着政府界定产权和实施契约这样一个假设，这种观点背后的法哲学传统是：如果没有政府这个第三方执行者来判定和制裁违约行为，市场交易将是不可能的。但长期以来自由主义经济学家哈耶克和马歇尔认为，在没有任何第三方执行者参与的情况下，当事人信誉和商标名称可以成为激励他们确保契约绩效的手段，只要交易重复进行就行。克莱因和基思·莱弗勒坚持这种自由主义传统，提出组织交易除了第三方保证的明文契约和单方面实现纵向一体化这两种方式外，更重要的是由当事人双方自己实施的默认契约。

克莱因和基思·莱弗勒提出的另一重要观点是：给予交易对方一种未来的贴水和企业的专用性投资是保证契约绩效的方法。他们在《市场力量在确保契约绩效中的作用》中分析指出，交易的一方通过违约虽然可以获得一个数额巨大的一次性收益，但是，他将招致两个方面的损失：一是他的专用性投资的损失，二是他在将来的交易中必须花费更高的代价才能达到履行契约而没有招致"信誉"损失时的收益水平。因此，若给予交易对方一种未来的贴水，即支付高于完全竞争水平的价格，保证交易对方足够的收益流量，交易对方一般不会违约，契约绩效能够得到保证。企业的专用性投资，如品牌的投资、广告的投资以及其他的非残值的不可补偿性的投资，都会成为达到确保契约绩效条件下均衡的一种手段。

4. 社会资本与契约的履行

雅各布斯于1961年在《美国大城市的存亡》一书中正式提出社会资本概念，目前社会资本已逐渐成为当前国际学术界（包括经济学、社会学、政治学在内的）的一门显学。目前关于社会资本的概念有不同的提法。科尔曼把社会资本定义为一种便利于行动者的藏于社会结构中的资源。在科尔曼看来，由于某些行动者的利益部分或全部处于其他行动者的控制之下，行动者为了实现各自的利益，相互进行各种互换，甚至单方转让对资源的控制，结果形成了持续存在的社会关系；这种持久存在的社会关系，不仅是社会结构的组成部分，同时是一种个人资源，这就是社会资本，权威关系、信任关系、规范信息网络、多功能的组织等都是社会资本的特定形式。Putman 将社会资本定义为规则、网络与信任。他认为，社会资本是一种组织特点，如信任、规范和网络等。像其他的资本一样，社会资本是生产性的，它能通过合作的促进而提高社会的效率。

一般而言，社会资本具有多种表现形式，其中最重要的便是社会网络。在经济生活领域，不同群体、不同的个人之间会发生一些较为持久的重复的联系，如通过职业、亲缘、感情等方面的纽带所构成的人与人、群体与群体之间的关系，这就是社会网络。社会网络在经济生活中具有非常重要的作用，它可以承担两个方面的功能：①为网络成员提供资本及信息等稀缺经济资源；②弥补制度安排的不足，促进单位之间的信任，克服经济生活中的机会主义，保证契约的自我实现。社会网络的作用，取决于网络、规模和集中度[60]。

二 关系契约及治理模式

Macneil 认为契约可以被理解为人与人之间的交换关系（exchange relations），任何交换都包含两类特性：交易性和关系性。当交易的

第二章 绿色供应链主体耦合的制度经济学理论及其分析

关系性较强时，一些因交换双方的关系（relation）而存在的"规则（norms）"（包括信任、合作、信息共享等）能影响参与者的行动，使得不需要第三方（包括制度与仲裁者）的加入而能保证交易的顺利运行。威廉姆森受这一思想启发提出，在交易具有经常性、非标准化和专用性投资等特点时，通过"关系性缔约"来进行双边治理更为合适[61]。Baker，Gibbons 和 Murphy 在 2002 年发表的《关系契约与企业理论》一文中指出，关系契约贯穿于企业内外。企业内的关系契约是指非正式的协议和未成文的行动规则。企业外的关系契约包括纵向与横向两种。纵向的关系契约主要发生在供应链上，如长期的、亲密的供应商关系；横向的关系契约的性质与纵向的类似，例如时装、钻石贸易等行业的企业网络、战略联盟和联合企业等。不管是纵向或横向的联系，这些关系契约都影响了企业在处理与其他企业的业务中的行为[62]。

承袭 Macneil 和 Williamson 的观点，自 20 世纪末以来，关系契约和关系治理被应用于科层与市场之间的交易研究中，主要内容包含以下几点。

首先，强调关系契约具有"自我履行"特征，即通过双边的互动，自动地完成不完备的、含糊的合约。保障自我履行的工具主要是专用性投资、交易的未来价值等。Grandori，Anna 将"自我履行"这一观点进行了拓展和补充，指出关系性缔约可以分为"社会性的履行（以社会规范为基础的关系）"、"自我履行（以合作激励为基础的关系）"、"以过程为基础的缔约"和"为应对不确定性而以资源承诺为基础的缔约"[63]。

其次，认为关系治理与正式合约都能起到降低交易成本和风险的作用。Gulati R. 和 Dyer J. 认为，有了关系治理的这些结构规定和关系性规则，不需要订立正式契约，即不需要外部强制力量，也能保证关系契约的履行。因此，关系治理能够替代正式契约，也就是说，正式契约与关系治理互为替代品[64][65]。但是，有些研究者则认为关系治理与正式契约是相互补充的，他们认为精确设计的正式契约不会阻碍或取代关系治理,实际上它会促进更多合作的、长期的和值得信任的交换关系;而关系治理带来的持续性与合作可能产生契约的精炼化,从而进一步支持更多的合作。Poppo 和 Zenger 的实证研究支持了关系治理与正式契约相互补充的观点,他们发现,在复杂的、风险很大的交换关系中,同时采取正式和非正式措施会比只采取一种措施产生更好的交易绩效[66]。

再次,在实施"关系契约"的过程中,信誉、相互信任和长期合作关系的维持等比法律诉讼更为重要。关系契约的治理不再仅仅依赖法规、制度、合约等正式措施,而需要加入信任、合作等非正式的治理手段,后者又被称为"关系治理(relational governance)"。关系治理与正式治理措施互为补充、相互促进,共同保证了令双方满意的交易绩效和关系契约的顺利进行。

最后,关注到不确定性、专用性投资等因素对选择关系治理模式的影响。Williamson 首先注意到交易的投资专用性、频率和标准化程度等交易特征对治理模式的影响。后来,很多研究者发现诸如不确定性、企业网络等商业环境因素也影响企业对关系治理模式的选择。例如,Claro,Hagelaar 和 Omta 发现,交易层面的资产专用性和商业环境中的网络密度均是关系治理的决定因素[67]。Joshi 和 Comp bell 指出,环境不确定性,尤其是来自创新压力的环境变动,能够与企业向自己的供应商传播知识等因素结合起来影响企业与供应商之间的关系治理[68]。

在新制度经济学看来,高合约信誉和易于合作的产业组织有助于降低经济运作的成本、增大交易剩余,而且容易放大组织或一体化的联合行动;反之,交易合约关系维系的链条会很脆弱,维持和运作的成本会很高,合作和一体化的行动也难以成就。从这一意义上讲,交易双方基于长期关系建立起来的合约信誉是一份具有很高价值的资产。因此,基于关系的合约完善与信誉重建,是农产品绿色供应链组织创新的重要内容。

在我国社会的非正式制度里,基本的规则就是信任与关系。

显然，在新制度经济学里，生发于中国社会的关系和信任，是有专用性、抵押性的，是有"租"或"准租"的。因此，农产品绿色供应链的治理结构必然基于此关系之上。

三 委托代理理论

最早提出委托-代理（principal-agent）概念的目的是为了研究股份制公司的管理体制问题。在现代股份制公司体制下，公司的所有权与经营权相互分离，经理阶层代表股东行使经营管理职能。由于个体都是追求自身利益最大化的经济人，作为公司所有人的股东和作为股东代理人的经理层，他们的最大化目标有时会不一致、甚至会有很大差异。但由于经理比股东更了解公司的信息，因此，经理可能做出与股东利益不一致的行为。代理问题就是研究如何进行制度设计，使经理层在按自身利益最大化行动时，最大限度地实现股东的利益。

委托-代理问题是由当事人各方信息不对称引起的。信息不对称是指一方拥有另一方所没有的信息，拥有信息的一方称为代理方（agent），缺乏信息的一方称为委托方（principal）。信息不对称可以从内容和时间上划分。从内容上看，非对称可以是某些参与人的行动，也可能指某些参与人的信息或知识；从发生的时间看，非对称可能发生在当事人签约之前（exante），也可能发生在签约之后（expost）。委托-代理问题在经济生活中普遍存在，只要当事人各方在拥有的信息上具有不对等性，就存在着委托-代理问题。

解决代理问题的途径主要是管理者市场和股票市场的供求机制原理。管理者市场分为内部市场和外部市场。所谓内部市场，是指企业内部管理者之间的竞争，外部市场则是指企业间的管理者之间的竞争。管理者市场通过对管理者"声誉"的评价发挥作用，作为股东代理人的管理者如果损害所有者股东的利益，就会使自己的声誉这一无形资本的价值降低，在经理人市场上就会失去需求。股票市场上,股东可以通过用脚投票的方式避免代理人滥用职权、损害股东利益的行为,同时,股票价格的变化也能间接地评价出代理人的绩效。管理者市场和股票市场是有效约束代理人行为,降低代理费用的制度安排。

委托-代理理论不仅可以用来解释交易双方或合同双方的互动关系类型,也可以用于激励买卖双方建立联系、扩大合作水平与程度、最小化合作双方的共同风险。此外,还可以说明卖方为降低购买者的不确定性而向消费者提供信息来解决顾客服务问题。当信息充分并且购买风险与不确定性很低时,消费者在市场上可以随意购买任何商品,卖方没有必要同买方建立紧密的互动的关系,卖方也没有必要耗费更多的成本来向买方提供超过市场需要的更多的销售支持。简言之,如果市场是由市场力量来控制,则没有必要建立买卖双方的关系。若信息的不充分,存在高度的不确定性和风险,通过建立买卖双方的关系来加强合作则具有重要的意义。

在供应链的合作关系中,存在着许多合作主体间的信息不对称,如原料供应商与生产加工商、生产加工商与贸易商、贸易商与消费者之间,合作主体间的信息不对称会引起委托-代理问题。在供应链主体合作关系的建立和维系过程中,可能会存在以下问题:第一,备选合作伙伴不具备提供某种服务的能力,而作出超出自身能力的承诺,而核心企业又难以正确识别备选者的能力。比如,核心企业在选择合作伙伴过程中,虽然一般都能清楚地掌握各合作伙伴候选人的报价,但对各合作伙伴候选人的供应质量缺乏足够的了解,因此,经常出现"劣品驱逐良品"的情况,将供应质量水平较高的合作伙伴候选人排除在供应链之外,而将质量水平较低的候选人吸纳到供应链之中,由此产生了逆向选择(adverse selection)问题;第二,合作伙伴可能在签约后采取欺骗行为,结果产生道德风险(moral hazard)问题。作为独立市场主体的供应链上的各个体都有追求自身利益最大化的本能,在供应链缺乏有效的监督机制和控制机制情况下，必然会出现某些合作伙伴企业冒道德风险，通过损害上下游合作伙伴利益满足自身利益的现象。道德风险的存在，会大大降低供应链系统的竞争能力，防范道德风险所造成的危害是供应链稳定运行的一个关键因素。逆向选择问题通常可以采用信号理论的方法解决，即利用某种信号揭示参与者的私有信息，将高质量的供应商和低质量的供应商区分开来。道德风险问题则通过采用激励机制，如给予价格补偿，约束合作伙伴的欺骗行为。

四 交易成本理论与委托代理理论的综合

Mahoney 提出了一个综合的分析方法，在他看来，威廉姆森的交易成本分析法主要从资产专用性的角度提出了契约安排在节省市场交易成本方面的作用，但没有解决契约治理结构内部的代理成本问题；而委托－代理理论则重点确定如何通过治理结构的设计，达到代理成本最小的问题。因此，他认为研究合同安排问题，有必要将交易成本与委托－代理理论结合起来。他指出，交易成本主要是由资产专用性决定的，代理成本则取决于测量代理人行为或结果的成本，而这种成本又是由代理人作业任务的程序化程度和作业结果的可考核性决定的。他提出了如表 2-2 所示的综合分析框架，在这个框架中，选取了资产专用性、作业程序化与结果考核性这三个变量，根据三个变量的不同组合，提出从现货市场交易到长期合约等八种治理结构形式的选择[69]。

表 2-2 资产专用性、作业程序化、结构考核性与合同选择

难易	作业的低程序化		作业的高程序化	
	低资产专用性	高资产专用性	低资产专用性	高资产专用性
结果难以考核	现货市场交易	长期契约	现货交易	部分所有权一体化
结果容易考核	关系契约	完全一体化	内部契约	完全一体化

资料来源：Mahoney. J. T. "The Choice of Organizational Form: Vertical Financial Ownership Versus Other Methods of Vertical Inregration.", *Strategic Management Journal*, 1992 (13): 559-584.

从表 2-2 可知,如果资产专用性、作业的程序化程度很高,而且结果容易考核,那么完全一体化是最好的治理结构;如果资产专用性很低,作业的程序化程度也很低,而且结果不容易考核,那么市场现货交易是最好的选择;如果资产专用性高,作业的程序化程度低,而且结果难以考核,那么长期契约交易是最好的选择。

第三节 供应链主体耦合:制度经济学分析

一 企业间关系协调方式分析

(一) 组织体制的制度逻辑:市场→企业→中间性组织

市场体制是指买卖双方在充分竞争的公开市场上实现某种商品的一次性交易。联结买卖双方的只有某一次的商品交易关系,双方交易的达成主要是由供求关系决定的价格机制协调作用的结果,交易双方的行为实际上受到了一种无形的市场竞争力量的控制。市场机制的最大优点是,它把供求关系简化成了"价格"这一单纯的物质关系,使当事人不必搜寻"商品是由谁生产"、"商品的需求者是谁"之类的信息,而只需要考察价格然后进行决策。如果所要达成的交易是相对复杂的,且具有较高程度的资产专用性,鉴于市场信息不完全可能给交易双方带来不确定性和机会主义风险,价格协调就可能转变为企业内部的权威协调,即交易内部化。通过市场交易内部化的纵向一体化体制在相对稳定的市场环境中是可行的、有效的,从而可以大大降低市场交易成本。

20 世纪 90 年代以来,企业竞争形势呈现出许多新的特点:企业竞争手段信息化、竞争范围全球化,消费者主权占主导,速度制胜,核心竞争力成焦点。21 世纪,世界经济进入"后工业经济"时代,企业的追求目标和发展模式也在发生根本性的变化。在企业竞争形势发生巨大变化的情况下,市场交易内部化的纵向一体化模式表现出快速响应市场能力差、潜在市场风险高、不利于形成和强化核心竞争力等不适应性特征。

交易费用理论认为，纵向一体化体制并不具有低交易成本的必然性。科斯认为，价格机制的运行是有成本的，而企业行政管理机制的运行也是有成本的，价格机制和行政管理机制的运行成本都表现为交易费用，由此必然产生由市场机制和由行政管理机制进行同一资源配置活动时的交易费用比较，企业的产生和企业的边界均可以由企业的交易费用优势加以解释。后来，威廉姆森将科斯的交易费用理论又推进了一步，他认为，企业体制的交易费用优势和市场体制的交易费用劣势成为纵向一体化的依据。但他同时指出，"一个完整的纵向一体化过程需要对内部组织的限度和力量作出估价。若其他情况相同，当与行政协调有关的摩擦日益严重时，求助于市场交换就更有吸引力了"。[70]这说明，威廉姆森在寻找纵向一体化的理论支撑时，已经十分清晰地提出了纵向一体化组织存在一个极限，超越了这个极限，纵向一体化组建起来的企业内部组织成本会超过由市场机制组织同样交易所发生的市场交易成本，即出现纵向一体化失灵。按照经济理性原则，当这种不经济出现时，就应该出现向市场的回归。交易费用的存在，一方面导致交易结果的非帕累托最优，甚至阻碍某些交易活动的发生；另一方面，随着交易费用的增加，激励人们创造出新的经济组织与交易方式来减少交易费用。

早期的新制度经济学家一般认为，市场体制和企业体制是两种相互替代的交易协调方式。后来，提出了"中间性组织体制"，学者们认识到，现实中的交易关系还包括市场体制与企业体制相混合的形态，也就是说，市场体制和企业体制并不是彼此替代的，而是可以同时并存、相互交融的。根据交易关系所体现的市场化程度的不同，市场体制与企业体制之间存在着权利与买卖关系的不同混合状态的多种中间性组织体制。中间性组织体制可表现为产权关系联结的持股型组织与非产权的契约关系联结的网络型组织两大类。产权上互为独立的法人企业之间的联结并不仅限于产权关系纽带，契约关系的缔结同样也能够将多个企业联合到一个群体内。

在社会专业化分工高度发展的条件下，不论是无形的服务产品，还是有形的物质产品，都可以作为商品进行一次性交易，即采取"市场"体制。但是，对于具有较高资产专用性且质量好坏不容易事先界定的商品，为了避免市场交易中的机会主义行为，也为了使上游的供应商能够对下游的需求方的技术要求进行较全面和深入的了解，以提高供给产品的质量，采取介于企业体制和市场体制之间的"中间性组织"体制，日益显示出更大的效益。

社会生产的组织遵循了一条从市场到企业再到供应链的发展演变过程。供应链是经济社会发展到一定阶段的产物，它是经济全球化导致市场竞争日益激烈环境下企业管理模式从"纵向一体化"向"横向一体化"转变而形成的一种组织形式。市场体制、纵向一体化、横向一体化这三种组织形式在企业的运营过程中同时发挥着作用，企业决策的关键是如何有效利用这三种组织形式以实现企业的绩效最优。当纵向一体化模式不能适应企业竞争的要求时，通过横向一体化模式所形成的供应链就成为对市场和企业这两种组织分工形式的有力补充。威廉姆森提出，在企业与市场两种制度之间还存在第三种基本组织形式，即"组织间协调"或"中间性体制"，供应链就是这种"中间性体制"。

（二）供应链组织体制的制度内涵

供应链组织体制，主要是通过"链"上各个企业之间的合作和分工，致力于整个"链"上物流、商流（链上各个企业之间的关系形态）、信息流和资金流的合理性和优化，降低交易成本，从而提高整条"链"的竞争能力。

在社会专业化分工高度发展和市场交换商品范畴不断拓宽的新经济时代，纵向一体化和纯粹市场体制的弊端显得尤为突出。

实质上,供应链组织是经济全球化下企业应对竞争的一项诱致性制度变迁,而供应链管理则是供应链组织形式下的一种制度规范,不仅有利于节约交易费用,也有利于合作博弈的形成和核心竞争力的培养。

供应链可以看做是继市场和企业之外的一种创新了的组织分工形式,它既超越了纯粹的市场交易关系,又超越了纯粹的纵向一体化关系;它既能规避纯粹市场的高交易成本,又能克服纵向一体化的不足。供应链企业之间的交易关系建立在长期合作和相互信任的基础上。供应链企业作为市场化的组织(即准组织 quasi-hierarchies)和组织化的市场(即准市场 quasi-market),既可以规避高额的市场交易费用,又可避免完全内部化所导致的较高的组织成本。因此,它是有效利用企业组织和市场组织双重优势的一种组织创新,它不仅可以保持供应链成员的相对独立性,又可提高资源的利用效率,同时还增强了供应链企业的战略灵活性。

供应链这种"中间性体制",包含企业内部组织分工、与外部节点企业结盟进行组织分工两种形式,从而决定了它与市场、企业组织形式具有很大的差异[71](如表2-3)。科斯在《企业的性质》一文中,将市场理解为用契约形式执行的交易,而企业则被视为用权威形式执行的交易。因此,就逻辑关系而言,供应链这种组织形式恰好结合了"市场"和"企业"的特点,将"契约形式"与"权威形式"兼收并蓄(供应链中的权威来自核心企业),同时将"平等的市场交易关系"和"理性化的企业协作关系"合二为一,建立起一种有利于整体竞争力提升的供应链节点成员之间的战略伙伴关系。

交易费用理论认为,企业间实现纵向联合的基本原因是为了节约现有的和潜在的交易费用,实现利益的最大化。供应链作为一种介于企业和市场之间的"中间性体制",其体制的优越性,主要在于供应链节点成员通力协作而带来的交易费用节约和学习效应所带来的创造价值能力的提升。供应链体制中原料供应商、加工企业、贸易企业之所以要建立合作伙伴关系，从制度经济学的角度而言，就是为了在市场交易中寻求一种交易费用最低而组织成本不高的制度安排。

表 2-3 企业、市场和供应链的比较

	制度安排形式		
	市场	供应链	企业
资源配置方式	价格机制	兼有价格机制和科层组织调节	科层组织调节
调节参考点	价格	契约和隐合同	权威
调节力量来源	供求	谈判、博弈	计划
主要的相对成本	交易成本	交易成本和组织成本	组织成本
交易成本比较	大	适中	小
组织成本比较	小	适中	大
稳定性比较	小	较强	强
业务关联性	无	较强	强
合作性	差	强	最强
竞争性	强	较强	弱

资料来源：孙天琦：《合作竞争型准市场组织的发展与产业组织结构的演进》，《经济评论》2001 年第 4 期。

供应链内部的市场，其形成的交易成本低于纯粹市场的交易成本，这是由供应链内部市场具有的优越性决定的，表现为以下几点。

首先，供应链内部市场有助于减少因交易主体的"有限理性"而产生的种种交易费用。一方面，供应链组织体制表现为一种社会关系网络，促进组织成员的显性和隐性知识溢出，使经济主体行为更加理性[72]。供应链成员将在个体理性与组织理性的互动中，产生了一种可以明确预见的、理性的动态平衡。另一方面，网络化的供应链也有利于释放被压缩的信息，削弱了信息的不对称性，使得经济主体更加趋于理性。此外，供应链主体之间合作关系的建立促使伙伴之间的"组织学习"，从而提高对方对不确定性环境的认知能力，减少因交易主体的"有限理性"而产生的种种交易费用。

其次，供应链上各个主体企业之间的竞争与合作关系，使组织保持较高的效率。通过供应链上企业的长期合作，不但可以节约纯粹市场交易中的搜寻信息成本、讨价还价成本、监督成本等费用，而且可以利用市场机制提高交易效率。由于供应链上企业间是相互合作而不是完全合并，从而可以避免一体化组织中的"官僚主义"，减少层级组织过多而产生的信息扭曲及相关的组织费用，而且供应链上各个主体企业并没有消除竞争，企业在合作的同时依然相互竞争，从而使得企业保持较高的生产经营效率。

最后，供应链内部交易主体通过无限次重复博弈，在供应链中建立起交易规范，创造抑制机会主义的大数条件，降低交易费用。供应链中各组成成员之间的合作关系是一种近乎于无限次重复的博弈，能够在供应链内部创造出抑制机会主义的大数条件，使得缔约双方都会相互掌握一种双向的、自动的制衡对方的能力，双方都会充分考虑和关注各自将来的支付，如一方违约，另一方就会采取报复行动，将违约方驱逐出供应链。随着时间的推移和供应链内部交易关系的持续，在供应链中建立交易规范，形成诚信氛围，从而将交易费用内部化。

二 供应链组织是经济全球化条件下企业的一项诱致性制度变迁

制度是影响经济效率的重要因素，这是新制度经济学的重要思想。诺斯和托马斯认为："在经济发展中，制度起着决定性作用。"[1]新制度经济学是用制度变迁来解释经济发展的，因而对制度变迁本身的理解和探讨，就成为新制度经济学的重要组成部分。

（一）制度变迁的一般理论

制度变迁是制度的替代、转换与交易的过程。它既可理解为一种效益更高的制度对另一种制度的替代过程，也可理解为一种更有效的制度生产过程，还可以理解为人与人之间交易活动的制度结构的改善过程。不管如何理解，制度变迁总是意味着"制度创立、变更随时间变化而打破的方式[73]"。

著名新制度经济学家 Douglass C. North 认为，任何一项经济制度，如供应链管理体系，尽管在发展过程中受到主客观因素甚至偶然因素的影响，但都有一个共同的规律，即制度给人们带来的报酬递增决定了制度变迁和发展的方向，并最终使制度发展呈现出两条截然不同的轨迹。一条是路径依存（Path Dependence），即报酬递增普遍存在时，不仅能够巩固和支持制度发展，而且能在这个基础上一环紧扣一环，沿着良性循环的轨迹发展；另一条是闭锁（Lock - in），即当报酬递增不能普遍产生时，制度发展只能向无效或不利于产出最大化的方向发展，结果使整个制度形式效率逐渐衰减。

诺斯在其代表作《制度、制度变迁与经济绩效》一书中，阐述了制度变迁理论。其要点可以归纳为：①制度是为了决定人们的相互关系而人为设定的一些制约，它的主要作用是通过建立一个人们相互作用的稳定结构来减少不确定性。正式制度来源于社会生产的专业化和劳动分工，相对于非正式制度而言，它起着修正、修改和代替的作用；非正式制度来源于社会的文化沉淀，主要用传统来解决协作问题，是对正式制度的拓展、说明和补充。②当要素的相对价格及谈判力量对比发生变化以及组织的偏好发生变化时，制度会发生变迁。组织是制度变迁的代理。当要素相对价格发生变化时，组织根据最大化目标采取行动，从而勾画出制度变迁的方向。组织的最大化行为可以采取两种形式，一是在现有的约束内进行选择，二是在正在改变的约束内进行选择。具体采取哪种形式，取决于哪种形式的最大化收益超过现有制约下的投资。③制度变迁的过程，实际上就是实施制度的各个组织在相对价格或偏好发生变化的情况下，为谋取自身利益最大化而重新谈判,达成更高层次的合约,改变旧的规则,最终建立新的规则的全部过程。在这个过程中,当各个组织的谈判力量及构成经济交换总体的一系列合约的谈判给定时,如果没有一个组织能够从对重建合约的资源投入中有利可图,那么制度才会稳定下来,即构成均衡的制度。但是,由于正式制度和非正式制度的变迁方式不同,所谓均衡的制度只能是一种局部均衡。因为均衡是局部的,所以制度总是要变迁;因为局部是均衡的,所以制度变迁又总是渐进的。④正式制度的变迁常常是非连续的,而非正式制度变迁一般是渐进的、缓慢的。正式制度或其实施的变迁会导致一种非均衡状态,进而使非正式制度逐渐发生变化。在制度变迁的过程中,不再适应的旧正式制度往往被新的正式制度所否定和取代;在形成稳定的制度之后,新形成的非正式制度是对正式制度的补充[74]。

从诺斯的阐述中,我们能体会到制度变迁理论的要义:第一,制度是人们在多次博弈中形成的,人们遵循制度说明这是人们从多次博弈的结果中计算成本与收益而作出的选择。制度的形成是人们之间互动的过程,是在人们利益冲突的妥协中生成的,是利益互相冲突的人及其组织之间妥协的产物,它内生于人群和社会。第二,没有一种制度安排是完美无缺的。因为一种制度安排有效运转是以其他制度安排的存在为条件的。各种制度安排之间既相互替代又互为补充,由此构成一个制度结构。一个社会在制度上的问题主要是制度结构问题,即过分倚重于一些制度安排而忽视另一些制度安排的问题。第三,制度变迁过程的核心问题是权利的重新界定和相应的私人利益调整,是具有不同利益和不同相对力量的行为主体之间相互作用的过程。制度是具有经济理性的人们多次博弈的结果,行为主体之间的利益一致程度与力量对比关系,将决定着制度变迁的方向、速度、形式及其效绩。

(二) 制度变迁的内在机制

任何制度变迁都包括制度变迁主体(组织、个体或国家)及其对制度的供求、制度变迁的源泉和适应效率等诸多因素。

1. 有效组织是制度变迁的关键

新制度经济学认为[73]，有效组织是制度变迁的关键。组织是具有共同目标的个人结成的集合，其建立的目的是获得收入和其他目标的最大化。之所以说有效组织是制度变迁的关键是因为：其一，在稀缺经济和竞争环境下，制度和组织的连续的交互作用是制度变迁的关键之点。竞争迫使组织持续不断地在发展技术和知识方面进行投资以求生存，这些技能、知识以及组织获取这些技能、知识的方法将渐进地改变我们的制度。其二，组织和企业家的最大化活动决定制度变迁的方向。制度变迁沿着什么轨迹前进在某种程度上讲就是成千上万组织选择、竞争、合作"均衡"的结果。其三，制度与组织有着特殊的内在联系。如果说制度是社会游戏的规则，组织就是社会玩游戏的角色。组织不仅是制度约束，而且也是其他约束（如技术、收入和偏好）的函数。

作为制度变迁关键的组织必须是有效组织。组织是否有效，取决于其是否具有实现组织最大化目标所需要的技术、知识和学习能力，也就是创新能力。在组织创新能力的形成过程中，企业家的作用又至关重要。在熊彼特看来，企业家，不管是政治的还是经济的，都是推动社会不断向前发展的唯一力量。制度变迁的原因可能很多，但最终要取决于制度变迁的主体。企业家的真正任务是设计和发现市场，评价产品、产品技术和积极管理雇员的劳动，这是由环境的不确定性所决定的。当不确定性发生的时候，创新就成为必要的了。企业家实现上述任务需要相关的特殊知识。新制度经济学认为，企业家能获得什么样的特殊知识是由特定的制度结构决定的，也就是说，制度结构"圈定"了企业家选择知识的空间范围。如果基本制度框架使收入再分配成为有利可图的经济机会，那么追求提高生产率以外的特殊知识就会盛行；如果基本制度框架鼓励企业或其他组织投资于提高生产率的特殊知识，那么，生产率的增长就将带来经济繁荣。基本利益框架约束着人们的行为及其选择，同时，有效的组织和企业家的最大化行为又决定着制度变迁的方向及其进程。

2. 制度需求与制度供给

早期的经济学文献大多偏重于制度变迁的需求诱致机理。科斯提出了制度变迁的一般原则：制度安排之所以会被创新，是因为在现有制度安排下无法实现潜在利益，从而使行为者产生对新的制度安排的需求，即一项新制度安排只有在创新的预期收益大于预期成本时才会被作出。而进入预期收益函数的变量有多个，包括资本收益的获得、风险分担、规模经济的实现、交易成本的减少、外部性的减弱等。

（1）制度需求。对制度安排的需求，可简单地归结为：按照现有制度安排，无法获得潜在的利益。就像人们对商品的需求是因为商品能够给人们带来效用或满足一样，制度安排也能给人们带来收益。制度创新者认识到，改变现有制度安排能使他们获得在原有制度下得不到的利益。一切制度安排的调整都有可能影响到原有的收入分配和资源配置效率的格局。

影响制度需求的因素有很多，这些因素使改变制度安排的预期收益发生了变化，从而诱致制度变迁：①相对产品和要素价格。相对价格的变化改变了人们之间的激励结构，同时也改变了人们讨价还价的能力。而讨价还价能力的变化导致了重新缔约的努力。因此，产品和要素相对价格的改变是制度变迁的源泉。②宪法秩序。宪法秩序的变化，即政权的基本规则的变化，能深刻影响创立新的制度安排的预期成本和利益，因而也就深刻影响着对新的制度安排的需求。③技术。技术变化决定制度结构及其变化，应该说，技术发展水平及其对制度变迁的影响是多方面的。例如，技术进步会改变相对产品和要素价格，从而诱致制度变迁；技术进步降低了交易费用并使得原先不起作用的某些制度安排显现潜力；等等。④市场规模。亚当·斯密曾分析过，分工的发展受市场规模的制约。市场规模越大，社会分工也就越细。这一过程同样适用于制度变迁的分析。市场规模的扩大对制度需求的影响表现为：首先，市场规模扩大，固定成本可以通过很多的交易，而不是相对很少的几笔交易收回。这样，固定成本就成为制度安排创新的一个较小障碍了。其次，市场规模的扩大使一些与规模经济相适应的制度安排得以创新，如股份公司制度、跨国公司制度等。再次，市场规模的扩大，使得一些制度的运作成本大大降低。

（2）制度供给。制度变迁的供给，取决于政治秩序提供新的制度安排的能力和意愿，这种能力和意愿好比影响传统产品市场上货物供应的那些因素。然而，制度供给比一般的物品供给更加复杂，原因包括以下两点。第一，制度的"生产"很难由单个行为主体提供，它更多的是公共选择的结果，是多个行为主体多次博弈的结果；第二，制度不是私人物品，而是一种公共物品。正因为存在公共物品性质，所以制度创新的供给是不会达到社会最佳供给水平的。影响制度供给的因素可归纳为以下五点。①宪法秩序。宪法秩序的影响表现为：其一，有助于自由地调整和社会实验，或者起根本性的压制作用；其二，直接影响创新主体进入政治体系的成本和建立新制度的立法基础的难易度；其三，为制度安排规定了选择空间并影响着制度变迁的过程和方式；其四，一种稳定而有活力的宪法秩序会给政治经济引入一种文明秩序的意识，而这种意识会大大降低创新的成本和风险。②制度创新成本。包括规则设计和组织实施新制度的费用，清除旧制度的费用、清除制度变迁阻力的费用，制度变迁造成的损失以及因不确定性造成的随机成本。③现有知识的积累及社会科学知识的进步。正如拉坦所说，我们拥有社会科学的知识越多，我们设计和实施制度变迁就会越有成效。④现存制度安排。它直接影响提供新制度的能力。一方面，原有的初始制度选择会强化现存制度的激励和惯性；另一方面，现存制度安排会形成一个既得利益集团或一种既得利益格局，而既得利益集团会增加制度变迁的谈判费用，形成制度变迁阻力。⑤规范行为准则。规范行为准则根植于文化传统，因而会对制度安排的选择和制度供给产生深刻影响。新制度经济学家们反复强调制度安排应与文化准则相和谐，否则就会使一些制度安排难以推行或者制度变迁成本大大提高。

3. 制度变迁的源泉

制度变迁是一个演进的过程，它包括制度的替代、转换和交易过程。制度变迁是通过复杂规则、标准和实施的边际调整实现的。制度变迁的源泉是相对价格和偏好的变化。

相对价格的变化包括要素价格比率的变化、信息成本的变化、技术的变化等。要素价格比率的变化成为制度变迁的源泉是因为相对价格的变化反映了人们之间的激励结构，而讨价还价能力的变化导致了重新缔约的努力。一般来说，由于环境的复杂性和理性的有限性，制度变迁总是在不确定条件下进行的。在这种条件下，制度变迁中的信息是不完全的或稀缺的，从而存在正的信息成本。较高的信息成本诱导制度的产生，而制度的运作反过来降低信息成本。技术的进步不仅增加了制度变迁的潜在利润，而且降低了制度变迁的操作成本。此外，人的偏好会随着人均收入、历史文化传统、信息成本等因素的变化而改变，人们的行为模式也会逐渐改变，而行为模式的改变会有效地推动理想、风尚、信念和意识形态等非正式制度的逐渐变革。

相对价格和偏好的变化是制度变迁的源泉，但并不意味着它们必然地导致制度变迁。相对价格和偏好的变化会改变制度变迁的成本和预期成本，如果这种变化程度还不足以打破现有制度的均衡，制度变迁就不会发生。新制度经济学认为，制度变迁的必要条件是制度均衡被打破，制度均衡被打破的根本诱因是在已有制度安排下无法获取的外部利润。在戴维斯和诺斯看来，外部利润主要来自外部性内部化、规模经济、降低交易费用、风险分担。在现有的制度结构下，由外部性内部化、规模经济、降低交易费用、风险分担所引起的潜在收入增加不能内部化时，为谋求将外部利润内部化，一种新制度的创新就可能发生[73]。

4. 制度变迁内在机制的另一个构成要素是适应效率

有效制度要求为组织提供适应效率。适应效率不同于配置效率，它涉及那些决定经济长期演变的途径，还涉及一个社会获得知识与学习的愿望，引致创新、分担风险，进行各种创新活动的愿望，以及解决社会长期问题的愿望。一种制度安排之所以得以创立实施，是因为它能为组织提供适应效率。有效制度为组织提供适应效率主要表现在：第一，有效制度允许组织进行分权决策，允许实验，鼓励发展和利用特殊知识，积极探索解决问题的各种途径。简单地说，有效的制度应该为组织提供一种适应外部不确定性的适应效率。组织加上有效的制度就在复杂的竞争和不确定性的世界里生存和发展。第二，有效制度能够清除组织的错误，分担组织创新的风险，并能够保护产权。

（三）供应链组织是经济全球化下企业的一项诱致性制度变迁

新制度经济学认为，制度是决定经济发展的重要因素，制度创新可以促进经济发展[73]。现代社会中制度对经济发展的推动主要是通过企业的持续发展（不断的财富贡献）来实现的。

进入20世纪90年代以来，全球经济一体化向纵深发展，企业经营环境发生巨大变化，企业竞争形势呈现诸多新特点：培育企业核心竞争力成为竞争战略关注的焦点；消费者需求以及经济的不确定性日益增加；时间成为企业竞争制胜的重要变量；信息技术的发展使企业竞争手段发生变化；全球化扩大企业竞争的空间范围。而传统企业的纵向一体化体制在新的竞争形势下表现出极大的不适应："大而全"、"小而全"的纵向一体化，分散了企业的人力、物力、财力，使企业难以集中资源发展和强化核心竞争力；纵向一体化体制下，企业资源的调配需要较长的时间周期，缺乏快速响应市场的能力；纵向一体化也使资产专用性程度高的企业的潜在市场风险大大增加。现代企业要在激烈的全球市场竞争中取得优势，就必须从企业自身和外部环境的特点出发，培育自己的核心竞争力。无论是基于外部环境还是内部实际，都要求企业不断地进行制度创新，致力于核心竞争力的培养。供应链正是企业的一项制度创新，是企业基于培育自己的核心竞争力和可持续发展的需要而选择的一种运行规则和组织形式，换句话说，它是经济全球化下企业为应对竞争而进行的一项诱致性制度变迁。诱致性制度变迁由个人或团体在响应获利机会时自发倡导、组织和实行的，是对现行制度安排的变更或替代，或者是一项新制度安排的创造。诱致性制度变迁必须由某种在原有制度安排下无法得到的获利机会引起。同理，供应链这一新的制度安排通过对原有制度安排（市场和企业机制）的创新，由各节点企业自发倡导、组织和实行，以获得原有制度安排下无法得到的获利机会，实现整体绩效最优下的各自效益和竞争力的提高。供应链是经济全球化下企业进行的着力于培育自身核心竞争力的组织体制创新。企业核心竞争力的培育要求企业把主要精力放在关键业务上，把非关键业务交由全球范围内的合适企业完成，也就是开展所谓的"业务外包"。企业内向配置的核心业务与外向配置的业务紧密相连，使相关企业形成一个融会贯通的网络整体，即供应链。实施供应链管理，可以有效地实现以需求为导向组织企业各项活动，优化资源配置，提高企业的快速反应效率和核心竞争力。供应链管理不涉及企业之间的产权交易，在节约交易费用的同时，能够有效克服纵向一体化的不足。

在供应链出现之前，企业往往为"企业边界"所困扰。供应链出现后，实现了从边界企业到扩展企业的转变，这就是诱致性制度变迁的结果。扩展企业是以供应链为平台，通过业务外包而产生的一种新的企业形式，它对单一企业而言的好处在于：①供应链管理将资源集成的范围扩展到企业外部，供应商、加工生产商、分销商结成伙伴关系，基于这种企业运作环境的产品制造过程，从产品的研发到投放市场的周期缩短、顾客导向增强，使企业快速响应复杂多变市场需求的能力得到提升；②它使供应商、加工生产商、分销商之间的职能能够跨越企业的界限得以集成，以此为基础实现跨功能或经营活动的整合，跨越整条供应链，实现运营活动的连接和整合，并且各种活动都能做到优势互补，发挥更大的资源配置优势，巩固和强化企业的核心竞争力；③当市场需求发生变化时，企业可以通过对供应链成员的重新整合适应新的变化，提高企业柔性，有效化解专用性资产固化的风险；④供应链体制下非核心业务的外包增加了企业的市场交易成本，但企业由此也节约了内部组织成本、项目投资成本和机会成本，同时可以充分利用合作企业的资源和优势来获得基于总体的收益，只要总体收益大于总体成本，外包方式就是企业应对复杂环境和不确定性的可行策略选择，供应链这种组织形式就成为一种理性的制度安排。

三 供应链管理是供应链组织体制下的制度规范

供应链作为一种制度安排，不会自动达成组织绩效优化，而是通过供应链管理过程实现的，即借助其中的一系列（游戏）规则对链中各节点企业的行为进行规范。从这个意义上讲，供应链管理是供应链制度安排下的行为规范活动，或者说是供应链组织形式下的一种制度规范。供应链管理规则主要有以下几点。

（1）协同规则。协同是指组成供应链的各企业之间，围绕提高供应链的整体竞争力而进行的彼此协调、协作。绿色供应链的协同，不仅包括供应链的各企业之间协同，而且包括绿色供应链的三个子系统——生产系统（P）、消费系统（C）、环境子系统（E）的协调。供应链是不同产权所有者之间的合作，要取得供应链整体绩效大于各主体单一绩效之和，就必须对供应链主体行为进行协调。供应链合作主体之间在信息共享的基础上，进行相互沟通后做出决策，充分考虑整个供应链的利润和其他节点企业的利润。供应链本身不是静态的，而是动态的。协同则可以使供应

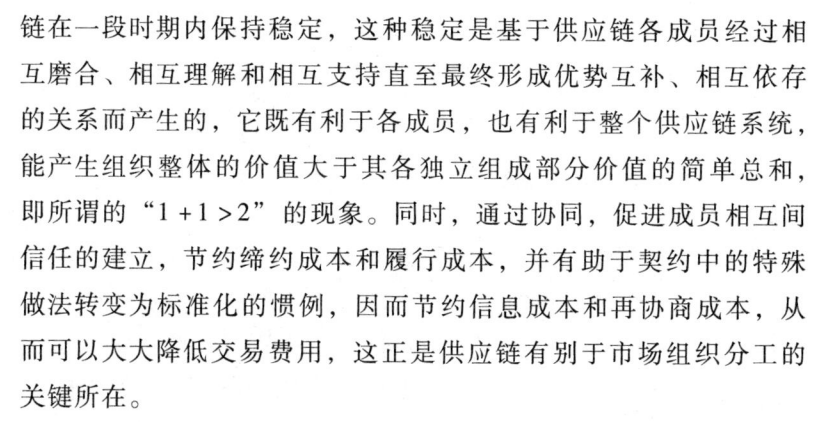

链在一段时期内保持稳定，这种稳定是基于供应链各成员经过相互磨合、相互理解和相互支持直至最终形成优势互补、相互依存的关系而产生的，它既有利于各成员，也有利于整个供应链系统，能产生组织整体的价值大于其各独立组成部分价值的简单总和，即所谓的"$1+1>2$"的现象。同时，通过协同，促进成员相互间信任的建立，节约缔约成本和履行成本，并有助于契约中的特殊做法转变为标准化的惯例，因而节约信息成本和再协商成本，从而可以大大降低交易费用，这正是供应链有别于市场组织分工的关键所在。

（2）激励规则。供应链管理要求核心企业按照委托－代理理论的方法设计合作契约，充分考虑供应链各个主体"经济理性人"的客观现实，使供应链主体在出于对自身利益考虑而努力的同时也最大化整体利益。核心企业应将合作前景尽可能可信地展现给各合作企业以诱使它们关注长远利益。要通过在供应链企业间建立一种业绩评价指标和方法，促使供应链保持一种动态的均衡，各节点企业必须为确保自身在供应链中的位置而努力。在利己主义充斥的环境下，核心企业必须建立一种可信的承诺，如果不合作，将遭受严厉的报复，会在新一轮的供应链重构中淘汰出局，合作的承诺与报复的威胁将促使合作企业伙伴关系的建立并保证契约的顺利执行。供应链管理的激励目标是使供应链加盟企业获得诸如需求响应迅速、提高产品质量、降低成本、提高用户服务水平、提高柔性等方面的竞争优势和竞争能力。

（3）伦理规则。长期的经济活动实践使越来越多的企业认识到，要实现环境目标与满足利益相关者期望目标相容，企业的环境计划不能只局限于企业内部，还要把环境要求强加到整条供应链的所有节点企业中。要同时提高企业的环境绩效和经济绩效，实现企业和所在供应链直至整个经济社会的可持续发展，必须从材料的选择和产品的设计、制造、销售、回收的全过程中考虑环境整体效益最优化。显然，要求分散的众多企业贯彻环境标准比要求一条供应链贯彻环境标准要困难得多。以某种产品供应链为监管约束对象，以核心企业为中心，影响和带动供应链上游与下游企业实施环境管理，再由供应链的道德力量预防控制和供应链管理的强制力量监管约束各链上节点企业，无疑是一条节约社会总成本的捷径。

（4）自律规则。要不断地对企业进行可持续发展意识、绿色环保意识以及合作意识的渗透，使供应链中的所有节点企业出于改善自身利益的需要，努力抑制自己的机会主义行为，减少相互之间无谓的内耗，达到与纵向一体化相似的减少专用性资产的损失、降低交易的不确定性、使经常性交易趋于稳定的效果，最终实现降低交易费用的目的[75]。

四 本章小结

首先，阐述了绿色供应链主体耦合的制度经济学理论：分工与协作理论、企业性质与边界理论、交易费用理论、契约与履约理论、关系契约及治理模式、委托代理理论；其次，对供应链主体耦合进行制度经济学分析，阐释了组织体制的制度演进逻辑，指出供应链组织是经济全球化条件下企业的一项诱致性制度变迁，提出供应链管理是供应链组织体制下的制度规范。

第三章
农产品绿色供应链耦合的动力机制
——价值创造和知识溢出

第一节 农产品绿色供应链耦合的利益表现

一 博弈论的视角：合作优于不合作

（一）合作收益的矩阵表达模型

农产品绿色供应链构建的实质是通过建立一种成员间的长期合作关系而促进供应链整体竞争力的提升。以农产品上游供应链为例，作为供应链两个合作主体，农户拥有生产优质农产品的优势，加工企业以其强大的信息获取能力和技术专长而拥有加工增值或流通增值的优势，两者的合作关系是建立在供产基础上的基于各自核心专长的战略外包和战略协同的合作模式。对于供应链耦合的利益，可以通过建立一个博弈模型予以分析说明（表3-1）。表3-1的得益矩阵表示加工企业与农户合作时的博弈结果，只有在双方都选择合作的情况下才能获得各10个单位的合作得益，实现供应链系统利润最大化的理想结果，供应链上任何主体的不合作行为都将导致理想结果无法实现。

表 3-1　不同策略下企业与农户的得益情况

企业 A＼农户 B	合　作	不合作
合　作	(10, 10)	(6, 12)
不合作	(12, 6)	(8, 8)

只要交易次数足够多、合作时间足够长，加工企业与农户最终都会选择"合作"策略，因为这对双方来说都是最优的，合作情况下双方的得益之和也达到社会帕累托最优配置，因而对双方来说都是互惠互利的。即使双方间存在信息不对称的影响，但随着时间的推移，双方也能消除不对称信息的制约，最终趋于理性，合作是双方最优的选择。双方耦合可以使组织系统产生新能量，并使新能量惠及合作各方，从而形成农产品绿色供应链构建与发展的动力基础。当然，合作还涉及合作利益的分配是否均衡的问题。一般来说，利益均衡分配可以减少加工企业与农户的冲突、增强双方的合作愿望，使供应链系统具有稳定性的特征。

在供应链管理中，合作主体企业之间的博弈具有重复博弈的性质，加上基于现代信息技术的信息共享机制的建立，有力地促进了企业之间的信息沟通，使得双方不合作的"囚徒困境"均衡解将不复存在。

（二）合作博弈的帕累托改进模型

合作博弈的机制的确立，使供应链得以实现帕累托改进。以简单的两级供应链为例，供应链管理的帕累托改进如图 3-1 所示。在实施供应链管理以前，上游企业 A 和下游企业 B 总体获利水平用无差异曲线 Ⅰ 表示，无差异曲线 Ⅰ 上的每一点代表所获利润在上下游企业之间的不同分配方案，其中，R 点表示实际执行的分配方案，此时，企业 A 获利 OM，企业 B 获利 ON。在实施供应链管理以后，企业 A 和企业 B 的总体获利水平得以提高，用无差异曲线Ⅱ表示。此时，使企业 A 的获利水平不下降的分配方案必须在无差异曲线Ⅱ的 T 点以上（含 T 点），使企业 B 的获利水平不下降的分配方案必须在无差异曲线Ⅱ的 S 点以下（含 S 点）。无差异曲线Ⅱ的 ST 段为帕累托改进的闭区间，处于该闭区间的任何一个分配方案都能实现帕累托改进，企业 A 最高的获利水平可以提升到 OP，企业 B 最高的获利水平可以提升到 OQ。

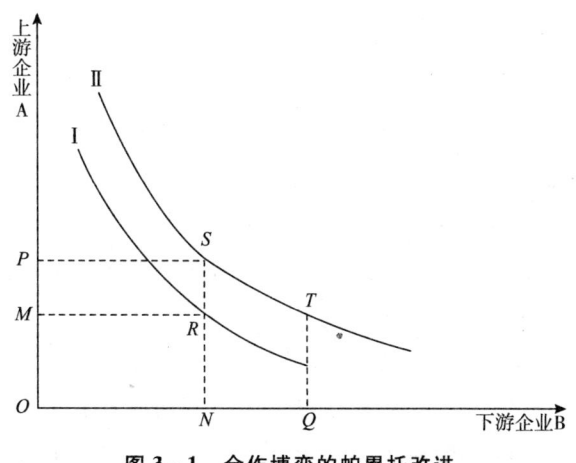

图 3-1　合作博弈的帕累托改进

二　成本收益视角

（一）模型及参量说明

交易成本函数是对交易成本与其影响因素之间关系的描述。按照威廉姆森的交易成本分析范式，考虑在交易总量一定的前提下，每次交易的数量在某种程度上可以反映交易的频率。信息的缺乏实际上是由信息的梗阻和障碍引起的，由于信息本身具有不可分割性和不可独占性，因此可以用信息的共享程度来反映由此引起的不确定性，而由市场不确定和企业无法控制的其他因素引起的不确定性是随机的，因此可用 C_t 表示交易成本，q 表示交易的数量，p 表示资产的专用性，$I_{\inf}$ 表示信息的共享程度，ε 代表市场不确定因素和企业不可控因素，得到交易成本函数如下：$C_t = f(q, p, I_{inf}, \varepsilon)$。式中：$q$ 为交易数量的货币化表示，即交易金额；p 为可生产不同规格产品的数量/同类产品总数量；I_{inf} 为有效信息的传输量/总有效信息量；ε 为随机分布。$\frac{\partial C_t}{\partial q} > 0$；$\frac{\partial C_t}{\partial p} > 0$；$\frac{\partial C_t}{\partial I_{inf}} < 0$。

（二）离散企业的成本与收益

经典的一般均衡理论中所讨论的厂商均衡仅仅只考虑发生在物质生产过程中的直接成本，但在现实中，专业化分工的厂商之间发生着频繁的交易活动、存在大量交易成本，交易成本必然会影响产品的定价。我们把企业的成本核定为物质生产成本和交易成本。

1. 农产品的生产链结构

在农产品的生产、销售过程中，由最初原材料的供应商到加工生产商、贸易商构成了一个农产品的链式结构。在这个链式结构中，是实物流、资金流在上下游企业之间流动。由于离散企业上下游之间合作的随机性和不稳定性，实物流和资金流呈现出一种发散趋势。在临时合作的过程中，由于信息的非共享、有限理性和机会主义的存在，加之市场的不确定性，则会不可避免地产生交易成本。这部分交易成本导致生产总成本的增加，由直接发生在物质生产过程中的成本（C），增加为包含交易成本在内的总成本（C_{tot}），$C_{tot} = C + C_t$，C_t 为交易成本。如图 3-2 所示。

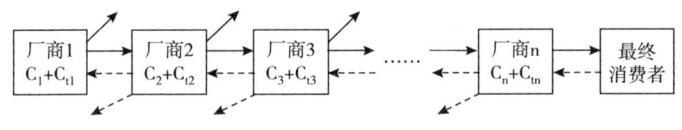

图 3-2 离散企业产品从原材料供应到生产、销售的实物流、资金流示意图

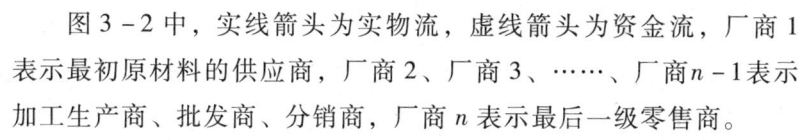

图 3-2 中，实线箭头为实物流，虚线箭头为资金流，厂商 1 表示最初原材料的供应商，厂商 2、厂商 3、……、厂商 $n-1$ 表示加工生产商、批发商、分销商，厂商 n 表示最后一级零售商。

2. 产品的价格决定

$$(C_{tot}) = C_1 + C_{t1} + C_2 + C_{t2} \cdots C_n + C_{tn} = \sum_{i=1}^{n}(C_i + C_{ti})$$

$$R_{tot} = p_f q;\ R_m = \frac{dR_{tot}}{dq} = p_f (假定 p_f 不是 q 的函数)$$

式中：C_{tot} 为总成本；C_i 为第 i 个厂商的生产成本；C_{ti} 为第 i 个厂商的交易成本；C_m 为边际成本；q 为特定产品的产量；R_{tot} 为总收益；p 为特定产品的价格；R_m 为边际收益。厂商均衡时，总利润极大化，即：$\max(R_{tot} - C_{tot})$。

当 $C_m = R_m$ 时，利润极大化条件成立。

$$p_f^* = \frac{dC_{tot}}{dq} = \frac{d(\sum_{i=1}^{n} C_i + C_{ti})}{dq} = \frac{d\sum_{i=1}^{n} C_i}{dq} + \frac{d\sum_{i=1}^{n} C_{ti}}{dq};\ p_0 = \frac{d\sum_{i=1}^{n} C_i}{dq}$$

所以，$p_f^* = p_0 + \frac{d\sum_{i=1}^{n} C_{ti}}{dq}$。式中：$p_0$ 为不考虑交易成本时最终产品的均衡价格；p_f^* 为由离散企业自发构成的产品链提供给最终消费者的特定产品的均衡价格。

（三）供应链企业的成本与收益

供应链企业是指产品流通过程中所涉及的原材料供应商、生产商、批发商、零售商、最终客户等组成的网络。它既是一条从供应商的供应商到用户的用户的物流链，又是一条价值增值链，因为各种物料在供应链上移动，是一个不断增加其市场价值或附加价值的增值过程。任何一个企业都不可能在所有业务上都做得最好，只有发现自身核心能力、与关联企业构成优势互补联盟，才能共同增强竞争实力。

1. 农产品的生产链结构

我们考虑理想供应链，假设所有的合作都达到理想状态，农产品供应链流程企业之间充分合作、信任，实现信息完全共享，这种情况导致决定交易成本的因素减少，从而使交易成本大幅度下降，企业之间的实物流和资金流呈现有序流动趋势，各流程企业的生产成本由直接发生在物质生产过程中的成本 C 和供应链流程企业交易成本 C_t' 组成，即 $C_t = C + C_t'$，如图 3-3 所示（图中，实线箭头为实物流，虚线箭头为资金流）。

```
┌─────────────────────────────────理想供应链──────────────────────────────┐
│  ┌─────────┐   ┌─────────┐   ┌─────────┐        ┌─────────┐           │  ┌──────┐
│  │ 厂商1   │→  │ 厂商2   │→  │ 厂商3   │→ ⋯⋯ → │ 厂商n   │→          │  │最终  │
│  │C₁+C'ₜ₁  │←  │C₂+C'ₜ₂  │←  │C₃+C'ₜ₃  │← ⋯⋯ ← │Cₙ+C'ₜₙ  │←          │  │消费者│
│  └─────────┘   └─────────┘   └─────────┘        └─────────┘           │  └──────┘
└──────────────────────────────────────────────────────────────────────┘
```

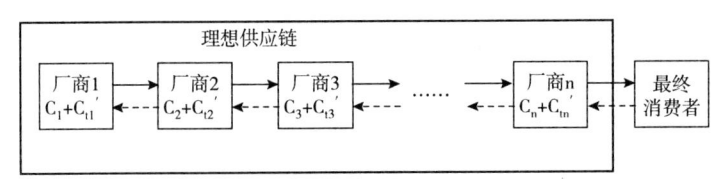

**图 3-3　供应链内部产品从原材料供应到生产制造、
分销的实物流、资金流示意**

供应链中各流程企业的业务伙伴通过相互之间的责任分担、利益共享等机制来共同获得收益，强化合作关系。通过信息共享，保持供应链的透明性，实现供应链整体最优。供应链形成的根本原因在于通过整合流程企业的核心竞争力，实现优势互补，形成持久的业务伙伴关系，使产品链中各种流能够保持有序性，形成良性循环机制，维持并强化核心竞争力。

2. 产品的价格决定

供应链借助网络技术，使供应链流程企业在较大范围内进行系统集成。供应链管理的基本思想是：把供应链看做一个完整的运作过程，对其进行集成化管理，就可能避免或减少各个环节之间的很多延误、浪费，就有可能在更短的时间内、用更少的总成本实现价值的增值。供应链管理中对于物流的精确控制建立在信息共享的基础上，供应链上的流程企业不仅需要知道下游企业（客户）的需求，还需要了解上游企业（供应商）的供应能力。信息的充分共享是企业及时安排生产、响应市场需求的首要前提。

$$C_{tot} = C_1 + C'_{t1} + C_2 + C'_{t2} + \cdots + Cn + C'_{tn} = \sum_{i=1}^{n}(C_i + C'_{ti}); C_m = \frac{dC_{tot}}{dq}; R_{tot} = p_s q; R_m = \frac{dC_{tot}}{dq} = p_s （假定 p_S 不是 q 的函数）。$$

式中：各符号含义同上，C'_{ti}为供应链流程企业第 i 个厂商的交易成本。

由于交易成本函数是信息共享程度的减函数，所以在供应链中流程企业之间的交易成本会随信息共享程度的增加而减少，同一个企业作为离散企业和供应链中的流程企业，其交易成本会大幅度下降，$C'_{ti} < C_{ti}$，$i = 1, 2, \cdots, n$。

厂商均衡时，总利润极大化，即：$\max(R_{tot} - C_{tot})$。当 $C_m = R_m$ 时，利润极大化条件成立。

$$p_s^* = \frac{dC_{tot}}{dq} = \frac{d(\sum_{i=1}^{n} C_i + C'_{ti})}{dq} = \frac{d\sum_{i=1}^{n} C_i}{dq} + \frac{d\sum_{i=1}^{n} C'_{ti}}{dq}; p_0 = \frac{d\sum_{i=1}^{n} C_i}{dq}$$

所以，$p_s^* = p_0 + \frac{d\sum_{i=1}^{n} C'_{ti}}{dq}$。式中：$p_0$ 为不考虑交易成本时最终产品的均衡价格；p_s^* 为由供应链提供给最终消费者的特定产品的均衡价格。

这里的均衡价格是把供应链作为一个整体，各流程企业的各种行为都是围绕整个供应链利润价值最大化这一目标进行的。而实现这一共同的目标是依靠各流程企业的协同作用，达到共赢。因为 $C'_{ti} < C_{ti}$，$i = 1, 2, \cdots, n$；$p_s^* < p_f^*$，说明在价格上供应链比离散企业具有竞争力。

在 Pittiglio Rabin rodd 和 McGrath 组织的《1997 年供应链绩效研究报告》中，通过调查 90 家离散型制造企业和 75 家流程型制造企业，得出如下结论：供应链管理的应用使总成本下降了 10%（以 1996 年为对比基点）；按时交货率提高了 15% 以上；订货－生产的周期缩短了 25%～35%；生产率提高了 10% 以上；主导企业的资产增长率为 15%~20%[76]。以上数据也证实了供应链流程企业比离散企业更具竞争力。

从一般均衡理论厂商均衡的角度分析得出结论：现代市场的竞争已经从单个企业之间扩展为供应链之间的竞争，供应链上各合作主体提高信息的共享性能够有效地降低交易成本，从而降低整个产品链的总成本，进而加强供应链的竞争力，维持和加强企业各自的核心竞争力。

第二节 一般供应链的利益来源分析

一 供应链利益：供应链之间的竞争

供应链管理帕累托改进具有正数和博弈的性质。那么，这种帕累托改进最终来源于何处呢？答案在于供应链与供应链之间的竞争。

供应链管理将竞争的主要着眼点从供应链内的节点企业之间转移到不同的供应链之间，在供应链内虽然还存在一定程度的竞争，但合作已取代竞争成为节点企业之间关系的主流，竞争机制让位于竞合机制。正因为供应链与供应链之间的竞争，使得供应链的节点企业之间的博弈在多数情况下具有非零和博弈的性质。如果一条供应链相对于它的竞争对手而言缺乏效率，那么，该供应链节点企业之间的博弈必然属于负数和博弈；反之，该供应链节点企业之间的博弈必然属于正数和博弈，而这正是核心企业有效实施供应链管理的结果；只有当该供应链与它所有的竞争对手平均效率相同时，供应链节点企业之间的博弈才是零和博弈，而这种现象本身并不具有普遍意义。非零和的博弈态势，为合作博弈的产生铺平了道路。

据美国加州大学和安得森咨询公司（Anderson Consulting Inc.）1998 年对食品及日用消费品领域的 100 家制造商和 100 家零售商

第三章 农产品绿色供应链耦合的动力机制

的调查结果显示，利润水平高于行业平均利润公司的正是那些供应链内与其他企业进行密切合作、信息共享程度较高的公司（见图3-4）。

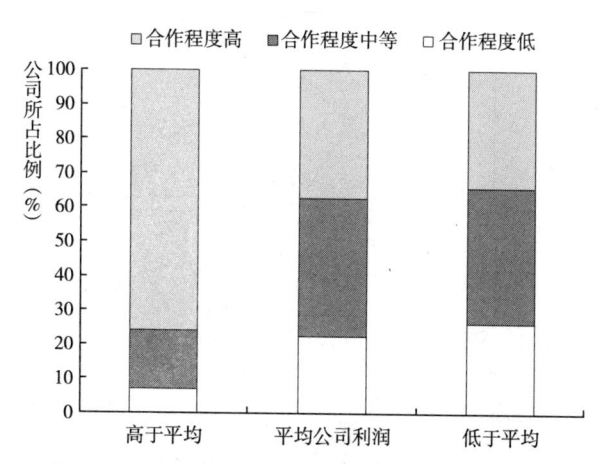

图3-4 高利润水平来自供应链伙伴的高度合作

以下我们以垄断竞争条件下的供应链为例，来分析供应链节点企业之间的正数和博弈。在实施供应链管理之前，最终产品的制造商根据边际收益（MR）等于边际成本（MC）的利润化最大原则，确定了Q_0的产量，此时由需求曲线D（也是平均收益曲线AR）决定的价格为P_0，平均成本曲线AC与AR相交，因此利润为0（见图3-5a）。

在实施供应链管理以后，由于供应链节点企业的合作带来的交易费用的节约使得制造商生产最终产品的平均成本下降，平均成本曲线AC下移，边际成本曲线MC也发生相应的位移，在MR等于MC的前提下，形成均衡产量Q_1，其对应的均衡价格为P_1，Q_1大于Q_0，P_1低于P_0，此时，平均成本低于P_1，形成利润$ABCP_1$。这一利润纯粹由由于平均成本下降所带来的利润$AFEP_0$和由于价格下降所带来的需求量增加的利润BCEF构成（见图3-5b）。

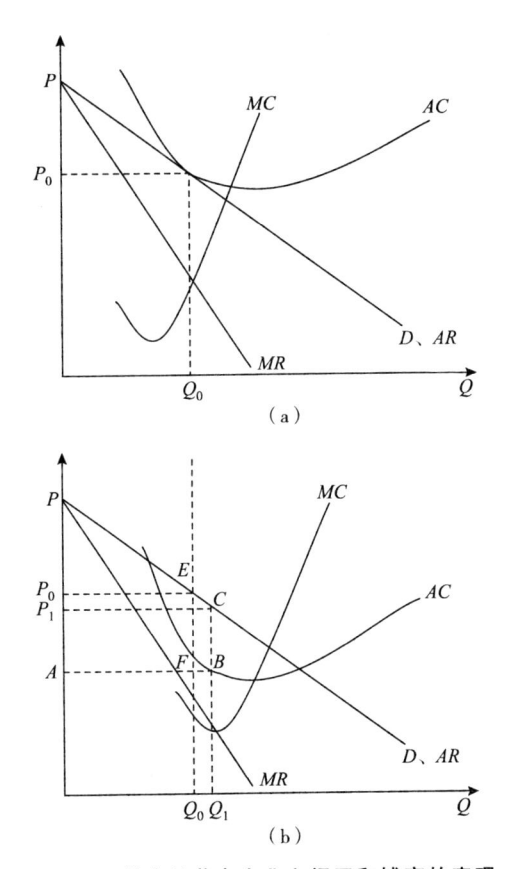

图 3-5 供应链节点企业之间正和博弈的实现

二 关系资本是竞争优势的源泉

威廉姆森提出的交易费用理论使人们对企业的分析从以往过分注重生产的技术方面转到生产的组织和关系协调方面，使治理规制结构问题成为研究的一个热点。而后出现的资源/能力理论，组织研究者进一步认识到，组织生产、协调关系不仅要着眼于降低生产和交易的费用，同时还要关注旨在创造价值的资源获得和能力的培养。企业若不能生产出对客户有价值的产品，即使各种成本花费再低，也难以确保稳定的高收入和预期的盈利。

戴尔和辛格发表的论文《关系观：合作战略与组织间竞争优

势源泉》中指出，企业获得超额利润的潜力是与它嵌入的关系网络的竞争力密切相关的，企业可能通过关系专用资产、知识共享惯例、资源或能力互补以及有效的治理等途径获得基于组织（企业）间竞争优势的"关系租金"。在纵向一体化企业中，供应链盈利能力从根本上取决于企业自身特有的业务运营和管理能力。然而企业纵向解体以后，从企业间合作关系中取得"关系租金"的能力就对供应链盈利起着重要的影响作用[77]。根据戴尔和辛格的定义，"关系租金"是指企业在合作关系中获得的超越正常盈利的收益。这种创造超额收益的能力，也就是在企业间合作关系上所做的有形和无形的投资，许多研究战略联盟的学者把它定义为一种"战略资产"或"关系资本"。古拉蒂和克莱特在最近发表的《收缩内核，扩展边缘》一文中，在论述构建"以关系为中心的组织"观点时，将关系资本定义为"企业与其顾客、供应商、联盟伙伴以及内部业务单位所建立的关系网络的价值"。他们认为，企业在收缩自己内部活动领域的同时，适应顾客需求的多样化、定制化和所提供服务集成化的新形势，需要越来越多地应用一种纯熟的方法来管理好它们的关系网络，以有效地将这些关系打造成一项已日显珍贵的、与使命攸关的资产，即关系资本。他们指出，企业与顾客、供应商、联盟伙伴等外部关键利益相关者之间的关系由"交易"向"强化"、"投资"、"共有"等阶梯的递进，意味着整合的深度和广度在增大，从而在合作中释放出更大的关系资本，使企业在一种无缝的、透明的网络化联结中获及竞争优势并实现价值创造[78]。不少实践经验也表明，在企业合作关系上的投资不仅能带来生产和交易成本的降低，还有助于促进生产能力和创新力、调适力的提升。例如，维瓦尔等在最近发表于《欧洲管理杂志》的一篇探索性研究论文中，通过对荷兰典型企业的案例比较分析，发现和初步证实了以下的命题：资产专用性和市场、技术不确定以及活动相依性提出了创建网络化联结的要求，而强化网络关系的结果对于提高租金潜力和知识共享潜力具有正相关的影响[79]。国内学者武志伟、茅宁等在以江苏、湖南等地 148 家企业为样本的关于企业间合作绩效影响机制的实证研究中发现，具有高度专用性的关系资产不仅可以降低总价值链成本、提高生产的差异性、减少经营的失误，而且还可以显示合作的诚意、争取合作双方的信任。基于此，他们提出：目前我国在企业合作过程中，应通过增强关系投资的专用性来适度提高合作双方合作关系的强度，以促进合作绩效的提升[80]。

三 供应链管理的竞争优势来源于创造关系租金

对企业关系的关注使人们从波特所研究单企业竞争时代的企业价值链转向合作竞争时代的价值网络。在强调企业间合作更甚于企业间竞争的情况下，跨越了多个企业的供应链管理，如何有助于关系租金的创造呢？

按照普拉哈拉德和哈梅尔定义，核心竞争力是指企业或"组织中的聚合性学识（Collective Learning），特别是关于如何协调不同的生产技能和整合多种技术流的学识"。决定企业竞争力的并不是某项或某些单独存在的技术和技能有多先进，而在于它们是否取得了"和谐的集合"[12]。日本本田公司在美国市场与通用汽车公司较量的成功，证明本田公司拥有在促销商管理方面的专长以及将发明快速转化为商品的独特的产品实现过程这样一种能力，这是企业竞争制胜的关键。这种能力就是关系资本，它是企业核心竞争力。

库姆斯提出，企业核心竞争力是企业能力的一个特定组合，是企业市场域和技术域相互作用的特定经验的积累，它既有技术特性，又具有组织特性[13]。伊斯顿等人也认为一项资源的价值在与其他资源关联性运用中得到体现并使其贡献得到放大，而且在资源的积累运用过程中涉及许多行动者[78]。后来众多学者进行的核心竞争力研究提出来的"资源组合"和"能量聚集"、"体系优势"的研究，都表明资源之间的关联以及促进这种关联的组织能力在提升竞争力过程中居于极端重要的地位。无论对于企业，还是其他构成相对独立的"竞争单元"的系统,其系统层面上的资源聚集和整合都是至为关键的。对任何层次的系统来说,组织的良好构建和运作可以使竞争主体建立起有别于其对手的核心能力和竞争优势。具体就供应链系统来说,为整条供应链竞争力的提高作出贡献的利益相关者的独特资源和能力,必须通过有机的联结才能形成力量的汇聚和放大,即取得"1+1>2"的效果。

核心竞争力是由多种要素体系构成的复合体系,具体包括核心价值观、组织与管理、知识与技能以及软件与硬件的运作四个层次[81]。本人同意这一观点,而且认为组织与管理是一个尤为重要的构成要素,因为:①随着时间的推移,企业内部环境与以前相比发生了巨大的变化。企业的生存与发展很大程度上与外界环境体系相关,因此若仅仅从企业的内部寻找提升企业核心竞争力的要素,远远不能适应企业自身和企业所处环境的要求,企业必须具备将内部要素与外部要素进行有效匹配的能力,即整合、协调能力。②在影响企业发展的各类因素中,技术、经济因素始终在其中占有重要的地位,但同时,如价值观、组织与管理等因素在企业发展中所起的作用有越来越大的趋势。

四 供应链租金来自价值创造力

图 3-6 表明供应链创造价值的构成,供应链系统创造价值 = $V - C = (V - P) + (P - C)$ = 消费者剩余 + 生产者利润。V 为消费者从最终产品中获得的价值,即供应链总价值;P 为从供应链最终顾客那里取得的货款,对单位产品来说就是单价;C 为包括生产成本和交易成本在内的总成本。供应链系统所创造的价值,即供应链总绩效,由两个部分组成:一是最终顾客利益的"消费者剩余"(用 CS 表示),$CS = V - P$;另一部分是所有参与价值创造过程的相关企业利益之和的"生产者利润"(用 PS 表示,π_{Ai} 表示参与价值创造的各相关企业的利润),$PS = \sum_{i=1}^{n} \pi_{Ai} = P - C$。

```
         ┌─ ┌─      ┌──────────┐ ┌─
         │  │       │ 消费者剩余 │  │
         │  │       │   V-P    │  │
         │  │       ├──────────┤  │ 创造的
         │  │       │ 生产者利润 │  │ 价值
         V  P       │   P-C    │  │
         │  │  ┌─   ├──────────┤  │
         │  │  C    │   成本   │  │
         │  │  │    │    C    │  │
         └─ └─ └─   └──────────┘ └─
```

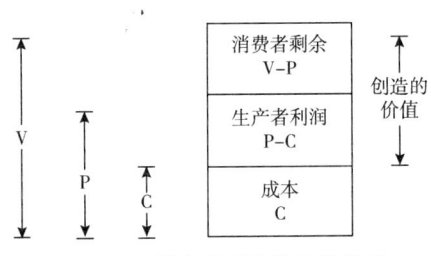

图 3-6 供应链创造价值的构成

所有相关企业的"生产者利润"是指从供应链最终顾客那里取得的货款与供应链的全部成本之间的差额,我们也称之为供应链的盈利。供应链管理的总目标就是设法使整条供应链创造的价值达到最大化,即 Max(CS + PS),而不是 Max(PS)。供应链管理体现的是消费者、供应链上相关企业等"多赢",而不是"我赢你输"的思想。

在最终顾客获得的消费者剩余(CS)既定的条件下,由 PS = V - CS - PC - TC 可知,提高供应链盈利总体水平有两条途径:一是降低包括生产成本和交易成本在内的总成本(C = PC + TC),二是提高消费者从最终产品中获及的价值(V)。供应链上的相关企业如何降低生产和交易成本,国内外学者都已进行了相当深入细致的理论和实证研究分析,并得出结论,笔者不再论及。而就供应链系统而言,提供给消费者的最终产品价值的高低(V)一方面取决于相关企业的参与价值创造行为的积极性,我们用 e 表示相关企业努力程度向量,e = (e_{A1},e_{A2},e_{A3}…);另一方面取决于供应链为顾客提供高价值商品的能力,用 s 表示各相关企业能力水平向量,s = (s_{A1},s_{A2},s_{A3}…)。根据工作绩效是"工作能力与工作激励的乘积"这一原理,有数学关系式:$V_{离散}$ = f(e,s) = e × s = $\sum \pi_{Ai}$ 变为 $V_{供应链}$ = f(e,s) = e × s = $\sum_{i=1}^{n} \pi_{Ai}$ + R,$\sum_{i=1}^{n} \pi_{Ai}$ 表示供应链各相关企业利润之和,R 为关系租金。关系租金来源于何处?

1. 能力提升创造关系租金

供应链盈利的大小取决于满足顾客需求后的收入与供应链成

本的差额。波特指出,"成本领先"并不是唯一的业务竞争战略,实际能确保企业取得长期的超额利润的往往是"差异化"优势。"差异化"优势可以根植于产品的创新、质量可靠和品牌声誉等多个方面。尤其随着"速度经济"时代的到来和环境中"3C"形式——顾客需求多样化、竞争愈益剧烈化、变化频繁且异常,灵活、快捷地提供多品种或定制化的产品更跃升为新的竞争优势来源。

供应链价值创造能力（VAC）由创新力（I）、调适力（A）、效率（E）组成,供应链价值创造能力用数学式表达为：$VAC = e \times s = e \times F(I, A, E)$,供应链总收入为 $SCR = (1-r) \times Q_{供应链} \times \alpha \times \beta \times P$。其中：r 为供应链面临的绩效风险水平；$Q_{供应链}$ 为供应链向最终顾客所提供的产品或服务的数量；P 为产品或服务的单价；α 表示由于产品或市场创造的溢价比例；β 表示由于整条供应链生产经营过程创新使产品质量改进而对产品的单价的提升作用。没有构造供应链系统时产品的生产成本 $PC = Q_{离散} \times C_{变} \times (1+u)$,$Q_{离散}$ 为没有构建供应链时的企业提供的产品或服务数量；$C_{变}$ 为单位产品可变成本；u 为固定成本与可变成本的比值。构建供应链系统后生产成本变为：$PC = Q_{供应链} \times C_{变} \times (1+u') /\beta' + PIC + NIC$,其中：$C_{变}$ 为单位产品的可变成本；u' 为由于整条供应链生产经营过程的创新使得单位产品成本降低的程度；β' 为有利于降低生产成本的过程创新努力；PIC 为过程创新的资源投入；NIC 为市场创新的投入。供应链盈利 $SCP = (1-r) \times Q_{供应链} \times \alpha \times \beta \times P - Q_{供应链} \times C_{变} \times (1+u')/\beta' - PIC - NIC$,从这一公式看,当 r 降低、α 上升、β 提高、u' 下降、β' 提高,都将使得供应链盈余增加。而实际上：①供应链管理通过提高调适性,能够降低 r；②通过提升创新力,使新产品或服务带来溢价收入,α 上升；③整条供应链生产经营过程创新导致产品或服务提升,使得产品或服务价格提高,即 β 提高；④β' 提高,过程创新有助于降低生产成本。设一供应链系统由原料供应商（A1）、生产加工商（A2）、销售商（A3）组成：

99

$$SCP_{离散} = \sum_{i=1}^{3} \pi_{Ai} = \pi_{A1} + \pi_{A2} + \pi_{A3} = Q_{离散} \times P - Q_{离散} \times C_{变} \times (1+u) - (TC_{A1} + TC_{A2} + TC_{A3})$$

$$SCP_{供应链} = \sum_{i=1}^{3} \pi_{Ai} + R = (1-r) \times Q_{供应链} \times \alpha \times \beta \times P - Q_{供应链} \times C_{变} \times (1+u')/\beta' - (\lambda_1 \times LC + \lambda_2 \times HN + \lambda_3 \times MC) - TC(A1 + A2 + A3)$$

LC 为降低成本的过程创新的资源投入量，HN 是提升产品差异化过程创新的资源投入量，MC 为市场创新投入资源量，λ_1、λ_2、λ_3 为投入物的集成价格，R 为关系租金，它来自于供应链价值创造力（AVC）分解出的创新力（I）、调适力（A）、效率性（E）提高带来的 r 降低、α 上升、β 提高、β' 增强、u' 降低，以及交易成本降低，[$TC_{离散}$ = TC（A_1）+ TC（A_2）+ TC（A_3）> $TC_{供应链}$ = TC（$A_1 + A_2 + A_3$）]，所以 $SCP_{离散}$ < $SCP_{供应链}$ 成立。

2. 关系技能创造价值的机制

马德霍克在针对"特定"的企业而不是制度意义上的"泛指"的企业研究中发现，管理者在选择治理模式的时候，不仅需要权衡交易成本和生产成本总值的高低，还要考虑对交易的参与者（某个特定的企业）生产技能和关系技能的影响。所谓的生产技能是指企业提供某项交易的技术能力；关系技能则指建立和管理交易关系以及使自己在这种关系中取得学习效果的治理能力。马德霍克提出，关系技能会影响生产技能，从而使生产技能在某种程度上成为"内生变量"；并且进一步认为，企业间关系只要得到有效的开发和管理，便可成为企业异质性的来源[81]。

这表明，作为竞争优势根本体现的核心能力，不仅来源于生产技术方面的能力，而且源自于与关系治理有关的协调能力，即关系技能，它是作为特定治理机制所产生的一种协调相关业务单位间关系的能力。这种关系技能对于业务能力的整合和业务能力的发展，都起着重要的调节作用[82]。

（1）关系技能对于实现业务能力整合的重要作用。企业拥有的资源和能力是企业核心竞争力形成的基础，但是核心竞争力绝非各自独立的若干项资源和能力的简单加和。依笔者的理解，国外学者阐述的核心竞争力是指对企业内外有效资源的充分整合，通过打造业务链条，最大限度地发挥各个环节的关键价值。这表明，资源之间的关联以及促进这种关联的组织能力在提升竞争力过程中居于极端重要的地位。无论对于企业，还是其他构成相对独立的竞争单元的系统来说，其系统层面上的资源聚集和整合都是至为关键的。对于任何层次的系统来说，组织良好的构建和运作可以使竞争主体建立起有别于其对手的核心能力和竞争优势。具体就供应链来说，为整条供应链竞争力的提高作出贡献的各个专业机构的独特能力，必须通过有机的联结才能形成力量的汇聚和放大，取得"1＋1＞2"的效果。

（2）关系技能对于实现业务能力发展的重要作用。函数关系式"绩效＝意愿×能力"表明，合作各方的意愿对业务能力与绩效之间的关系具有调节作用。合作各方的意愿取决于治理机制的设计。合作联盟体的治理机制设计更着眼于价值额的创造，即如何把"馅饼"做大。作为治理机制设计结果的"动机与激励力"，对特定合作关系的绩效（价值创造）和关系风险都起着调节作用。将体现权威色彩的科层控制要素设计到所选用的治理机制中，这样组织的结果会使联盟体形成兼具"治理"（利益联结）和"协调"（行动一致）效果的关系技能。关系技能一方面对合作动机的激发产生因果作用，另一方面又作为调节变量影响业务能力的聚合和发展，在良好的组织联盟关系中，因为形成了与任务相依度相匹配的协调机制，相关单位之间的合作就有望在能力集聚的基础上进一步取得"整体大于各部分之和"的能力放大效应——"1＋1＞2"。我们若以 a 表示由关系技能产生的能力放大效应系数，以 S_i 表示相关单位（$i=1, 2\cdots$）的业务能力，以 e_i 表示其在价值共享和创造方面的动机强度，则参与合作的各个业务单位联合的产品价值创造能力（VAC）可用数学式表示为：$VAC = a\sum e_i s_i$，说明关系租金也可能来源于关系技能产生的能力提高。

3. 业务能力整合提升的价值创造力

由于业务能力的专业化，尤其是各企业专注于其核心能力，他们的创造价值能力得到大大提升，其作用机理从亚当·斯密的分工理论中可得到答案。概括地说，企业间能力分工的好处有：一是企业专注于某一特定任务或活动领域，可以获得深度的知识和技能的积累和发展；二是企业对特定领域出现的环境变化有更大敏感性，能及时监测环境变化信息，并作出较为准确的解释；三是能通过跨边界团队的方式将专家们组织到一个创新团体中，有助于复杂问题得到创造性、前瞻性的解决。

随着合作竞争理念的普及，企业通过与关联企业组建供应链，结成相对稳定的联盟关系，形成网络型组织。在这样一种组织变革态势下，作为组织资本形态的关系资本是供应链网络组织提升竞争力的基本途径。

供应链管理竞争优势基于两个重要因素：一是关系资本是竞争优势的源泉，二是供应链管理的竞争优势恰恰在于它能够创造关系租金。供应链的价值创造能力在于供应链创造关系租金：能力提升，关系技能改进，业务能力整合。不过，供应链管理竞争优势的实现是建立在供应链成员企业的密切合作，实现信息、技术、资金等资源优化配置基础上的。如何建立供应链成员间有效的合作机制、信息共享机制等问题，则是需要进一步研究的内容。

第三节 绿色供应链耦合的利益

一 绿色供应链管理知识溢出

（一）知识溢出

知识溢出概念是20世纪60年代MacDougall在对东道国接受外商直接投资（FDI）的经济效应进行分析时提出的。他第一次把知识溢出视为外商直接投资（FDI）对东道国经济产生的一个重要效应。他认为当资本流动在国际不存在障碍时,资本从资本要素丰裕的国家流向资本要素短缺的国家,通过资本存量的调整使各国资本的边际生产力趋于均等,从而提高世界资源的利用率、增加世界的总产出和各国的福利。

Stglitz 把知识的溢出定义为"从事类似的事情(模仿创新)并从其他的研究(被模仿的创新研究)中得到更多的收益"[83]。

Caniels 指出:"知识溢出是通过信息交流而获取智力成果,并且不给知识的创造者以补偿,或给予的补偿小于智力成果的价值。知识溢出与知识扩散是不同的概念,知识扩散的含义更广,它涵盖了知识跨越时间与空间的各种方式,而知识溢出则只是其中的一种。"[84]

Stoneman 认为知识溢出过程是一种"学习"活动,即通过有目的、主动的学习获得知识的应用或是将学习到的知识与现有知识相融合开发出新知识的活动[85]。

知识溢出的形式分为下列几种:组织内部的知识溢出、组织间的知识溢出、个人与组织间的知识溢出、个人与个人间的知识溢出、国内的知识溢出、国际的知识溢出。

本文主要探讨组织间的知识溢出,即供应链上下游企业间知识溢出。

(二) 供应链知识溢出

知识一经产生就会很快在企业间扩散,即企业间存在知识溢出。供应链企业间知识溢出的原因很多,我们可以大致归纳为以下几点。

(1) 知识溢出是由知识的公共产品性质所决定的共享性所要求的。知识溢出产生的根本原因在于知识本身的公共产品性质,某项知识一旦产出,在本质上就是人类的共同财富。知识的共享性质是指,供应链上一个企业拥有的知识,不排除其他企业也同样完整地拥有。知识的共享性质是由知识的本质决定的,因为:

知识从本质上来说是可能相互交流学习的，不同的知识交融可以产生新的知识，知识使用越多，就越能创造出新的知识；知识是一种除了失效外不含损耗、可重复使用和共享的资源，知识在传播和使用中，可以使拥有知识的企业提高知识水平、增加知识积累、增强创新能力，具有正的溢出效应。在供应链组织体制下，供应链企业之间既有显性知识的交流，又有隐性知识的传递与学习，企业不仅让各种技能跨越企业边界进行交流和共享，而且企业会相互吸收彼此之间所隐藏的优秀知识资源。企业一旦掌握特定知识，便不可逆转、不可被剥夺，并且可以重复使用。这正是哈耶克称其为"免费礼物"的原因。

（2）知识溢出是由人性本身的安全需要所引致。面对广袤的大自然，人类与生俱来有种不安全感，不安全感源自于人类对自己在环境中未来发展的不确定性。为了安全的需要，人类就要不断消除不确定性，从无知、困惑和认知混乱中解脱出来，企业在做出战略选择之前也需要排除无知、降低精神不适感、减少认识混乱，这一过程给决策者带来理解的快感。企业不断把各类知识付诸实践，以便达到认识市场环境的目的，指导各种行为和活动，得到结果和回报以获取实际报偿。

（3）供应链企业创新的动力推动着知识溢出。知识是企业创新的源泉，而企业创新能够加速知识在供应链企业间的溢出。由于供应链企业关系的密切性、共同的逐利性，供应链网络组织通过改变企业间关系认知与促发创造性学习，为知识在供应链节点企业之间的传递和扩散创造了条件，激发新思想、新方法、新技术的运用，有利于尽早发现市场机会，使新产品不断涌现。

（4）市场组织成本引起的知识溢出。所谓市场组织成本，是指组织一个新市场，并且维持其运行所必需的管理成本或其他费用。现实中大量的中小企业，由于经营规模小，都面临着小企业大市场的矛盾，生产经营者在结构调整中都会遭遇高昂的市场组织成本及交易费用问题。如果鼓励信息、技术、运输、销售等产前、产中、产后各方面的服务中介组织进入生产或流通领域，不仅可以改善和提高资源的利用率，同时使供应链企业充分享受到外部经济效应，其成本也可能要超过它所带来的新增效益。

当知识扩散所增加的价值高出知识的转移成本，则供应链企业间知识的扩散能增加供应链的总效用；当接受知识的企业所增加的收入能抵偿转移成本，则接受企业会积极地获取这一部分知识，这时就形成了溢出效应；当新增人力资本的产出能够被接受企业全部占有时，即使供应链不提供额外激励，也会由于接受知识企业的自利活动使得帕累托最优得以自动实现，供应链企业间知识的溢出得以实现。

（三）绿色供应链知识溢出

与一般供应链一样，绿色供应链的上下游企业间也存在知识溢出。一般供应链管理没有把各节点企业在绿色方面的合作作为重点加以重视。各节点企业迫于政府和上下游企业等外部要求保护生态环境的压力，不得不采取绿色技术与管理措施，并投入人力和财力开展生态保护与绿色相关领域的研究，希望获得新的绿色技术知识以避免丧失企业的竞争优势。虽然不同节点企业各自都付出了绿色努力，但各自取得的绿色成果各不相同。若通过上下游企业共同合作，实施绿色供应链管理，将有利于财力、智力资源优势集成，使环境和经济绩效达到最优。

近年来，国内一些知名畜禽加工制品企业提出的良种与饲料战略伙伴计划，正在重新定义良种、饲料的出售和使用。良种与饲料战略伙伴计划寻求营销交易的转变，即从产品出售导向转向服务导向。最初，畜禽饲养者向加工企业出售畜禽，对畜禽饲养者来说，受到生态与环境保护的压力，积极采取措施改进畜禽养殖的质量和环境友好性能，取得了极为有限的成果。对畜禽加工企业来说，同样受到要求食品质量安全与生态环保的压力，积极付出各种努力，诸如，自己投资新建饲料厂、养殖场，控制畜禽加工的源头质量，以确保畜禽加工制品的质量与安全。加工企业虽然也取得了一定的成果，但是，这违背了现代生产方式的专业化分工原则，导致规模不经济，同时，受自身资金、管理能力的限制，加工企业向上游扩展多数表现出绩效不佳。现在，加工企业同畜禽饲养者合作组织建立联盟，由加工企业按一定的价格提供种苗、饲料，将畜禽饲养交给养殖户负责，由加工企业派出技术人员进行全程技术指导和监督，加工企业根据养殖户交回的畜禽的数量以一定的价格进行结算，保证养殖户能够比一般养殖户有更高的盈利。在这个过程中，加工企业只需要对养殖户进行饲养技术指导与监督和畜禽质量检验与检疫，节省了自己开办养殖场的高额经营管理费用；养殖户也有积极性提高饲料的使用效率和畜禽的饲养质量，使供应链供需双方的绿色合作带来了经济绩效和绿色绩效的双赢。

二 基于绿色知识溢出的农产品绿色供应链上下游企业合作博弈模型

（一）模型假设

（1）绿色供应链上游有一个供应商（C），下游有一个加工生产商（M），加工生产商与供应商通过合同建立比较固定的关系，以保障原料的质量和数量的稳定供应；

（2）生产加工商与供应商同时进行决策，决策时双方不了解彼此的策略，即上下游企业博弈为静态博弈；

（3）下游加工企业加工一单位产品需用上游企业的一单位产品，市场对最终产品的需求量一定（Q），下游企业根据市场需求向上游企业采购原料；

（4）只存在绿色技术知识的外生溢出。

（二）变量设定

P_1、$\overline{P}_1$ 分别为加工生产商采取绿色策略前后所生产产品的价格；

C_1、$\overline{C}_1$ 分别为加工生产商采取绿色策略前后所生产产品的成本；

P_2、$\overline{P}_2$ 分别为供应商采取绿色策略前后所生产产品的价格；

P_3、$\overline{P}_3$ 分别为供应商采用绿色策略前后所购买投入品的价格，C_2、$\overline{C}_2$ 分别为供应商采取绿色策略前后所生产产品的其他费用，P_3+C_2、$\overline{P}_3+\overline{C}_2$ 分别为供应商采用绿色策略前后所生产产品的成本；

φ_i：绿色知识的外生溢出的水平，$0 \leq \varphi_i \leq 1$；φ_M：加工商的绿色技术外溢水平；φ_C：供应商的绿色技术外溢水平；

H：合作；N：非合作；

X_i 为绿色成果，X_i^H 为绿色合作的成果，X_i^N 为非绿色合作的成果，X_M 为加工商的绿色成果，X_C 为供应商的绿色成果；

$\frac{1}{2}\gamma X_i^2$：绿色成本，将绿色成本设为绿色成果的二次函数，γ 为正的常系数，$\frac{1}{2}\gamma X_M^2$ 为加工商的绿色成本，$\frac{1}{2}\gamma X_C^2$ 为供应商的绿色成本；

ϕ_M、η_M 均是加工商由于绿色知识的积累而降低的生产成本；

ϕ_C、η_C 均是供应商由于绿色知识的积累而降低的生产成本；

π_T：供应链总利润；π_M：加工商利润；π_C：供应商利润。

（三）数学模型

1. 加工商的收益函数

首先分析加工商与供应商开展绿色技术合作所带来的产品价格提高，然后分析成本变化，最后得出开展绿色合作的收益函数。

(1) 加工制品价格的变化

加工企业通过采用绿色技术和工艺，可以提高产品的质量和生态环境绩效，最终使产品价格提高。我们用绿色成果来度量采取绿色技术后带来的产品价格的提高，加工商采取绿色技术使产品价格得到的提高由两个部分组成：加工商自己的绿色成果 X_M，上游供应商的绿色技术知识溢出给加工企业带来的绿色成果，用 $\varphi_C X_C$ 表示，则：

$$\overline{P}_1 = P_1 + X_M + \varphi_C X_C$$

(2) 加工制品成本的变化

加工企业采用绿色技术和工艺会带来成本的增加，同时也会由于同供应链上其他企业的绿色合作提高生产效率并节约生产成本。加工商生产成本的降低包括两部分：加工商自己采取绿色技术所降低的生产成本，用 $\phi_M X_M$ 表示；上游供应商的绿色技术知识溢出给加工商带来的成本节约，用 $\eta_M(\varphi_C X_C)$ 表示，则：

$$\overline{C}_1 = C_1 - \phi_M X_M - \eta_M(\varphi_C X_C)$$

(3) 加工商的利润函数

$$\begin{aligned}\pi_M &= \overline{P}_1 Q - \overline{C}_1 Q - \overline{P}_2 Q - \frac{1}{2}\gamma X_M^2 \\ &= (P_1 + X_M + \varphi_C X_C)Q - (C_1 - \phi_M X_M - \eta_M \varphi_C X_M)Q - \\ &\quad (P_2 + X_C + \varphi_M X_M)Q - \frac{1}{2}\gamma X_M^2\end{aligned} \quad (3-1)$$

2. 供应商的收益函数

供应商的利润：

$$\pi_C = \overline{P}_2 Q - (\overline{P}_3 + \overline{C}_2)Q - \frac{1}{2}\gamma X_C^2$$

其中：
$$\overline{P}_2 = P_2 + X_C + \varphi_M X_M$$

$$(\overline{P}_3 + \overline{C}_2) = (P_3 + C_2) - \phi_C X_C - \eta_C \varphi_M X_M$$

$$\pi_C = (P_2 + X_C + \varphi_M X_M)Q - [(P_3 + C_2) - \phi_C X_C - \eta_C \varphi_M X_M]Q - \frac{1}{2}\gamma X_C^2$$
$$(3-2)$$

3. 双方不开展绿色合作

双方不进行绿色合作，各自选择使自身利润最大化的行为，求解：

$$\begin{cases} \partial \pi_M / \partial X_M = 0 \\ \partial \pi_C / \partial X_C = 0 \end{cases}$$

得到：

$$\begin{cases} X_M^N = \dfrac{1 + \phi_M - \varphi_M}{\gamma} Q \\ X_C^N = \dfrac{1 + \phi_C}{\gamma} Q \end{cases} \quad (3-3)$$

4. 双方开展绿色合作

当双方开展绿色合作时，寻求系统总利润的最大化。

$$\pi_T = \pi_M + \pi_C = (P_1 + X_M + \varphi_C X_C)Q - [(C_1 - \phi_M X_M - \eta_M \varphi_C X_C) + (P_3 + C_2) - \phi_C X_C - \eta_C \varphi_M X_M]Q - \frac{1}{2}\gamma X_M^2 - \frac{1}{2}\gamma X_C^2 \quad (3-4)$$

求解：

$$\begin{cases} \partial \pi_T / \partial X_M = 0 \\ \partial \pi_T / \partial X_C = 0 \end{cases}$$

得到：

$$\begin{cases} X_M^H = \dfrac{[(1 + \phi_M) + \eta_C \varphi_M]Q}{\gamma} \\ X_C^H = \dfrac{[(1 + \eta_M)\varphi_C + \phi_C]Q}{\gamma} \end{cases} \quad (3-5)$$

（四）算例验证

一家禽肉制品加工企业（M）和一个养禽合作组织（C），依照上面建立的模型，进行加工企业 M 和养禽合作组织 C 的绿色合作和非合作博弈分析。

设：$\phi_M = \phi_C = 0.5$，$\eta_M = \eta_C = 0.4$，$\varphi_M = \varphi_C = 0.1$，

由式（3-1）、（3-2）、（3-4）得：

$$\pi_M = (P_1 - C_1 - P_2)Q + (1.4X_M - 0.86X_C)Q - \frac{1}{2}\gamma X_M^2 \quad (3-6)$$

$$\pi_C = (P_2 - C_2 - P_3)Q + (0.14X_M + 1.5X_C)Q - \frac{1}{2}\gamma X_C^2 \quad (3-7)$$

$$\pi_T = (P_1 - C_1 - C_2 - P_3)Q + (1.54X_M + 0.8X_C)Q - \frac{1}{2}\gamma(X_M^2 + X_C^2)$$
$$(3-8)$$

1. 非合作均衡

加工企业与养禽合作组织互不信任，不开展绿色合作，每一方都单纯追求自身利益的最大化，根据式（3-3）有：

$$\begin{cases} X_M^N = 1.4\dfrac{Q}{\gamma} \\ X_C^N = 1.5\dfrac{Q}{\gamma} \end{cases} \quad (3-9)$$

将式（3-9）分别代入（3-6）、（3-7）、（3-8）得到：

$$\pi_M^N = (P_1 - C_1 - P_2)Q + 0.17\frac{Q^2}{\gamma}$$

$$\pi_C^N = (P_2 - C_2)Q + 1.321\frac{Q^2}{\gamma}$$

$$\pi_T^N = (P_1 - C_1 - C_2)Q + 1.251\frac{Q^2}{\gamma}$$

2. 合作均衡

当加工企业与养禽合作组织开展进行绿色合作，根据式（3-5）有：

$$\begin{cases} X_M^H = 1.54\dfrac{Q}{\gamma} \\ X_C^H = 0.64\dfrac{Q}{\gamma} \end{cases} \quad (3-10)$$

将式（3-10）分别代入（3-6）、（3-7）、（3-8）得：

$$\pi_M^H = (P_1 - C_1 - P_2)Q + 1.1056\frac{Q^2}{\gamma} > \pi_M^N$$

$$\pi_C^H = (P_2 - C_2)Q + 1.3721\frac{Q^2}{\gamma} > \pi_C^N$$

$$\pi_T^H = (P_1 - C_1 - C_2)Q + 1.493\frac{Q^2}{\gamma} > \pi_T^N$$

可以看到，开展绿色合作加工企业和养禽合作组织的收益均有所提高，同时系统总利润也有所提高。

三 本章小结

首先，从博弈论视角、成本收益视角阐明农产品供应链耦合的利益；其次，进一步分析供应链耦合的利益来源：供应链之间的竞争、关系资本及其关系租金创造，绿色供应链更有绿色知识的溢出；再次，基于绿色知识溢出，建立农产品绿色供应链上下游企业合作博弈模型，比较企业间不开展绿色合作与开展绿色合作的经济绩效，定量说明了供应链企业开展绿色合作不仅使合作个体组织的收益都得到提高，而且使合作系统总利润也得到提高。

第四章
农产品绿色供应链耦合的和谐与稳定机制

供应链是由不同利益主体构成的合作型系统,各个成员主体在考虑自身利益最大化的基础上接受合作,那么集中优化模型可以作为指导成员之间进行合作的参考、激发他们的合作动机。如何协调不同利益主体之间的利益则是供应链耦合与管理的中心问题,同时也是农产品绿色供应链耦合的和谐与稳定的关键。

第一节 农产品绿色供应链耦合的和谐与稳定机制设计要求

在合作型供应链模式中,主要存在以下两个问题:供应链成员的自治性,供应链中的信息不对称;绿色供应链除了存在一般供应链共同存在的问题外,还存在一个外部性问题。农产品绿色供应链耦合的和谐与稳定机制要求有以下几个方面。

一 合理分配合作收益

供应链合作主体的自治性利益要求实现合作收益的合理分配。通过供应链主体合作,与供应链主体没有合作之前的状态(严格地说是供应链系统没有形成时的在传统意义的上下游交易关系)比较,可以得到供应链整体的收益增加。但是供应链合作主体存

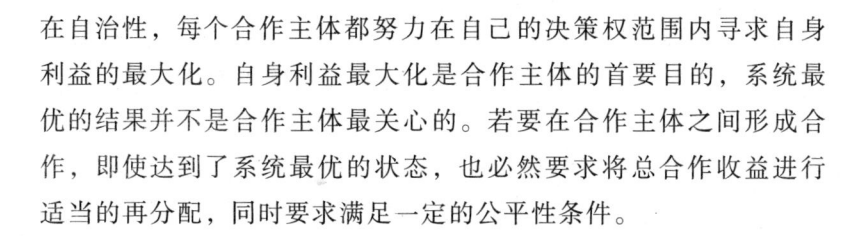

在自治性，每个合作主体都努力在自己的决策权范围内寻求自身利益的最大化。自身利益最大化是合作主体的首要目的，系统最优的结果并不是合作主体最关心的。若要在合作主体之间形成合作，即使达到了系统最优的状态，也必然要求将总合作收益进行适当的再分配，同时要求满足一定的公平性条件。

二 建立合作中信息和行动的激励机制

由于供应链中存在的信息不对称问题，要求对合作中的信息和行动进行激励。在合作型供应链中，信息往往为各个成员所私有，供应链主体合作时要能够完全将这些私有信息搜集出来，只有掌握了系统中各个成员主体的具体信息，才有可能求得集中的最优解，而成员主体出于自身利益的考虑可能会故意隐瞒、谎报或扭曲信息，信息经济学将这种情况称为"逆向选择"；另外，即使最优合作决策能够完全被执行下去，但如果决策变量本身是不容易观测的，成员就可能采取偷懒行为，即供应链合作中存在合作主体的"道德风险"问题。

三 政府营造外部环境

绿色供应链的外部性问题，要求政府营造外部环境。外部性是指当一个行动的某些收益或成本不在决策者的考虑范围内时所产生的一些低效率现象，也就是某些收益被给予、某些成本被强加给没有参加这一决策的人。外部性不仅存在于同一时间域内的生产者之间、消费者之间或者生产者和消费者之间，而且存在于不同时间域的经济主体之间。绿色供应链主体的行为存在外部性，具体表现在：资源投入的外部性、消费与生产过程的外部性、资源利用过程中出现的技术外部性。外部性的存在和绿色供应链管理目标中的与环境相容的目标存在冲突，使得绿色供应链的运行目标不能得到有效实现。

在一个由具有不同的利益目标的成员所组成的合作型供应链

系统中，必须考虑成员的利益平衡和建立有效激励的制度或机制。只有建立了有效的利益激励机制，成员之间的行动才能够切实地达到合作目标。从微观经济学和博弈论的角度来看，激励机制实际上是一种供应链成员适用的契约或合同，是用来规范成员行动的约束或制度。这种利益激励机制的设计一般要经过两个步骤：一是要进行一个全局的合作规划。各个成员的行动必须进行优化组合，从而找到供应链合作能够达到的最佳利益点。优化理论已经提供了比较好的研究工具。二是要在全局规划的基础上具体分析各个成员的利益要求，设计激励机制，实现合作总收益的分配和行动激励。一个理想的激励机制能够使供应链成员密切合作，实现系统最优的状态。

供应链的机制设计需要考虑两个共同的原则，就是激励相容和参与约束，绿色供应链也不例外。供应链合作主体的目标就是为了寻求自身的最大利益，但供应链竞争力的提高又需要合作主体间的协作。如何协调合作主体间的利益冲突，是使供应链协调运作而且保持稳定的关键，绿色供应链同样不例外。

第二节 农产品绿色供应链耦合基础：信息共享机制

一 农产品绿色供应链信息不对称问题

（一）农产品绿色供应链信息不对称的表现

由于信息缺失，农产品供应链各环节的各个功能主体，包括农业生产要素供给者、农业生产者、农产品加工者、终端产品销售商、消费者在两两交换时，都易产生信息不对称的问题。

（1）农业生产要素供给者与农业生产者之间的信息不对称。农药、化肥、饲料添加剂等是主要的农业生产资料，其质量好坏、合理使用标准直接影响原料农产品质量安全。高毒、高残留的农

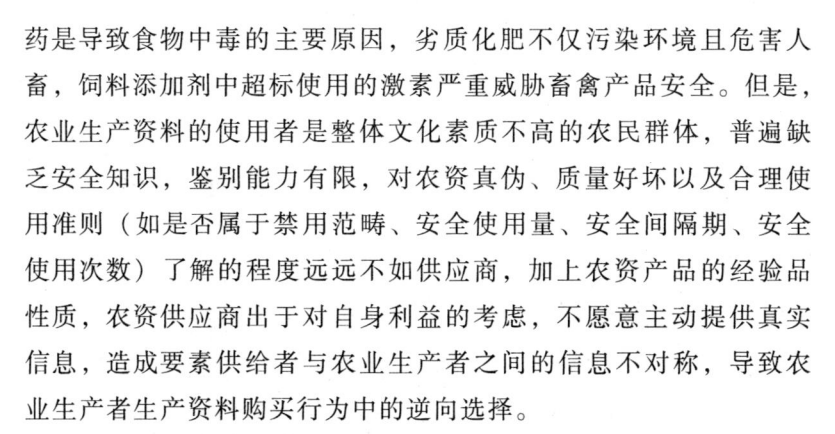

药是导致食物中毒的主要原因，劣质化肥不仅污染环境且危害人畜，饲料添加剂中超标使用的激素严重威胁畜禽产品安全。但是，农业生产资料的使用者是整体文化素质不高的农民群体，普遍缺乏安全知识，鉴别能力有限，对农资真伪、质量好坏以及合理使用准则（如是否属于禁用范畴、安全使用量、安全间隔期、安全使用次数）了解的程度远远不如供应商，加上农资产品的经验品性质，农资供应商出于对自身利益的考虑，不愿意主动提供真实信息，造成要素供给者与农业生产者之间的信息不对称，导致农业生产者生产资料购买行为中的逆向选择。

（2）农业生产者与农产品加工者之间的信息不对称。农业生产的环境状况、原料的使用情况是保证食品"从田间到餐桌"质量安全的基础。目前，环境污染对农产品安全的影响越来越严重，工业"三废"中的许多有害化学物质随着"三废"的排放，污染水源、土壤、空气等自然环境，有毒有害物质在动植物体内蓄积，成为农产品的污染源。化学物残留也是威胁农产品安全的一个重要因素，农业生产者受利益最大化的驱使，在生产中过量投入农药、化肥，过量使用兽药、饲料添加剂等，都给农产品安全带来了一定的隐患。然而，环境状况、化学物质的检测需要专业的知识和专门的仪器设备，这对单个农产品加工者来说成本太高、无法检测。只有农业生产者知道动植物生长的环境状况，是否按照生产规程和操作规程使用农药、抗生素、激素等。由此产生了农业生产者与农产品加工者之间的信息不对称。

（3）加工者与销售者之间的信息不对称。农产品加工过程中所引发的食品微生物污染严重损害着人类健康。微生物污染的控制对食品生产厂家的生产条件、卫生条件、仓库设备条件、工作人员的健康及着装、加工与包装、保鲜与运输、产品卫生的监控等各个环节都提出了十分严格的要求，加工制造过程和包装储运过程中稍有不慎就会发生微生物的大量繁殖。国内食品生产加工企业普遍存在基础设施先天投入不足、加工工艺落后、规模小等问题，食品安全保证能力不强。更有一些加工生产者由于受到下游销售者利润的挤压，不惜以损害消费者利益为代价，采用劣质加工原材料以牟取暴利。对于销售商来说，由于不具备获取加工生产过程中安全信息的能力，必然产生加工者与销售商之间的信息不对称。

(4) 销售者与消费者之间的信息不对称。一方面，消费者处于农产品供应链的终端，信息经过生产链的层层"过滤"，消费者能够掌握的信息非常有限，除感官（味觉、视觉、嗅觉）体验外，无法获得有关产品质量安全的相关信息（如药物残留、微生物污染等）。另一方面，销售商是食品的直接供给者，其进货渠道、销售行为也会影响食品的安全性。如果销售商对进货渠道严格把关，使低质、无生产许可证的食品无法进入流通环节，严格销售行为，按照有关规定下架销毁某些过期变质食品，能在很大程度上减少食品安全风险。但是受知识水平和信息搜寻成本的制约，消费者同样处于无知的状态，无法确切了解食品的来源、运输过程中食品的污染状况。销售商为了维护自身利益，大多不愿意向消费者披露相关信息，由此产生销售商与消费者之间的信息不对称。

（二）信息不对称对农产品绿色供应链运营影响

1. 信息不对称产生的内部性制约绿色农产品均衡市场的形成

外部性是指经济交易的第三方所接受的成本和收益，而内部性则是指由交易者所经受的但没有在条款中说明的交易成本和效益，内部性由信息不确定和信息不对称而导致。由于农产品绿色供应链中各行为主体对各自交易行为相关信息拥有不完全，则拥有信息优势的一方就可以利用其信息优势进行交易，在交易过程中采取相对具有优势的交易行为。在商品市场上就可能出现不同质量的商品之间的价格差异与质量差异完全不符合的情况。绿色农产品生产制造商、销售商拥有更多关于价格、产品特征等方面的信息，而消费者由于时间、精力、知识的局限产生了昂贵的

"信息搜寻成本",不可能掌握有关制造商及销售商的全部信息。

信息不完全产生的内部性阻碍绿色产品市场均衡形成的力量来源于:①信息搜寻成本。消费者信息搜寻行为是理性的、又是有限的,即信息搜寻行为给消费者带来的收益应以最低的支出得到最大的效用。信息搜寻行为对消费者所产生的效用与成本是不断变化的,一般来说,搜寻成本是边际递增的,搜寻收益是边际递减的。如图4-1所示,用 U 表示信息搜寻给消费者带来的效用,C 为信息搜索成本,T 为信息搜寻时间。对于信息搜寻者而言,其信息搜寻行为的最优决策由下列函数来确定:$\pi = U - C = U(T) - C(T)$。其利润最大化也就是最优搜寻点为 $\frac{d\pi}{dT} = 0$,即 $\frac{dU}{dT} = \frac{dC}{dT}$,$T^*$ 为最优搜寻点。在信息不对称的情况下,信息搜寻成本的存在会导致消费者不可能购买到信息完全条件下的商品,即在 T^* 时的消费者所能得到产品的绿色度、价格与其他功能性因素的水平会低于在信息完全水平条件下所购买的商品 T^{**}。当消费者在不存在信息搜寻成本的条件下,其决策的最优点是 T^{**},此时给消费者所带来的效用要高于在 T^* 时的效用。②绿色农产品的异质性不明显。对绿色农产品而言,其所提供的功能与普通农产品的功能没有什么区别,仅仅是在生产过程中采取与环境相容的技术而成为绿色农产品,即产品异质性不明显。再加上绿色农产品消费效应具有滞后性和不确定性,这样一来,搜寻绿色农产品信息的成本高昂会导致消费者的搜寻时间最优点趋于一个很小的时间,也就为普通农产品占领市场提供了空间。③消费者对绿色农产品的价格预期。多数消费者在购买之前已有一个可接受的价格和绿色度,经过有限次信息搜寻,消费者可接受价格会限定在一个普通农产品价格水平到绿色农产品价格水平之间的区间内(P_n, P_g),即 $P_m = P_g\theta + P_n(1-\theta)$。其中,$P_m$ 为消费者实际出价,P_g 为绿色农产品的价格,P_n 为普通农产品价格,θ 为购买绿色产品的概率,$1-\theta$ 为购买普通农产品概率。在这种情况下,不利于绿色农产品制造商与销售商。

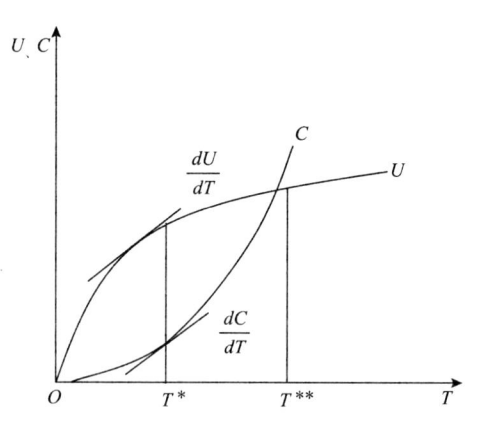

图 4-1 信息搜寻的收益与成本

综上分析，信息搜寻成本的存在使消费者对制造商与销售商所提供产品的信息很难完全了解，在交易过程中制造商和销售商可能利用这一点对其产品特征进行虚假宣传，在消费者没有办法鉴定其信息的真实性的条件下，这种交易往往会成功。在交易成功后，对消费者而言，由于消费了不合格的产品，其福利受到损害，即产生了内部性。这种内部性的存在使消费者的福利得不到保证，消费者就会降低对绿色农产品质量与价格的预期，从而相应地降低需求。

2. 信息不对称产生柠檬市场

由于信息不对称产生的信息搜寻成本的另一个结果是会出现"逆向选择"。绿色农产品的原料提供者与生产制造商之间、产销商与消费者之间的"逆向选择"行为的存在会导致绿色农产品与普通农产品的生产、销售过程中出现"柠檬市场"现象，其最终的结果是绿色农产品不能有效地占领市场。绿色农产品的生产与贸易是由原料生产者（种、养殖户）、生产加工制造商、销售商、消费者组成的一个链条，链条涉及多次交易，由于交易双方信息不对称，所以供应链上任何一次交易都存在委托-代理关系。下面以生产、销售商（卖方）与消费者（买方）的信息不对称现象进行分析，种、养殖户（卖方）与加工制造商（买方）的信息不

第四章　农产品绿色供应链耦合的和谐与稳定机制

对称现象所导致的结果也是一样。

假设市场上存在两个制造商，如图4-2所示：设消费者对绿色农产品需求量为 D_g，普通农产品需求量为 D_n，由于消费者对产品绿色度的识别能力及制造商与消费商之间存在的信息不对称，生产制造商和销售商比消费者掌握更多的有关产品的真实信息，不论其产品是否为绿色产品，生产销售商往往对外宣称其产品是绿色产品，因而市场供给曲线为 S_g，而消费者在不能完全准确掌握产品质量信息的情况下，会降低对产品质量的预期，就会相应地降低对产品的需求，从而使绿色农产品的需求由 D_g 下降为 D_m，普通农产品需求由 D_n 上升为 D_m，绿色农产品的市场交易量由信息充分条件下的 Q_1 减少到 Q_2，普通农产品交易量由信息充分条件下的 Q_3 上升到 Q_4。普通农产品交易量的增加，会使消费者对市场的预期进一步降低，从而导致 D_g 的进一步下降和 D_n 的进一步上升，如此往复，直到市场上低质量产品全部出售完。在均衡点上，消费者接受的市场价格高于普通农产品提供者的预期价格、低于绿色农产品提供者的预期价格，因此，普通农产品全部售出，绿色农产品被排斥在市场之外，特别是在市场经济不健全，道德、法制建设滞后的条件下，作为买方的消费者、中小加工厂商"贪贱"心理强，唯利是图，最终导致"劣币"驱逐"良币"，造成买者的逆向选择行为。

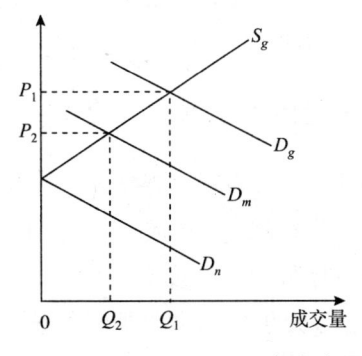

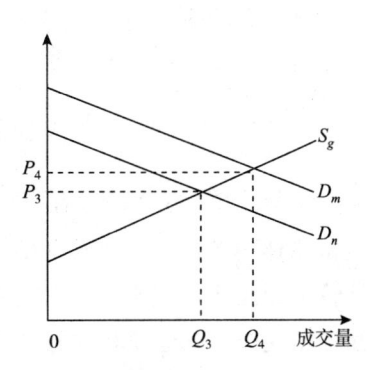

图4-2　绿色农产品市场的柠檬现象与逆向选择

二 农产品绿色供应链信息共享的效应

绿色农产品的消费者与生产系统之间存在的信息不对称会导致劣币驱逐良币，最终使得绿色产品不能有效占领市场。绿色供应链的消费者与生产系统之间的信息共享对于生产系统而言，可以提高其技术创新，使产品设计更具有针对性，降低创新风险，因而可以提高响应市场的能力和速度；对于消费者而言，生产系统的信息共享可以提高其识别产品的质量、价格、绿色度等的能力，也可以使其掌握更多的在使用产品中所涉及的相关技术与知识，降低其使用过程中出现的不安全因素。

绿色供应链的运营与管理是知识流、信息流、物流、资金流的集成，信息流在其中具有基础性的作用，通过对信息流的管理可以有效地改进整个供应链内的知识活动及物流活动。通过双方的信息共享和信息的有效沟通，可以促进绿色技术在整个供应链中的扩散，提高整个供应链的环境绩效。信息共享对绿色供应链的生产系统而言尤其具有重要的意义，通过信息共享，使消费者对于产品的要求与产品的信息得以反馈，从而改进整个生产系统与环境相容的活动，技术信息等得以在生产系统内有效传播，进而可以提高整个供应链与环境相容的水平。

关于供应链的信息共享效应，众多学者进行了阐释与分析，对于绿色供应链运营中的信息共享效应，国内学者王能民[32]等进行了分析，下文中借鉴其研究成果，作为论据支撑。

（一）供应商与生产加工商之间的信息共享效应

变量说明：a为消费者的基本需求量，b为需求弹性，C_i为供应链主体的单位生产成本（C_{01}为供应商的单位生产成本，C_{02}为生产商的单位生产成本），x_i为供应链主体可利用的技术信息，x_{0i}为供应链主体i自身拥有的技术信息（x_{01}为供应商自身拥有的技术信息，x_{02}为生产商自身拥有的技术信息），Δx_i为供应链主体从主体 j 获得的技术信息，设 $C_i = C_{0i} - x_i$，$C_1 = C_{01} - x_1$，$C_2 = C_{02} + P_1 - x_2$，其中，$x_i = x_{0i} + \Delta x_j$（下标 i = 1 代表供应商，下标 i = 2 代表生产商），供应链主体的单位生产成本 C_i 随着可利用技术信息 x_i 的增加而减少，P_1 为生产商原料投入品价格。

当供应商与生产商不进行信息共享时，

供应商利润：$\pi_{1N}^* = \dfrac{(a - C_{01} - C_{02} + x_{01} + x_{02})^2}{8b}$

生产商利润：$\pi_{2N}^* = \dfrac{(a - C_{01} - C_{02} + x_{01} + x_{02})^2}{16b}$

当供应商与生产商进行信息共享时，

供应商利润：$\pi_{1Y}^* = \dfrac{(a - C_{01} - C_{02} + x_{01} + x_{02} + 2\Delta x)^2}{8b}$

生产商利润：$\pi_{2Y}^* = \dfrac{(a - C_{01} - C_{02} + x_{01} + x_{02} + 2\Delta x)^2}{16b}$

生产商及供应商在进行信息共享前后的利润水平的差 $\Delta \pi_1$、$\Delta \pi_2$ 为：

$$\Delta \pi_1 = \pi_{1Y}^* - \pi_{1N}^* = \dfrac{\Delta x^2}{2b}$$

$$\Delta \pi_2 = \pi_{2Y}^* - \pi_{2N}^* = \dfrac{\Delta x^2}{4b}$$

由此可以得出结论，在生产商与供应商之间进行信息共享可以提高生产商及供应商的利润水平。

（二）消费者与生产加工商之间的信息共享效应

王能民的研究结论有以下两点。

（1）信息共享能增加消费者的效应。对于消费者而言，生产系统提供的产品价格降低了，其差值为 $\Delta p = j^2 + 2bhjn^2 > 0$，则消费量可增长，增长量为 $\Delta q_i = a\left(\dfrac{1}{(2C_0 - j^2 - 2bhjn^2)^2} - \dfrac{1}{(2C_0)^2}\right) > 0$；使消费产品的"质量因素"e 得以提高，其增量为 $\Delta e = h(nbn + j)$。

在理性决策的约束下,可以证明消费者参与信息共享的效应比没有参与信息共享时的效用要大。

(2) 信息共享能增加生产系统利润水平。生产系统在信息共享前的最大利润为 $\Delta\pi_N^* = \frac{na^2}{4C_0}$,在信息共享后其利润为:

$$\Delta\pi_y^* = \left(\frac{na^2}{4(C_0 - 0.5j^2 - 2bhjn^2)}\right)$$

信息共享前后的利润差为:

$$\Delta\pi = 0.25na^2\left(\frac{na^2}{(C_0 - 0.5j^2 - 2bhjn^2)} - \frac{1}{C_0}\right) > 0$$

因此,生产系统在信息共享后的利润水平增长了。

(三) 提高绿色食品的置信度的消费者的效用分析

根据消费者行为理论,消费者选择商品组合的目标是获得效用最大化。以 q_n 表示消费者购买某种一般食品的数量(含有某种安全隐患),以 q_g 表示该消费者购买同类绿色食品的数量,单位价格分别用 P_1、P_2 表示,一般情况下有 $P_1 < P_2$。由于食品市场信息的不对称,消费者对于绿色食品的置信度将直接影响消费者对于质量差异的判断,从而影响他们的效用。考虑消费者的偏好与选择,借鉴质量模型的二次效用函数的构造方法,引入置信度参数,从而获得新的效用模型[86](本部分受到学者赵林度研究成果启示)。

$$\max U(q_n, q_g, \alpha, \beta) = \alpha q_n[1 - (q_n + 2q_g)/(2w)] \\ + (1+\beta)q_g[1 - q_g/(2w)]$$

$$s.t. \begin{cases} q_n + q_g \leq w \\ p_1 g_n + p_2 q_g \leq m \\ q_n \geq 0, q_g \geq 0 \end{cases}$$

式中,$w > 0$ 为该食品的最大消费量。$m \geq 0$ 为消费者可实际支付的货币量，其大小反映了消费者的支付能力与水平。α 表示两种食品质量差异程度，α 越小质量差异就越大，$0<\alpha<1$。β 为消费者对该绿色食品的置信度，$0\leq\beta\leq1$。U 是效用函数。在可行集内部有 U $(q_n, q_g, \alpha, \beta) > 0$，它是椭圆抛物面，是个凹函数，满足 $\partial u/\partial q_n > 0$，$\partial u/\partial q_g > 0$，$\partial^2 u/\partial q_n^2 < 0$，$\partial^2 u/\partial q_g^2 < 0$，U $(q_n, q_g, \alpha, \beta)$ 是一个不可分效用函数，体现绿色食品与一般食品关系密切而非独立商品。初始边际替代率 $R^0_{q_n q_g} = \alpha/(1+\beta)$，在 α 变小或 β 增大时，初始边际替代率就变小，说明消费者愿意放弃一般食品的消费而去消费较少的较高质量的绿色食品，而获得同等满意度，也就是说在 α 变小或 β 增大时，绿色食品"效用相对变大了"。

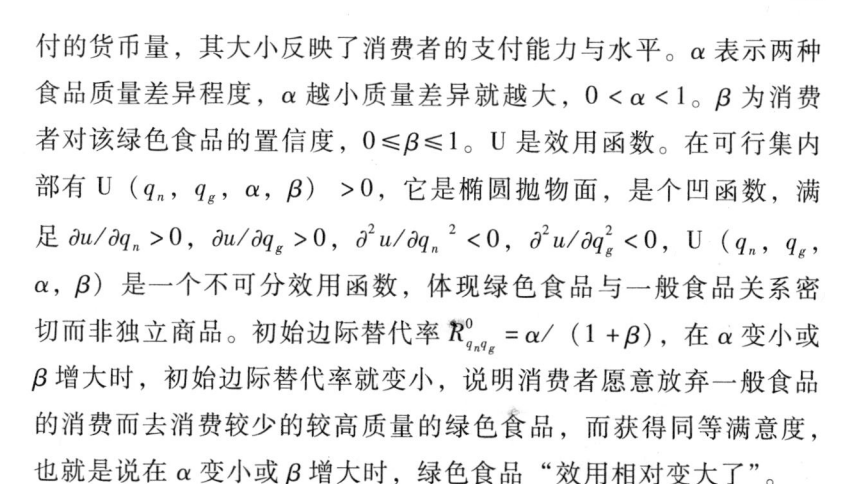

由此可见，在消费者有限的支付水平下，提高绿色食品的置信度将会增大消费者的效用，而增大置信度目前最需要做的就是采用食品信息化技术、构建先进的食品信息管理体系，使食品成为"搜寻品"，从而真正拉开绿色食品与普通食品之间的质量差异。

三 绿色供应链信息共享的路径

（一）实现农产品绿色供应链信息共享要求

实现农产品绿色供应链内成员间信息的有效共享，要求做到以下几点。

（1）信息共享的内容不仅要包括库存信息方面的内容，而且要包括其他知识与信息的共享。对于一般供应链而言，其信息共享更多的是强调成员间有关库存信息及其相关信息的共享；但对于绿色供应链而言，要实现有效的合作，其信息共享的内容不仅应该包括库存相关信息的共享，而且更强调供应链内知识的全面共享，支持并鼓励技术创新活动的开展和推广。具体信息包括：①有关绿色技术相关信息的共享；②有关绿色产品功能方面，尤其是其区别于普通产品信息的共享。这些信息共享的对象主要是产品的消费者及潜在消费者,让消费者了解这些信息是其识别绿色产品与普通产品的基础;③如何识别产品的信息,这些信息对消费者而言同样是十分重要的,让消费者了解并掌握识别产品的技术与知识有利于降低消费者识别产品的相关性能的成本,为绿色产品扩大和占领市场提供有利的条件。

(2)信息共享的成员不仅要包括生产系统内的成员,即供应商、生产商及贸易商,而且也包括消费者。要让消费者选择绿色产品作为其消费对象,其前提是让消费者能有效识别产品相关信息,而这对于消费者而言,存在一定的现实障碍:知识的有限性、学习成本及时间的有限性使得消费者不可能具备对其所消费产品的识别知识与能力,正是这一点为普通产品取代绿色产品占领市场提供了可能。因此,对于绿色供应链而言,与一般供应链更多强调的是生产系统成员间的信息共享不同,它不仅强调生产系统成员间的信息共享,而且要求把消费者作为信息共享的重要成员。因为,生产系统成员与消费者之间的信息共享是让消费者正确与有效地识别绿色产品的关键,消费者应该成为绿色供应链信息共享的重要成员。

(3)信息共享的手段不仅要包括正式交流,而且也包括非正式交流的方式。由于绿色供应链成员间信息共享的内容与成员较一般供应链的信息共享更广更多,这就要求在信息共享的手段上更为有效。信息共享与交流的手段主要包括正式交流和非正式交流,对于能以文本方式实现共享的信息,如产品的性能信息、如何识别产品的信息等,主要以正式交流的方式来实现;而对于不能以文本的方式来实现共享的信息,如消费者对产品的潜在需求趋势等,则主要是以非正式的交流来实现。不管是正式交流还是非正式交流的方式,在实现信息共享时应充分利用各种可能的技术支持。信息技术的广泛应用、运行成本低以及信息共享过程中的可对话性为信息共享提供了有力的技术支持,因此,充分利用信息技术有利于实现绿色供应链内成员间的信息共享。

(二) 构建绿色供应链信息共享的激励机制

通过激励措施的实施,保证以下信息的质量满足:时间性——避免因时间推移而使信息失去价值;准确性——保证信息从始至终整个过程的准确和一致性;有效性——避免共享信息的可替代与冗余,在此基础上形成高效的信息共享。这里需要注意的是,为了保证信息质量,避免信息的无效和重复,必须针对不同的对象(指供应链成员的类别——核心成员、非核心重要成员、一般成员)和对象在供应链中的不同位置(比如供应商、制造商、销售商等),采用不同的激励方法。

1. 鼓励供应链成员加入信息共享的激励

这种激励一般采用正向激励,即给予供应链成员明显的利益和效用激励,诱导其共享信息。①价格激励/折扣激励:针对供应商,在供应商与制造商实现信息共享的初期,给予其适当的价格激励,增加其利润空间,促使其加入到信息共享系统中。因价格补贴所获得的收益,可以抵消部分甚至全部加入信息共享系统所增加投入的成本,减少了加入信息共享系统的阻力。同理,针对销售商,给予其适当的折扣激励也可达到相似的效果。②技术支持激励:供应链信息共享的阻力部分可归因于客观技术因素,比如,因企业管理水平差异导致的信息处理能力差异、因企业支持软件不同导致的业务处理能力和逻辑的差异等。有条件的核心企业在推进供应链信息共享过程中,可以向技术实力相对弱小的企业提供通用性的技术支持。比如,提供更为平价、人性化的软件和信息平台,为不同信息系统的接入提供免费技术指导等。这样有利于消除供应链其他企业的疑惑与顾虑。③缩短零售商前置时间的激励:与零售商的信息共享,除了采用价格折扣等财务上的优惠策略外,在企业经营过程中,可采用减少零售商前置时间措施。前置时间减少可增强零售商订货模型的稳定性,减少因防范

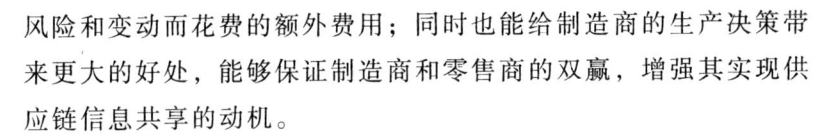

风险和变动而花费的额外费用；同时也能给制造商的生产决策带来更大的好处，能够保证制造商和零售商的双赢，增强其实现供应链信息共享的动机。

2. 初步信息共享实现后的升级激励

在实现了供应链的初步信息共享后，需要对信息共享的范围和程度进行进一步的规范和整合，以达到最优状态。这需要供应链中各个节点企业的密切配合。由于对共享信息的深度提出了更高的要求，各企业出于竞争、道德和风险等因素的考虑，会倾向采取更为保守的态度和行为。这时需要进一步的激励，才能保证已具雏形的信息共享体系正常、有效运转。在这个过程中，激励应侧重于期望的兑现，即收益的实现。

3. 稳固信息共享体系的激励

维持稳固的信息共享体系，有利于经营和道德风险的规避，有利于充分发挥信息共享的效用。这里的激励，应该包括一定的"反向激励"，更侧重于对参与者逆向行为的约束。①提高沉没成本：即增加信息不共享的成本。对合作终止带来的损失与违约带来的收益的衡量可能会阻止信息共享体系参与者的违约倾向。可以通过对信息系统专有性投资、合作信息技术研发等来提高沉没成本。这是对资产专用性的一种利用，设置更高的退出壁垒。②"冷酷"激励：对于参与信息共享的各成员，可以采用博弈论中的"冷酷"战略来防止成员间的不合作行为。对参与信息共享的各企业，首先选择"信息共享"，如果对方一旦选择"不共享"，自己就永远选择"不共享"，除非对方重新开始合作，自己才开始重新合作。这要求核心企业必须处于明显强势，也就是说，一旦其他企业选择"不共享"，因失去与核心企业的合作所预期带来的损失会明显大于可能获得的收益。③排他性契约的激励：与"冷酷"激励相似，与适当的信息共享成员签署排他性契约，可以在一定程度上约束其他成员的违约行为。

(三) 促使绿色供应链主体共同进行信息投资

以绿色农产品的产销为例，增加产品绿色信息投资可以通过提高绿色农产品的置信投资来吸引消费者，从而提高消费者的效用，提高绿色农产品的需求。设绿色农产品生产加工企业和零售企业可以通过降低价格和增加信息投资来吸引消费者，而消费者对某绿色农产品的需求量取决于产品的价格 p 与绿色信息的传递效果 d，即 $q = D(p, d)$。又设零售企业提供该绿色产品的成本是产量 q 的函数，$C(q) = p[D(p, d)]$，于是生产加工企业的利润 π 就等于总收入减去 $C[D(p, d)]$，再减去信息成本 d。利润函数可以写成[86]（本部分受到学者赵林度研究成果启示）：

$$\pi(p,d) = pD(p,d) - C[D(p,d)] - d \qquad (4-1)$$

零售企业的选择变量为价格 p 与绿色信息化投入 d。为使利润最大化，使 π 对 p 和 d 分别求一阶导数，并令一阶导数为零，可以得到：

$$D(p,d) + pD_p(p,d) - C'[D(p,d)]D_p(p,d) = 0 \qquad (4-2)$$

以及

$$pD_d(p,d) - C'[D(p,d)]D_d(p,d) = 1 \qquad (4-3)$$

由弹性的定义知，需求的自价格弹性 ε_p 是：

$$\varepsilon_p = -\frac{\partial D}{\partial d} \cdot \frac{p}{q} \qquad (4-4)$$

现在定义一个新的弹性：需求的绿色信息化弹性（需求量相对变化对安全信息化投入相对变化的比率）为：

$$\varepsilon_d = \frac{\partial D}{\partial d} \cdot \frac{d}{P} = \lim_{\Delta s \to 0} \frac{\frac{\Delta q}{q}}{\frac{\Delta d}{d}} \qquad (4-5)$$

从 (4-2) 式可得：

$$C'[D(p,d)] = p + \frac{D(p,d)}{D_p(p,d)} \qquad (4-6)$$

从（4-3）式可得：

$$C'[D(p,d)] = p - \frac{1}{D_d(p,d)} \qquad (4-7)$$

从（4-6）式和（4-7）式可得：

$$-\frac{D_d(p,d)}{D_p(p,d)} = \frac{1}{D} = \frac{1}{q} \qquad (4-8)$$

于是：

$$\frac{\varepsilon_d}{\varepsilon_p} = -\frac{\frac{\partial D}{\partial d}\frac{d}{q}}{\frac{\partial D}{\partial p}\frac{p}{q}} = -\frac{D_d(p,d)}{D_p(p,d)} \cdot \frac{d}{p} = \frac{d}{pq} \qquad (4-9)$$

式（4-9）表明，绿色信息化投入 d 占总销售额（pq）的相对比重 $\left(\frac{d}{pq}\right)$ 应等于需求的绿色信息化弹性对需求的价格弹性之比。

由此可见，零售企业可以与绿色农产品供应链体系中的生产基地、加工企业、配送企业等成员签订协议共同进行信息化投资，并分享信息化投资带来的利益。

第三节 农产品绿色供应链耦合激励：合作利益分配机制

供应链是通过对信息流、物流、资金流的控制，将供应商、生产商、贸易商、最终用户耦合成一个整体的功能网链结构模式，物料在供应链上因加工、包装、运输等过程而增加其价值。协调各个主体之间的关系直至实现相互之间的无缝连接，保证各种流（如物流、信息流等）在供应链上的畅通是供应链耦合的基本问题，关系的协调实质上就是利益的协调。因为构成供应链的各个企业是独立的经济实体，都以实现各自的利益最大化为目标，合作主体之间收益分配的合理与否将直接影响到供应链的运行效率与稳定。

因此，建立合理的收益分配机制是供应链耦合必须解决的关键问题之一。可以说，供应链能否取得成功，利润的分配至关重要，绿色供应链更是如此。如果供应链上缺少一个能够激励各方感到满意的分配机制，供应链主体之间就无法实现无缝连接，那么就会造成供应链运行不畅，最终使时间无端地消磨、竞争优势丧失，基于时间的竞争成为一句空话。供应链收益分配的目标就是在保证供应链整体效益最大化的前提下，合理、有效地分配这些收益，保证供应链的高效运转和战略伙伴关系的可持续性。

一 供应链合作利益分配的内涵和特点

（一）供应链合作利益分配的内涵

企业通过加盟供应链实现双赢以后，存在一个利益分配问题。如何建立起合理的供应链利益分配机制，是成功协调供应链合作关系的关键，是影响供应链效率和发展能力的重要问题。供应链企业合作关系的稳定和发展有赖于公平、合理、科学的利益分配机制。

由于供应链成员企业是独立的利益主体，各自追求自身的最大化利益，他们之所以加盟供应链，是希望通过相互合作获得更多的收益，因此在利益分配上，各个成员企业之间必然相互竞争。如果没有公平合理的利益分配机制来协调供应链合作企业各方利益，将影响供应链的有效运行和稳定。公平合理的利益分配机制是供应链管理成功的关键，是供应链平滑运行的基础。

供应链合作利益分配包括两层含义：一是如何就共同合作而产生的利润在各成员企业之间进行分配；二是如何对费用与风险在各成员企业之间进行合理分摊。处理好这两方面的问题，是供应链合作成功的关键，是实现整个供应链的利益最大化的保障。

供应链企业进行稳定合作要有两个基本要求：①合作后的供应链总收益要大于合作之前各方各自收益之总和；②供应链企业

在长期的合作中分得的利益要比没有进行这种合作之前它所获得的利益多。这就决定了供应链合作利益的分配与其他类型合作的利益分配不同，具有其自身的特点。

（二）供应链合作利益分配的特点

（1）供应链合作主体利益分配的复杂性。供应链是由不同的企业组成的集成体，各个企业在规模、资产投入和创造能力等方面各有不同，进行利益分配时需要对这些因素进行分析评估，这种评估是复杂的，尤其是对无形资产的评估；同时，合作企业对供应链系统总利润的贡献也难以量化评估，决定了供应链合作主体企业利益分配的复杂性。

（2）供应链合作主体利益分配主要是通过在各节点企业（合作主体）的产品或服务的定价来实现的。其他类型合作方式的利益分配，通常是根据最后看得到的最终货币总收入在分配对象之间进行分配；而建立合作关系的供应链企业的收益分配，是相邻各节点企业之间本着整体利益最大化原则，相互协调产品或服务的价格在企业间实现利益的分配。

（3）供应链合作主体利益分配是一个协商的过程。供应链是由两个或多个独立的企业实体组成的集合体，由于其规模、竞争结构、人力资源的素质等各方面原因，必然会形成实力、地位和角色的差异。供应链收益分配方案的制订一般都需要合作主体经过协商和谈判来确定收益分配的模式或具体的分配方案，整个过程需要核心企业与成员企业间或各成员企业之间相互不断地协商谈判、讨价还价，直至双方都满意为止。

二 合作利益分配的原则

从本质上讲，供应链合作主体之间的关系是一种为追求经济利益而形成的契约合作关系，利益是各主体相互合作的基础。参与供应链合作关系的各主体的最根本目的在于更有效地获取利润，

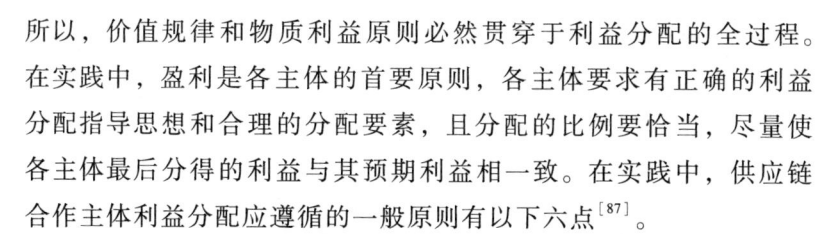

所以，价值规律和物质利益原则必然贯穿于利益分配的全过程。在实践中，盈利是各主体的首要原则，各主体要求有正确的利益分配指导思想和合理的分配要素，且分配的比例要恰当，尽量使各主体最后分得的利益与其预期利益相一致。在实践中，供应链合作主体利益分配应遵循的一般原则有以下六点[87]。

（1）平等互利的原则。供应链中的各合作主体不论规模的大小，实力的强弱，在合作中具有平等的地位及追求利润的权利，每个合作主体都应按自己在供应链合作中所作的贡献索取利益；只有互利互惠才能谋求共同发展，侵占别人的利益最终会损害供应链的合作关系。

（2）公平兼顾效率的原则。供应链的经济利益来源于成员企业的团队合作精神，各合作主体应作为一个整体而不是单个的个体进行合作，彼此之间存在复杂的相互关联的工作内容，需要成员之间协调合作。公平的原则有利于培养供应链主体的团队精神，避免成员企业间的恶性竞争和隔阂。另外，各供应链合作主体负责的环节不同，所付出的投入和承担的风险也不尽相同，因此，所获得的收益也应当是不同的，这样才能够更好地激励合作企业的工作热情与投资热情。但是，收益的分配不仅要保证公平性，也要兼顾效率的原则，各个成员企业的收益要尽可能与它的投入和所承担的风险相匹配。因此，各合作主体间的利益分配必须在公平与效率之间找到一种平衡，既要保证公平同时也要兼顾效率。

（3）"双赢"或"多赢"原则。合作主体参与供应链的主要目的就是获取某种经济利益，因此，在利益分配过程中，应保证参与供应链的各个成员企业都能分配到合理的利润，这样才能使供应链主体的合作信任关系得以形成并维持。

（4）协商让利的原则。在利益分配过程中，最容易产生分歧而引起纠纷的，是在协议中没有规定或规定不明确的而在实际中出现的新利益。对这部分利益的分配必须本着互利互惠、充分协商的原则。如果实际利益分配明显有利于某一合作主体，则该成员主体应从长远利益出发，主动出让一部分利益给利益分配偏低的成员企业，以求长远的共同发展。

(5) 风险与利益相匹配的原则。供应链的成员合作关系中，各企业所负责的环节不同，所承担的风险也相应不同。利益的分配应与所承担的风险相一致，对承担较大风险的企业应给予较大比例的利益补偿，以增强合作的积极性，尤其要注意避免出现高风险低收益或低风险高收益的分配格局，不合理的分配格局会损害成员企业合作的积极性，影响供应链的效率和稳定性。

(6) 兼顾各方的原则。在供应链合作主体关系中，物质利益关系集中表现为各合作主体在供应链利益的索取，因为主体各自利益的存在必然导致相互之间存在矛盾，解决这一矛盾的关键在于兼顾各方利益，使供应链利益在各主体之间进行合理分配。

三 影响供应链企业利益分配的因素

供应链企业的收益分配的影响因素大致可以归纳为如下六个方面[87]。

(1) 供应链各成员企业的努力水平。供应链以各成员企业的合作为基础，团队的合作就有可能导致个别企业的偷懒行为，从而影响到整个供应链的收益和利益分配。

(2) 各成员企业对供应链的贡献程度。由于供应链企业所得到的利益是与其对整个供应链的贡献程度成正比的，因此，对供应链没有贡献的企业就不应该得到利益，而贡献大的企业就应该得到相应多的利益，否则就会影响到企业的积极性。这种贡献程度既包含物质的投入也包含人员等无形的投入。

(3) 成员企业的核心能力会影响企业在供应链中的地位。成员的核心能力越独特，越重要，其对整个供应链的贡献也就越大，在收益分享中就会越处于有利地位，所获收益也就越多，因此，核心企业在供应链的利益分配中占有优势的地位。

(4) 企业的创新能力。供应链的生产活动离不开创新，而因创新所带来的成本也需要在利益分配中得到补偿。

(5) 风险因素。一般来说，收益是和风险成正比例关系的，利益是对承担风险和提高效率的"奖励"。如果企业在生产过程中承担更多的风险，那么该企业就应该得到更多的利益分配额以作为承担风险的补偿。

(6) 企业的议价能力。供应链合作从本质上说就是通过资源有效整合来提高整个供应链的收益，所有的这些收益最终都应该通过企业的利润反映出来。而企业的利润是企业收益的核心，在供应链合作中，利润通过层层分剥的形式存在于供应链的各个成员企业中，它不是以最终总增值利润的形式在企业间进行再分配，而是主要体现在成员企业之间议价之后所签订的契约。契约中所列出的条款直接影响到利润在成员企业间的重新分配。企业作为经济体，追求利益最大化是其最终目的，因此，在签订契约时都会尽可能索要有利于自己的条款。当企业拥有较强的综合实力如人、财、物、核心技术、品牌优势等资源时，会在供应链上占据主导地位，其对供应链的控制力就较强，就有较强的议价能力，签订契约时就能得到更有利于自己的条款。

四 合作利益分配的理论模型

贸易商和物流配送组织、农产品加工企业、原料生产者位于农产品绿色供应链的不同节点，存在相互依存的有机联系。首先，贸易商提供绿色农产品销售的平台，使经过加工的农产品价值和使用价值得以实现，完成从产品到商品的"惊险跳跃"，生产者的投入得到回报；其次，种养殖农户提供了稳定的原料货源，是维持整个农产品绿色供应链运行的基础，如果作为原料生产者的农户利益得不到满足，整个绿色供应链就会断裂；第三，农产品加工企业是农产品绿色供应链的核心，通过提高加工农产品的品质，满足消费者的需求，增强食品加工企业在市场中的竞争力，提高食品加工企业效益，间接惠及农业生产者，增加农业收益；第四，物流体系实现生产与销售的有效对接,既保护了农民的利益、提高了农产品的附加值、实现了农民增收目标,又同时满足了零售网点多品种、小批量、高频率、响应时间短的要求。各方有着"一荣俱荣、一损俱损"的"多赢"关系,因此供应链节点企业应在交易关系的基础上结成一体化的战略联盟,相互依存、相互促进,实现农产品绿色供应链的长远利益[88]。

我国的农产品绿色供应链大多以加工企业居于核心地位,节点企业间的合作关系体现在:加工企业既为上游基地农户提供良种、饲料或化肥以及种养殖管理规程,又为下游销售商提供符合绿色产品标准要求的高品质农产品;基地农户为农产品加工企业提供符合生产要求的农产品原料;销售企业则在销售绿色农产品的同时为加工企业和农户提供准确、及时的市场信息。只有基地农户、加工企业和销售企业形成稳定的战略合作关系,农产品绿色供应链才能高效运行,进而连续不断地生产出满足消费者需求的高品质的绿色农产品。

从经济学的角度看,农产品供应链企业间战略合作关系能否形成,在很大程度上取决于供应链利润的分配制度。下面,通过建立和分析绿色农产品供应链利润的形成与分配模型,揭示稳定节点企业耦合关系的机制和条件。本部分受到国内学者孙世民研究成果的启发。

(一) 基本假定

(1) 供应链各主体为理性"经济人",以效用最大化为目标;

(2) 个体效用最大化的实现取决于整个供应链运行效率的高低,而供应链运行效率的高低则取决于各节点企业的能力水平和努力程度;

(3) 供应链中各节点企业是产权独立的主体,任一企业不可能控制和支配其他企业,即农产品供应链中节点企业的地位是平等的;

(4) 特定时期内供应链是相对封闭的，每个企业都在自己最合适的位置从事自己最擅长的业务活动。

作为原料提供者，农户的能力主要是种养管理能力，疫病防治能力，技术吸收能力等；加工企业的能力主要有产品开发能力，技术创新能力，组织协调能力，市场洞察能力，良种和饲料、肥料的供应能力等；销售企业的能力主要有营销能力和消费者需求信息获取能力，广告策划能力，产品储存保鲜能力等。若农产品供应链中有 n 个节点企业，则各节点企业的能力水平向量可表示为：

$$s = (s_{A1}, s_{A2}, \cdots, s_{An})$$

努力程度表现在节点企业履行合约、提高能力水平、真诚合作的愿望和为此而作出的努力。各节点企业的努力程度向量可表示为：

$$e = (e_{A1}, e_{A2}, \cdots, e_{An})$$

那么，农产品供应链的利润函数可表示为：

$$\pi = f(s, e)$$

通常，节点企业的能力水平和努力程度间存在着相互促进的关系，且能力水平是努力程度的递增函数并不断提高。能力水平和努力程度间的促进关系可表示为：

$$s_{Ai}(t) = s[e_{Ai}(t)], \frac{\partial s_{Ai}(t)}{\partial e_{Ai}(t)} > 0$$

$$s_{Ai}(t) \geqslant s_{Ai}(t-1) \tag{4-10}$$

一般来说，加工企业在基地和销售网络建设时，要对基地和销售商进行严格的资格认证，只有具备一定能力的种养基地和销售商才有可能加盟到农产品供应链中。由于在一定时期内供应链节点企业的能力水平是相对确定的，因此，可以认为农产品供应链的利润产出仅是各节点企业努力程度的函数，可表示为：

$$\pi = f(s,e) = f[s(e),e] = F(e) \qquad (4-11)$$

要保证优质农产品的生产和销售,就必须刺激供应链节点企业不断提高自身的能力水平和努力程度,只有当节点企业越努力收益越高时才能做到这一点。因此,假定任何节点企业努力的边际产出总是正的,即:

$$\frac{\partial F}{\partial e_{Ai}} > 0, i = 1,2,\cdots,n$$

在农产品供应链利润水平一定的情况下,利润分配规则是决定各企业收入大小的因素,进而决定他们的努力程度和能力水平。因此,一个公平、合理的利润分配规则能够激励各节点企业极大化努力程度,从而不断提高其能力水平,形成长期有效的合作关系,使农产品供应链得以生存和高效运行。假定农产品供应链的利润分配规则为 D,则各节点企业的收入为:

$$Y_{Ai} = D(\pi_{Ai}) = D[F(e)] \qquad (4-12)$$

式(4-12)表明,在供应链利润分配规则既定的情况下,节点企业 i 的收入水平取决于其努力程度。又假定在其他条件不变的情况下,节点企业 i 根据当前的收入大小决定其下一步的努力程度,即:

$$e_{Ai}(t+1) = \Phi[Y_{Ai}(t)] \qquad (4-13)$$

节点企业付出努力去完成供应链中的特定工作需要花费一定的代价,这一代价与企业努力成本之比为 $C(e_{Ai})/s_{Ai}$;又假定节点企业 Ai 在任一时期离开供应链(违约被开除或转到其他供应链)的概率为 P,于是,农产品供应链中节点企业 Ai 的长期期望效用函数为:

$$U_{Ai} = \sum_{t=0}^{\infty} \{Y_{Ai}(t) - C[e_{Ai}(t)]/s_{Ai}(t)\} \delta^t (1-p)^t \qquad (4-14)$$

式中,δ 为贴现因子。

综合 (4-10) ~ (4-14) 式，要实现节点企业的长期效用最大化、确保合作关系的形成且稳定，必须解决好两个问题：一是农产品供应链的利润分配规则，二是节点企业的最优努力程度。

（二）供应链节点企业有效配置模型

上述两个问题的实质是，合理确定节点企业收入与努力程度之间的关系。在工作安排一定的情况下，把由企业收入和努力程度构成的向量称为节点企业的配置，记为 (Y, e)。企业加盟供应链的基本动机是通过供应链来选择一个最适合自己的关于努力程度和收入的最优配置。而努力程度一旦确定，企业配置与供应链利润分配规则相一致，这意味着有效配置的决定问题实质上是一个公平、合理的利润分配问题。节点企业选择最优配置，就是选择最优的努力程度。如果一个配置使供应链的利润收入达到最大，且各节点企业分到的利润收入之和等于这一最大值，则该配置是帕累托有效的。根据边际收益等于边际成本的原理，最优努力程度应使得企业 Ai 的努力程度的边际收入与其在当前能力水平下关于努力程度的边际成本相等，即：

$$\frac{\partial F(e^*)}{\partial e_{Ai}} = \frac{C'(e_{Ai}^*)}{s_{Ai}} \qquad (4-15)$$

式 (4-15) 表明，农产品供应链有效的利润分配规则与节点企业的能力水平和努力程度密切相关，把满足该式的配置称为节点企业的有效配置。

（三）农产品供应链的有效配置

企业间战略合作关系的形成条件在农产品供应链利润收入分配规则 $Y_{Ai}(e) = D[F(e)]$ 下，节点企业 Ai 在某时期的效用是其努力程度的函数，即：

$$U_{Ai}(e) = Y_{Ai}(e) - C(e_{Ai})/s_{Ai} \qquad (4-16)$$

在其他企业努力程度给定的情况下,节点企业选择自己的努力程度使式(4-16)达到最大。根据式(4-16)和分配规则,由 $\frac{\partial U_{Ai}(e)}{\partial e_{Ai}} = 0$ 得:

$$D' \frac{\partial F(e^*)}{\partial e_{Ai}} = \frac{C'(e_{Ai}^*)}{s_{Ai}} \quad (4-17)$$

且仅当 D = 1 时,式(4-17)变为式(4-15),有效配置得以实现。此时,节点企业选择最优努力程度,农产品供应链和节点企业达到最优收入水平。由 D = 1 可以推断出 D = $e_{A1} + e_{A2} + \cdots + e_{An} + k$,其中,$k$ 为常数。因此,当农产品供应链的利润按各节点企业努力程度的线性函数进行分配时,它们会选择自己的最优努力程度。这一结论与亚当斯的公平理论是一致的。分别由式(4-10)、式(4-11)、式(4-12)和式(4-13)可知,下一时期,各节点企业的努力程度、能力水平和收入,以及农产品供应链的利润均将达到最大化。据此可进一步推断:在多次合作中,只要供应链上一期的实际收入不低于最优收入水平,各节点企业均会选择最优的努力程度,这正是农产品供应链企业耦合关系的稳定机制。

第四节 农产品绿色供应链耦合约束：契约履行约束机制

一 契约履行约束机制

在供应链主体合作过程中,必然会有一些企业为了追求自身利益的最大化而作出对合作关系发展不利的行为,为了不让这种行为破坏合作关系的稳定性、影响合作利益,应引入约束机制来约束各合作主体的经营行为,从而使合作关系维持在信任、稳固的基础上,促使合作关系目标的最终实现[89]。

(1)提高声誉市场的监督作用。供应链上的每个成员企业都期望最大化自身经济利益,因此,在信息不对称的情况下,必然会有些成员企业不能抵抗外部的巨大诱惑而采取机会主义行为。而个体通常愿意与具有良好声誉的经济主体进行交往,同那些声誉好的生产经营主体签订合同,在每一期获得相应的收益,如果经济活动主体违约的话,他的声誉价值会迅速下降,其当期收益远远小于未来利益损失。因为,在以后的较长时间内与之签约者减少,收益减少,所以在长期交易过程中,一方违约,就造成当期收益远远小于未来利益损失,即违约成本大于收益,权衡利弊,他们会选择守约,这就是声誉市场的监督作用。供应链主体的耦合关系,除了正式、非正式沟通加强相互之间的信任之外,还应依靠声誉市场的监督作用。对企业的经营者而言,良好的职业声誉有利于增加其在经营者市场上的讨价还价能力,而职业声誉欠佳则会降低其在经营者市场上的竞争力。经营者要树立良好的声誉,必须采取他人所欣赏的行为,有时这些行为会造成现阶段利益的损失,但经营者仍会采取这种行为,旨在树立起良好的声誉而获得长期的利益。所以在声誉市场的条件下,即使在当前行为可能带来极大回报的诱惑下,经营者也会考虑声誉对企业长期利益的影响而采取十分谨慎的态度。

(2)提高欺骗成本。可以从以下方面入手:首先,通过支付一定的价格贴水,即提高未来升水流的现值,使其大于潜在违约者因违约所获得的收益;其次,必须提高退出供应链组织的损失费用,即如果成员企业退出供应链组织,那么它的某些资产,如生产经营场地、人力资源和企业声誉等都会受到很大的损失;再次,可以通过成员企业相互间的不可撤回性投资来"锁定"对方,促使各企业必须像关心自己的利益一样来关心其他成员和整个供应链的利益,从根本上消除通过欺骗得益的可能性。

(3)制定详细而周密的合同与契约。可以通过保护性合同或合法的契约来阻止机会主义行为,使成员企业清楚投机行为预期的严重恶果,从而根除投机心理,同时也因为合同的严格性以及违反合同的严重性而提高其他成员行为的可信任度。

（4）构建一定的惩罚机制。为了保证供应链的整体利益，有必要引入检查与评估制度，建立检查与评估的指标体系，定期或不定期地对所有伙伴企业进行绩效评估，对评价值不高的成员要引入一定的惩罚机制。由于动态评价指标体系中存在着很多难以精确描述的指标，为此可采用非定量事件做定量分析的 AHP 层次分析方法，根据指标体系构建评判矩阵，计算各成员企业的绩效得分。对于评价得分不高的企业，必须分析情况、提出警告，必要时给出惩罚措施；对于因为外界的诱惑而产生投机行为，从而对合作效益造成危害的企业，供应链应对其做出经济上的惩罚，如责令其交纳一定的罚金或直接降低其在最后利益分配中的比例等；对于由于内外环境的改变而不能很好适应、并非因为投机心理而对供应链产生不良影响的企业，通过适当降低其退出费用，使其离开供应链，并重新选择新的合作伙伴以提高合作效益。

二 本章小结

首先，针对合作型供应链模式中的问题提出农产品绿色供应链耦合的和谐与稳定机制设计要求；其次提出信息共享机制是绿色供应链的效率基础，也是供应链耦合的基本要求，供应链合作主体之间的利益分配是供应链稳定的核心要件，和谐稳定机制就是要建立科学、合理的利益分配机制，分别对信息共享机制、合作利益分配机制、契约履行约束机制进行了定性和定量分析。

第五章
加工商与原料生产者农户耦合的规范分析

面对国内外市场竞争，农产品加工企业必须要有自己独特的竞争优势即核心竞争力，才能立于不败之地。相对于一般工业企业，农产品加工企业有其特殊的一面。首先，农业生产的季节性、分散性影响了农产品加工企业的原材料供应的稳定性；其次，由于农产品的鲜活易腐性，对其加工、储藏、运输、销售的技术及方式都提出更高的要求；最后，农产品大都涉及人们的衣食住行，所以其质量安全问题尤为重要，对其品质要求更高。而原材料供应、保持鲜活性、品质保证将贯穿加工企业生产过程始终，因此，通过实施供应链管理来培育农产品加工企业的核心竞争力，实现可持续发展，成为农产品加工企业的必然选择。

在现实当中，作为农产品绿色供应链核心的加工企业与农户之间大多处于关系松散、对抗多于合作的状态，严重影响着响应市场需求和源头管理目标的实现。表现在：①松散型合作情况下，加工企业与农户的关系完全是简单的买卖关系，农户不可能分享到农产品加工增值的好处和流通环节的商业利润；②松散型合作对各方都没有约束，利益关系完全依靠市场调节，不可避免地给农户和加工企业的生产与经营带来较大的风险；③由于市场的不确定性，以及信息不对称等原因而导致机会主义行为大量存在。缺乏动力支撑——理想收入预期的农户是不可能从整体利益出发，积极参与源头治理的，因为源头治理很大程度上约束了农户的生产行为、增加了农户的生产成本。因此，响应市场需求和源头管理目标的实现，迫切需要作为绿色供应链核心的加工企业与上游农户建立一种新型的相互依存、相互协作、利益共享关系。

第一节 加工商与原料提供者农户的耦合机理

一 原生态的视角：加工企业与农户是天生的利益共生体

舒尔茨在其经典名著《穷国的经济学》中说："全世界的农民都在与成本、利润和风险打交道，他们都是时刻算计个人收益的经济人。在自己那小小的、个人的和分配的领域里，这些农民都是企业家。他们总是能那样地适应经济形势，使得许多专家都无法了解这些人是多么有效率。尽管由于教育、健康和个人经历等方面的原因，农民对新知识的接受、理解和采取适当行动的能力方面尚有差距，但是他们却具有企业家的最本质的素质。"由此，我们不难判定农户在农产品绿色供应链中所起的效率提升作用和隐藏的巨大潜力。下面从职能定位、市场定位两个层面对供应链中农户与企业的合作进行诠释。

1. 职能定位：农户是供应链动力源头，加工企业是组织者和协调者

供应链中的农户是原料农产品的生产者、供应者。现实中，由于顾客消费水平、消费需求的变化，要求重新构建供应链，从而导致供应链成员的变化。更重要的是为了快速响应顾客的需求，使得供应链上成员间的密切配合、战略协同成为必要。随着人们健康意识和安全意识的不断提高，只有那些符合质量和安全标准的农产品才会被顾客认可，客观上要求加工企业与农户之间保持战略协同，农户要积极生产提供安全优质原料农产品，加工企业要给予技术、信息支持，同时让农户参与利润分享，这样才不会出现由于某一方的不合作（如机会主义行为）而导致"以次充好"（农户行为）、"优质低价"或"拒收"（企业行为）。

在现阶段，无论是农户还是加工企业，其行为都表现为特定环境约束下的有限理性。农户组织化程度不高、生产方式相对封闭、交通信息手段相对落后、社会交往与联系存在局限、居住分散等"小农"特点，使得他们在集团性的利益博弈中总是处于弱势地位且缺乏竞争力，落后的生存状况决定了农户的有限理性。而加工企业认为农户"愚蠢"、"保守"、"非理性"，忽视农户的利益和地位，换来的则是农户的不合作，"道德风险"、"逆向选择"等机会主义行为频繁发生，这实质上是加工企业把农户视为非理性经济人而导致的苦果。造成有限理性的因素有些是客观存在，但看不到农户和加工企业合作的利益则是一种非理性，它阻碍着农产品绿色供应链在实践中的发展。

事实上，农户在农产品绿色供应链中扮演着十分重要的角色，他关系着整个绿色供应链的竞争力。他是供应链源头产品的提供者，他关系到产品品质的提高，关系到整个供应链的形象，是顾客满意的一个动力源。另外，随着供应链内部各环节谈判的控制权逐步从生产向加工、销售领域转移，加工企业在供应链中居于核心地位，起着支配、协调整个绿色供应链运作的作用。事实上，成熟完整的供应链是围绕着核心企业建立起来的，核心企业在行业中的影响力、产品开发能力、商业信誉与合作精神等，都会对供应链合作关系产生重大影响。但农户的地位是否受到认可、利益是否有保障决定着农产品绿色供应链上游的稳定性，加工企业和农户之间应该建立一种和谐的合作关系。农户和加工企业的合作水平决定着顾客的满意和忠诚度，农户、加工企业和顾客尤其是前两者紧密结合在一起，共同决定了整个绿色供应链的质量竞争力。因此，农产品加工企业要从长期生存与发展的战略高度来处理与上游农户的关系，即要认识到与农户的和谐合作关系是企业生命力和竞争力的重要来源。农户也应从长远利益出发，支持农产品加工企业的发展，自觉按供应链管理的要求生产安全原料农产品，按质按量及时把农产品交售给企业，与企业共生共荣。认识到这些，对于农户与企业克服"有限理性"，构建和谐稳定合作关系至关重要。

2. 市场定位：农户是精益型生产者，加工企业是敏捷型响应市场者

供应链管理的实质是通过建立一种成员间的长期合作关系而促进供应链整体竞争力的提升，因此，企业与农户之间是一种"长期契约"关系，基于这种契约关系而构建的合作规则，实质上就是一系列的契约安排。美国法学家波斯纳（R·A·Posner）提出，在契约安排中要体现"比较优势原理"。其理由是，经济主体之间是不同质的，他们在风险偏好、效用评价、信息拥有量、决策能力和所拥有的财产规模及其专用性等方面可能是有差别的，这些差别作为约束条件影响着权利的运作成本。遵循"比较优势原理"，在农产品绿色供应链中有效率的契约安排是：就农户而言，其拥有提供安全优质农产品的生产优势。而加工企业负有加工增值及流通增值的责任，因为加工企业在这方面拥有信息和技能上的优势。再有，把协调权赋予给资产专用性较强的加工企业，并由其监督资产专用性较低或没有专用性的一方，就是一种有效率的契约安排。

有效率的契约安排在管理运营实践中则表现为农产品供应链各成员的市场定位：农户是精益型生产者，企业是敏捷型响应市场者（包括加工增值和销售）。农户和企业的市场定位是由农产品生产、加工、销售流程和供应链管理的要求（快速、准确响应市场）决定的。所谓精益型生产者，要求农户注重生产过程中的各个细节，尽可能地注重科学管理、提高质量，同时，消除一切形式的浪费以尽可能节约产品成本，在市场上形成比竞争对手更有利的价格优势。农户作为精益型生产者,从有机稻米供应链中可见一斑。在品种选取、播种、田间管理、收割、收获后管理等整个生产过程中,生产者要对每个环节按标准步骤严格把关,这里包括时间管理、施肥用药管理、技术管理等,这些生产流程直接关系着有机稻米的品质。供应链管理的关键点之一就是改进农产品的质量以提高供应链管理的效率,只有做到这一点,农户才具备比较优势。

农产品加工企业作为敏捷型响应市场者,能够快速对市场需求作出反应,能够充分利用每一个新的市场机会,如搜集顾客绿色产品的品质需求信息,通过提高销售、物流的柔性及速度缩短顾客订货周期,另外,在农产品供大于求的情况下,企业可以结合自身的实力从事农产品的精深加工,既可克服供求矛盾又可实现农产品增值,还可以使创新性产品获得市场竞争优势。无疑,加工企业具有这方面的比较优势。农户与加工企业的协同,不仅能实现精益生产、敏捷响应市场的各自功效,还因分工导致的专业化以及二者的整体配合产生"1+1>2"的新功效,从而实现整个供应链竞争力的提升。

二 农户与加工商耦合是保障绿色农产品供给的必要条件

1. 农户与加工商耦合是绿色农产品供给的基础

农产品加工企业的原材料主要是农产品,如粮食、各种水果、蔬菜等,如果采购的这些原材料质量不合格,将会导致加工出的产品质量不合格。绿色农产品要求原材料一定要符合绿色食品标准,用不符合国家绿色食品标准的原材料生产的产品不能成为绿色食品,用不符合国际食品标准的原材料生产的产品不能走向国际市场。按照供应链管理的思想与供应商建立起 ISO9004:2000 所要求的"伙伴关系"后,可以大大提高供应方质量管理体系的运行水平,从而大大提高其所提供的产品质量,如表 5-1 所示。

表 5-1 原料生产者与加工企业博弈策略组合

		加工厂商	
		绿色技术	普通技术
原料生产者	绿色	绿色技术，绿色食品	绿色技术，普通食品
	普通	普通技术，普通食品	普通技术，普通食品

2. 农户与加工商耦合是绿色农产品有效占领市场的必要条件

农产品加工企业的原材料供应影响农产品供应链成本。农产品加工企业，其生产运作所需的投入离不开原料和各种物料，各种原材料的采购成本在企业销售成本中占有很大比重。农产品加工所需的原材料的采购成本和农产品加工企业的最终产品成本密切相关。如果企业采购的原材料价格过高或质量低下，无论在生产过程中如何管理控制，其最终产品成本都将直接受到影响。原材料质量与价格对控制成本起着举足轻重的作用，若农产品加工企业采购的原材料质量低下、价格过高，使加工出来的产品成本提高、产品质量降低，最终丧失产品质量与价格竞争力。没有竞争力的产品在市场上是无法生存的。

第二节 原料生产者与加工厂商耦合形式与问题

一 原料生产者与加工厂商耦合形式

（一）市场耦合形式

市场耦合形式是最初级的方式，即加工企业对农户生产的农产品一次收购，双方不签订合同、自由买卖，价格随行就市。除此之外，农户与加工企业之间没有任何经济联系和经济约束。收购原料农产品这一经济联系是通过纯粹的市场活动进行的，加工企业和农户的关系既不稳定，也互不负责。

这种市场耦合形式，在一定程度上解决了农产品"卖难"问

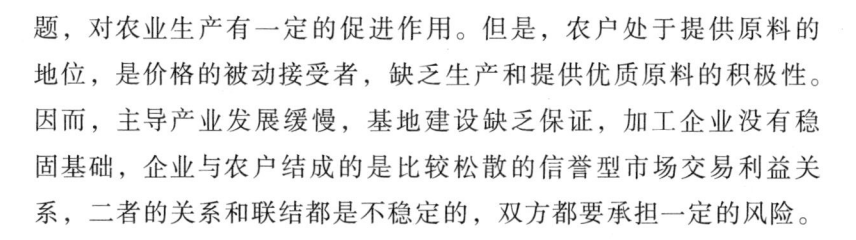

题，对农业生产有一定的促进作用。但是，农户处于提供原料的地位，是价格的被动接受者，缺乏生产和提供优质原料的积极性。因而，主导产业发展缓慢，基地建设缺乏保证，加工企业没有稳固基础，企业与农户结成的是比较松散的信誉型市场交易利益关系，二者的关系和联结都是不稳定的，双方都要承担一定的风险。

(二) 合同耦合形式

合同耦合形式，指加工企业与农户之间按照相互签订的合同契约来承担各自的权责利，即加工企业与农户签订具有法律效力的营销合同、资金扶持合同和科技成果引进开发合同等，明确规定各方的权责利，以合同关系为纽带，进入市场、参与竞争、谋求发展。合同的具体内容因条件而有所不同，主要有：①由加工企业和农户相互承诺，以议定的价格和数量买卖农户的农产品，使农户的产品销路和企业的原材料得到较好的保障；②除了约定农产品购销关系以外，还规定企业以议定的价格向农户供应生产资料、提供技术指导；③除了议定购销关系和指导关系以外，还规定企业将一定的经营利润返还给农户。

合同式耦合形式是目前加工企业与农户利益联结的主要形式，是以契约为纽带的联结机制；是由加工企业或中介组织与基地和农户签订收购合同，确定种养品种、面积、数量，实行保护价收购，以农户生产原料农产品为基础，加工企业提供产品加工、销售及其他社会化服务的组织形式。

这种耦合形式，不仅解决了农产品"卖难"问题，而且解决了市场竞争中农民利益保护的问题，双方有了经济约束，并在农产品的生产、收购环节上互相负责。农民有了固定的加工企业收购原料农产品，加工企业建立了可靠的原料基地。购销合同虽然没有从根本上改变农民提供原料的地位，但使其可能遇到的市场风险得到了更优的配置，充分调动了农民的积极性。其组织绩效体现在以下几个方面。

（1）降低市场信息的搜寻费用。对农户经营来说，为获得农业生产信息，其搜寻费用是很高的，高昂的信息搜寻费用相对其小规模经营是极不经济的，一般农户难以承担。但是，相对于加工企业而言，由于其生产规模较家庭经营规模大，搜寻费用占其收入的比重不及家庭经营大，能充分利用其在信息搜集上的规模经济。

（2）降低农户和加工企业生产和经营的不确定性。一方面，有助于降低农业生产和经营的不确定性，因为加工企业是以盈利为目的理性经济人，它一般拥有一批专门的生产经营决策者，这些人是职业经理人，他们高效率的决策本身就降低了农业生产的风险。此外，当市场出现价格波动时，普通农户往往只能被动应付，而加工企业由于有广泛的社会网络、灵敏的市场信息，能够在市场上主动寻找最有利于自己的方案应对市场波动，同时，由于加工企业经济实力远远超过单个农户、社会信用程度高，当市场出现波动时往往能找到比普通农户更多的方案去化解风险、增加收益。另一方面，有助于降低加工企业经营的不确定性，因为对加工企业而言，这种耦合有利于企业找到稳定的农产品来源，同时其价格、质量都比较稳定，降低加工企业经营的不确定性。

（3）降低机会主义损失。由于单个农户直接面对生产资料市场和农产品销售市场，在讨价还价和合同签订时因信息不对称而处于不利地位，交易中完全有可能因对方的机会主义行为而蒙受损失。而与加工企业签订合同之后，是加工企业而非农户直接面对市场，加工企业具有在市场上谈判的比较优势，可以有效地防范对方的机会主义行为，这样就可以降低源于机会主义的损失。

（4）降低加工企业的组织成本。加工企业通过与农户签订合同，可以利用农户已有的专用性生产工具、农用土地甚至农业生产方式和劳动力，降低其生产的专项投资费用。同时，又省略了对农业生产全过程的管理和监督环节，大大减少了管理费用。由于有购销合同的保证，减少了交易费用，如市场搜寻费用、质量监督费用以及因产品质量和数量不确定造成的损失等。

但这一耦合形式中，加工企业与农户利益结合不紧密，公司和农户很难结成利益共同体。从实践看来，这种耦合形式，随意性和非规范性特点比较突出，公司与农户利益分配不公，农户利益很难得到保证，并且缺乏有效的监督，机会主义行为普遍，农户交易费用依然很高。合同约束的脆弱和协调上的困难是这一模式的内在缺陷，这一模式必然要向新型模式演变。

（三）股份合作耦合形式

股份合作耦合形式是指农民以资金、土地、设备、技术等要素入股，在加工企业中拥有股份，参与经营管理和监督，双方签订合同，明确农户提供农产品的数量、质量、价格及双方按股分利的办法。在这种耦合形式中，加工企业与农户不仅有严格的经济约束，而且还作为共同的出资方，组成新的企业主体。农户参与管理、决策和监督，确保农民利益得到充分反映和体现，形成了"资金共筹、利益共享、积累共有、风险共担"的利益共同体，这种耦合形式对调动农民积极性、促进农产品绿色供应链的运营，有着明显作用。同时，股份耦合杜绝了农户的机会主义行为和加工企业在利益不对等的情况下对农户的盘剥，通过股份分红使农户获得资产收益的平均利润。

股份合作耦合有助于实现从不同利益主体的联合向利益共同体的转变，农民不仅可以获得出售农产品的收入，而且可以参与共同体的重大决策、分享联合体的利润，使得利益机制朝着"风险共担、利益共享"的方向迈进了一大步。但目前这种组织形式数量不多且规模较小，农户持有的股份在联合体中所占比重不够大，在参与决策过程中发挥的作用也较小，因此，如何实现农户与加工企业双方的地位平等、利益均衡，最终建立起真正意义上"风险共担、利益共享"的利益共同体，还需要理论和实践的进一步探索。

股份合作耦合的效率表现在以下几点。

(1) 增强了组织的稳定性。农户既是农产品的生产者，也是加工企业的股东，生产活动完全内部化到加工企业内部，加工企业的经营效益与农户息息相关。由于目标函数一致，从而杜绝了农户的机会主义行为和加工企业在利益不对等的情况下可对农民进行的盘剥，通过股份分红使农户获得资产收益的平均利润，组织的稳定性强。

(2) 降低农业生产经营的不确定性和交易费用。与契约合同耦合机制一样，股份合作耦合能够使农户和加工企业降低生产和经营的不确定性，在组织内部，以组织命令式代替市场机制，大大降低了交易风险和交易费用。

(3) 能实现规模经济。加工企业的大规模生产加工，可以使用更先进的机器设备，可以进行专业化生产、综合利用农副产品，生产要素的大批量采购和产品供给的垄断地位也可以提高加工企业在交易中讨价还价的谈判力量。生产的社会化、组织化、规模化、产业化程度大大提高，充分享受分工和规模经济所带来的效益。

(4) 具有创新的优势与动力。作为供应链核心的股份制加工企业，较之分散经营的农户，有进行研究与开发的资本实力，具备了把研究与开发成果快速转化为产业竞争优势的能力，同时，因为创新收益的内部化程度高，其创新动力更强。

（四）企业化耦合形式

这是加工企业与农户耦合形式中较为稳固和有效的方式，这一方式把农产品的生产、加工、销售等活动更稳定地联结在一起并使之一体化，形成了比较紧密的产供销链条。加工企业与农户是一种企业内部的关系，加工企业把农户的生产作为自己的第一车间，农户成为企业的员工，实行农业生产企业化运作，企业与农户之间形成非常紧密的利益联结关系。

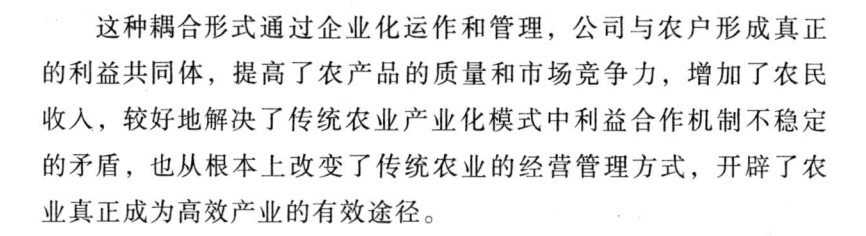

这种耦合形式通过企业化运作和管理，公司与农户形成真正的利益共同体，提高了农产品的质量和市场竞争力，增加了农民收入，较好地解决了传统农业产业化模式中利益合作机制不稳定的矛盾，也从根本上改变了传统农业的经营管理方式，开辟了农业真正成为高效产业的有效途径。

二　原料生产者与加工企业耦合存在的问题

目前，我国农产品原料供应链是整个绿色供应链条发展的瓶颈。农产品原料供应链主体耦合存在的主要障碍有以下两点。

（1）小农经营体制使作为原料提供者的农户与加工企业耦合的难度加大。目前，在原料供应链中主要是加工企业对农户进行协调管理，由于农业生产设施落后、农户分散，要使原料供应链协调运转，协调成本高昂。例如，以湖南金健米业股份有限公司为核心的农产品供应链中，金健米业作为核心企业协调管理农户的经营行为，从育种到收购、加工全程参与。在湖南及黑龙江等地，金健米业建立了大规模稻米生产基地，为基地修筑水渠、晒场、道路等设施，还采用每家补贴500元的办法，鼓励农民修建沼气池，用沼气池的废料作稻田肥料，减少化肥和农药的使用。为保证产品质量，金健米业每年拿出200多万元与中国农科院等科研机构合作，推出最新的稻米品种。农民种植金健米业提供种子的优质稻，金健米业则按照比国家保护价高出15%～30%的价格收购。如此，金健米业在1999～2002年4年间用于优质稻种开发、绿色基地建设和技术指导的直接支出就达2000多万元；用高价收购、直接让利等政策促进农民增收约1.8亿元。但令人遗憾的是，金健米业的农产品市场价格不可能大幅上涨，净利润逐年下降。2000～2003年4年净利润之和为负数，而在此期间，金健米业两次从证券市场募集资金达10.5亿元。由于我国农户分散、农业生产方式落后，结果导致核心企业成为基地"套牢"公司，造成农产品原料供应链失调，整条供应链竞争力减弱。主要靠核心企业的单一力量协调农产品原料供应链，难以使整条链条高效、有序运转。

（2）供应链各方存在强烈的投机行为。表现在：①农产品原料生产者的农户分散及原料质量信息不对称影响绿色供应链运作。由于作为原料供应者的农户分散，除价格外，信息不能共享，拥有农产品原材料较多质量信息的农户隐瞒原料产品质量信息，导致后续供应链的无效劳动或产成品的质量下降，严重时可导致整条供应链的崩溃。②农户与核心企业物流过程中中介组织的投机行为，影响整条供应链的绩效。以伊利集团为例，伊利集团1996年以后建立了"公司+农户"分散饲养、集中挤奶的奶源基地建设模式，采取集中挤奶方式进行收奶。这种方式以乡村为单位，以奶站为依托，一般每户1~10头牛、每个奶站150~300头牛集中挤奶，电脑通过识别钉在牛耳上的感应器，把即时分析的牛奶营养指数存入档案、按质付款。这种方式虽有制冷及时、奶源量大、控制奶户对牛奶的掺假现象等优点，但不能杜绝奶站经营人员掺水、掺假现象，因此降低了原奶的质量，增加了无效工作、加大了供应链后续工作的成本，影响了整个供应链的绩效。尽管作为核心的加工企业在原料采购之前都会进行严格的检测，但对每家都进行全面检测是不可能的，而且这种检测只能是一种事后的质量控制，无法从源头上确保原材料的品质安全。③原料供应链中存在强势一方以牺牲其他合作者的利益谋取自身利益的投机行为，破坏了整条供应链的协调运转。供应链中强势一方凭借其拥有的资源、技术或管理等优势，不同程度的存在牺牲其他合作者的利益、谋取自身利益的投机行为。

第三节　加工企业与原料生产者农户参入农产品绿色供应链的边界

农产品绿色供应链最终产出的是绿色食品。绿色食品是指按照"绿色食品"标准生产的,以中高收入理性消费者为目标客户,由配送中心配送,在专卖店或超市销售的食品。

农产品绿色供应链由生产资料供应商、种养殖户、生产加工企业(公司)、销售商和消费者构成,是降低食品成本、保障食品质量、提高用户满意度的有效组织形式。

一般来说,农产品绿色供应链运作中,生产加工企业与作为原料提供者的种养户通过契约建立起稳定的长期合作关系。生产加工企业为种养户提供高质量的投入品以及种养综合技术标准,集中收购加工后推向市场。委托-代理理论表明,农产品绿色供应链的耦合且高效运行需要一种有效的激励机制。从供应链耦合的角度来看,显性激励措施主要有产品交易价格的确定、新技术或新产品的开发、长期稳定的合作关系等。在合作关系业已确定、技术和产品相对稳定的前提下,价格成为最有效的激励手段,也是绿色供应链耦合利益协调机制的实现手段。生产加工企业在确定投入品供应和原料收购价格时,要充分体现对种养户的激励作用[90]。因此,下面将从激励和利益协调的角度,探讨如何制订公平有效的农产品绿色供应链内部投入品供应价格和原料农产品收购价格,使作为原料生产者的农户和生产加工企业愿意参入农产品绿色供应链。

一 绿色供应链较之普通供应链的超额收益模型

(一) 模型假设及变量说明

(1) 绿色产品生产加工企业与原料生产者、零售商建立密切的垂直协作关系。加工企业与原料生产者通过合同建立比较固定的关系,以保障原料的稳定供应,通过超市销售和建立品牌零售专卖店两个途径实现其价值。

(2) 生产加工企业处于核心地位。作为市场领导者,生产加工企业确定对超市的批发价格,确定提供给原料生产者的生产资料等投入品价格。

（3）模型的研究内涵：说明绿色供应链超额收益的实现及实现条件，以揭示原料生产者、加工厂商参入绿色供应链的条件。有关变量及含义见表5-2。

表5-2 变量含义

变量含义		
超市的利润 π_R	加工商的利润 π_M	原料生产者的利润 π_C
超市的超额收益 $\Delta\pi_R$	加工商的超额收益 $\Delta\pi_M$	原料生产者的超额收益 $\Delta\pi_C$
超市的销售价格 P_0	加工商销售给超市的价格 P_1	原料生产者销售给加工商的价格 P_2
超市的销售成本 C_0	加工商的加工成本 C_1	原料品生产的成本 P_3+C_2
	加工商提供投入品的成本 C_3	原料品生产者购买投入品的价格 P_3
		原料生产者的其他费用 C_2

注：带上划线的变量表示普通供应链，不带上划线的变量表示绿色供应链。

（二）超额收益模型

农产品绿色供应链各主体加入绿色供应链能够获得较普通供应链更多的收益，即：

对超市销售环节，有：

$$\Delta\pi_R = (P_0 - \overline{P}_0) - (P_1 - \overline{P}_1) - (C_0 - \overline{C}_0) \quad (5-1)$$

对加工厂商而言，其利润来源于生产加工环节和生产资料经营环节，有：

$$\Delta\pi_M = (P_1 - \overline{P}_1) - (C_1 - \overline{C}_1) - (P_2 - \overline{P}_2) + (P_3 - \overline{P}_3) - (C_3 - \overline{C}_3)$$
$$(5-2)$$

对原料生产者而言，有：

$$\Delta\pi_C = (P_2 - \overline{P}_2) - [(P_3 - \overline{P}_3) + (C_2 - \overline{C}_2)] \qquad (5-3)$$

整个供应链的总超额收益为 $\Delta\pi_R + \Delta\pi_M + \Delta\pi_C$。通过笔者实际调查，绿色食品的主要销售渠道为超市、大卖场，例如，湖南JH公司产品2006年超市、卖场的销售额占到56.51%。

企业与超市建立起稳定的合作关系，直接向超市、大卖场配送。因此暂不考虑生产加工企业与超市之间的价格协商问题。则加工企业与原料提供者的超额收益之和为：

$$\Delta\pi = \Delta\pi_M + \Delta\pi_C = (P_1 - \overline{P}_1) - (C_1 - \overline{C}_1) - (C_3 - \overline{C}_3) - (C_2 - \overline{C}_2) \qquad (5-4)$$

二 农产品绿色供应链主体获得超额收益的条件

由（5-4）式可知，在加工成本 C_1、投入品成本 C_3、其他费用 C_2 一定的情况下，加工商销售给零售商的价格 P_1 越大，$\Delta\pi$ 越大。但在零售商利润一定时，P_1 的大小取决于绿色产品质量状况、市场竞争状况和消费状况。其中，产品质量指标主要包括安全、卫生和品质等方面，是影响价格的最重要因素。

假设在这些因素的共同作用下，P_1 的最大值为 P_h，（5-2）式成立，即加工厂商在生产环节获得超额收益的边界条件是：

$$P_2 < P_h - \overline{P}_1 - C_1 + \overline{C}_1 + \overline{P}_2 \qquad (5-5)$$

加工厂商在生产资料供应环节获得超额收益的边界条件是：

$$P_3 > C_3 + \overline{C}_3 + \overline{P}_3 \qquad (5-6)$$

（5-5）、（5-6）两式表明，为使加工厂商在各个环节均获得超额收益，P_2（加工厂商从原料生产者收购产品价格）应尽量低，P_3（加工厂商提供给原料生产者的投入品价格）应尽量大，但是这对原料生产者是不利的。为了使原料生产者也获得超额收益，还应确定 P_2 的下限和 P_3 的上限：

$$P_2 > (P_3 - \overline{P}_3) + (C_2 - \overline{C}_2) + \overline{P}_2 \qquad (5-7)$$

综合（5-5）~（5-7）式得出加工厂商和原料生产者都获得超额收益的条件是：

$$(P_3 - \overline{P}_3) + (C_2 - \overline{C}_2) + \overline{P}_2 < P_2 < P_h - \overline{P}_1 - C_1 + \overline{C}_1 + \overline{P}_2 \quad (5-8)$$

$$C_3 - \overline{C}_3 + \overline{P}_3 < P_3 < (P_h - \overline{P}_1 - C_1 + \overline{C}_1) - (C_2 - \overline{C}_2 - \overline{P}_3) \quad (5-9)$$

只有当加工厂商与原料提供者之间的投入品和加工原料的交易价格满足（5-8）、（5-9）式所示的条件时，双方才能获得绿色供应链的超额收益（普通供应链不能得到的权益），提高绿色供应链内部各功能主体的满意度。尤其是对原料生产者而言，只有当（5-8）、（5-9）式成立时，才有参入绿色供应链的动机和欲望，并采取加工厂商所希望的行动，严格按照绿色技术标准进行生产。

三　农产品绿色供应链超额收益条件的影响因子

对绿色农产品供应链而言，与普通农产品有关的成本和价格是相对固定的，属于外生变量。绿色食品供应链内部的原料品生产的投入价格、加工原料品的价格变动趋势为：加工原料品生产的投入品的价格 P_3 的下限随 C_3 的增大而上升，上限随 C_1、C_2 的增大而下降；加工原料品价格 P_2 的下限随 P_3、C_2 的增加而上升，上限随 C_1 的增加而回落。这表明，在加工厂商和原料各生产者均能够获得超额收益的前提下，原料品生产的投入品 C_3、原料品生产者的其他费用 C_2 和绿色产品加工成本 C_1 的增加，将引起原料品生产的投入品价格 P_3 变动范围的收缩。而投入品价格 P_3、原料品生产的其他费用 C_2 和绿色农产品加工成本 C_1 的增加又会导致原料品价格 P_2 变动区间变小。

投入品生产成本受其生产规模、生产技术和设备状况等因素的影响；绿色产品加工成本受加工企业经营规模、管理水平、加工工艺、设备状况、员工素质、学习能力、创新能力等因素的影响；原料品生产者的其他费用主要受生产者素质和基本设施与因素的影响。

四 农产品绿色供应链超额收益均衡的条件

加工生产商和种养户的超额收益分别为：$\Delta\pi_M$、$\Delta\pi_C$。假定双方超额收益为：$\Delta\pi_M = \lambda\Delta\pi_C$，则超额收益趋于均衡的条件是：

$$\Delta\pi_M - \lambda\Delta\pi_C = 0 \qquad (5-10)$$

若 $\lambda > 1$，加工生产商的超额收益高于种养户；若 $\lambda < 1$，加工生产商的超额收益低于种养户；若 $\lambda = 1$，加工生产商与种养户的超额利益完全均衡，体现了加工生产商与种养户之间合作"双赢"的供应链管理思想。由式（5-2）、（5-3）、（5-4）和（5-10）得到绿色农产品供应链内部超额收益均衡的条件：

$$P_2 = \frac{1}{2}(P_1 - \overline{P_1}) + (P_3 - \overline{P_3}) - \frac{1}{2}(\Delta C_1 + \Delta C_3 - \Delta C_2) + \overline{P_2}$$

$$(5-11)$$

式中，$\Delta C_1 = C_1 - \overline{C_1}$，$\Delta C_2 = C_2 - \overline{C_2}$，$\Delta C_3 = C_3 - \overline{C_3}$。式（5-11）成立时，种养户不仅能够获得比生产普通原料农产品更多的收益，而且与加工生产商平均分配超额收益。这种高成本、高收益的绿色农产品生产态势决定了其高进入经济壁垒，这意味着种养户因违约而被开除的损失较大、退出供应链的经济壁垒较高。因此，理性的种养户必将增强自身执行契约的自觉性、减少违约行为、不断提高努力程度和能力水平、保障原料农产品质量与数量的供给，加工生产商才有可能连续不断地生产出满足消费者需求的绿色食品，使绿色食品供应链得以高效、稳定运行。

绿色食品已成为消费者追求的目标，尤其是中高收入的理性消费者。研究表明：树立供应链管理的思想，在信息技术平台的支撑下，形成从投入品供应到原料农产品种养、加工、销售，最后到消费者的网络组织（供应链），是确保食品质量与安全、保障消费者健康、增强绿色食品产业竞争优势的必然选择。

第四节 加工企业与原料生产者农户耦合博弈分析

一 质量信息不对称条件下质量价格博弈

绿色农产品两级供应链构成：①n个为农产品加工企业提供加工原料的农产品种、养殖户（A节点）；②一个垄断下游企业，为农产品加工厂商（B节点）。假设：农产品原料生产者同质，处于完全竞争的市场结构，加工厂商处于垄断地位，但有众多的潜在竞争对手，故只能获得正常利润。市场需求函数：$Q = \alpha - \beta P = nq_i$，$\alpha > 0$，$0 \leq \beta \leq 1$，$P$为加工厂商的销售价格。另外，用$c$表示种、养殖户的生产成本，用$w$表示原料产品的销售价格，用$v$表示加工厂商的加工成本。种、养殖户生产高质量绿色原料产品的成本为C_H，概率为P_1，生产低质量非绿色原料产品的成本为C_L，概率为$1 - P_1$，生产加工厂商为高质量原料产品愿意支付价格为$W_B(C_H)$，为低质量原料产品愿支付价格为$W_B(C_L)$，生产加工商B的意愿支付W为：$W_B[P_1 C_H + (1 - P_1) C_L]$，种养户A的要价分别为：$W_A(C_H)$和$W_A(C_L)$。

$$\because C_L < P_1 C_H + (1 - P_1) C_L < C_H$$
$$\therefore W_B < W_A(C_H) \quad W_B > W_A(C_L)$$

结果B只能买到C_L产品（低质量的加工原料）。当然，作为理性人，B会发现只能买到C_L，即低质量的加工原料产品，最终将只愿出$W_B(C_L)$的价格，均衡状况同信息对称情况下的分散决策（将C改为C_L即可），其实最终出现的是信息对称：只有低质量产品，即$P_1 = 0$。

（一）离散生产模式博弈求解

$$\pi_B = (p - w - v)(\alpha - \beta p) = \alpha p - \beta p^2 - \alpha w + \beta wp - \alpha v + \beta vp$$

$$\frac{d\pi_B}{dp} = \alpha - 2\beta p + \beta w + \beta v = 0$$

$$P = \frac{\alpha + \beta w + \beta v}{2\beta}, \quad Q = \alpha - \frac{\alpha + \beta w + \beta v}{2} = \frac{\alpha - \beta w - \beta v}{2}$$

$$\pi_{Ai} = (w - c)\frac{\alpha - \beta w - \beta v}{2n} = \frac{\alpha w - \beta w^2 - \beta vw - \alpha c + \beta cw + \beta cv}{2n}$$

$$\frac{d\pi_{Ai}}{dw} = \frac{1}{2n}(\alpha - 2\beta w - \beta v + \beta c) = 0$$

$$w = \frac{\alpha - \beta v + \beta c}{2\beta}$$

$$p = \frac{\alpha + \frac{\alpha - \beta v + \beta c}{2} + \beta v}{2\beta} = \frac{3\alpha + \beta v + \beta c}{4\beta}$$

$$Q = \alpha - \frac{3\alpha + \beta v + \beta c}{4} = \frac{\alpha - \beta v - \beta c}{4}$$

$$\pi = (p - v - c) \cdot \frac{\alpha - \beta v - \beta c}{4} = \frac{3\alpha + \beta v + \beta c - 4\beta v - 4\beta c}{4\beta} \cdot \frac{\alpha - \beta v - \beta c}{4}$$

$$= \frac{(3\alpha - 3\beta v - 3\beta c)(\alpha - \beta v - \beta c)}{16\beta}$$

$$= \frac{3\alpha^2 - 3\alpha\beta c + 3\beta^2 v^2 + 3\beta^2 vc - 6\alpha\beta v + 3\beta^2 vc + 3\beta^2 c^2}{16\beta}$$

$$\frac{d\pi}{dc} = \frac{-3\alpha\beta + 3\beta^2 v + 3\beta^2 v + 6\beta^2 c}{16\beta}$$

$$c = \frac{3\alpha\beta - 6\beta^2 v}{6\beta^2} = \frac{\alpha - 2\beta v}{2\beta}$$

当 $c > \frac{\alpha - 2\beta v}{2\beta}$ 时，$\frac{d\pi}{dc} > 0$，绿色原料产品的出现会提高供应链利润。

当 $c < \frac{\alpha - 2\beta v}{2\beta}$ 时，π 随 c 上升而下降，理由是，非绿色原料产品的生产，其成本是跳跃式的增加，故在临界点 $\frac{\alpha - 2\beta v}{2\beta}$ 前，c 的上

升会使 π 下降,达到 $\dfrac{\alpha-2\beta v}{2\beta}$ 后,绿色原料产品的高价可以弥补成本,使利润(π)提高。

(二) 供应链生产模式博弈求解

$$\pi^* = \frac{\alpha+\beta(v+c)-2\beta(v+c)}{2\beta} \cdot \frac{\alpha-\beta(v+c)}{2} = \frac{[\alpha-\beta(v+c)]^2}{4\beta}$$

$$\pi^* > \pi \left(\because \frac{[\alpha-\beta(v+c)]^2}{4\beta} > \frac{3[\alpha-\beta(v+c)]^2}{16\beta} \right) \text{集中决策优}$$

于分散决策。绿色食品存在的另一个条件是:

加工企业:$(p_H-w_H-v_H)(\alpha-\beta p_H) \geq (p_L-w_L-v_L)(\alpha-\beta p_L)$
种养户:$(w_H-c_H)(\alpha-\beta p_H)/n \geq (w_L-c_L)(\alpha-\beta p_L)/n$

集中决策本身就意味着信息不对称的消失,其理由是:在研究绿色农产品供应链问题时可从现实出发,处于垄断地位的加工厂商(销售商)拥有消费者信得过的良好信誉,所以传递给消费者的是真实信息,否则消费者也会以概率法给价,结果又是一个柠檬市场。若集中决策时,信息还不对称,则生产加工厂商(销售商)就无法给消费者以真实准确信息,柠檬市场不可避免。所以集中决策时,必然要求信息对称,这并不是说集中决策有消除不对称的机制,而是要以此为前提条件,真正的激励在于集中决策的利润大于分散决策的利润。

现实中集中决策的难点:一是参与人对利润的认识不同,二是谈判费用的高昂。

披露信息,实现信息对称的对策之一是严厉的惩罚措施,因为集中决策的利益大于分散决策的利益,故潜在威胁——一旦违约将永远排斥该参与人,适当的押金制度与信用制度在这里就显得必要了。

二 完全信息条件下原料生产者与加工企业合作竞争博弈及其均衡

原料生产企业 1 与加工厂商 2 之间是在采购数量一定的前提下

进行品质与价格的博弈。假设原料生产企业和加工厂商的收益是综合的，原料生产企业的收益不但包括利润、还包括了口碑等，加工厂商收益主要包括了原料产品的效用。原料生产企业与加工厂商合作竞争完全信息静态博弈矩阵见表 5-3。

表 5-3　原料生产企业与加工厂商完全信息静态博弈矩阵图

		加工厂商 2	
		高价	低价
原料生产企业 1	绿色	+2，+2	+1，+3
	普通	+3，+1	+1，+1

博弈过程中，原料生产企业判断加工厂商可能的支付是属于高价 $w(c_H)$ 还是低价 $w(c_L)$，然后选择绿色品质（Q_g）或者普通品质（Q_n），以及在什么样的概率下选择 Q_g 或者 Q_n。加工厂商判断原料生产企业可能的品质是绿色（Q_g）还是普通（Q_n），然后选择（决策支付）高价 $w(c_H)$ 或者低价 $w(c_L)$，以及在什么样的概率下选择 $w(c_H)$ 或者 $w(c_L)$。在完全信息静态博弈中，博弈均衡解是（绿色，高价）或（普通，低价）。

假设，原料生产企业提供绿色品质原料的可能性为 p_1，相应生产普通品质原料的可能性为 $1-p_1$；加工厂商出高价的可能性是 θ，出低价的可能性是 $1-\theta$，则有以下几点。

（1）若给定加工厂商的混合策略（θ，$1-\theta$），那么，原料生产企业 1 生产提供绿色产品（Q_g）的价格期望值是：

$$(+2)\theta + (+1)(1-\theta) = 1 + \theta \quad (5-12)$$

原料生产企业 1 生产提供普通产品（Q_n）的价格期望值是：

$$(+3)\theta + (+1)(1-\theta) = 1 + 2\theta \quad (5-13)$$

若原料生产企业的混合策略为（p_1，$1-p_1$），那么它的期望收益就是：

$$E_1(p_1, \theta) = p_1(1+\theta) + (1-p_1)(1+2\theta)$$
$$= 1 + 2\theta - p_1\theta = 1 + 2\theta\left(1 - \frac{1}{2}p_1\right) \quad (5-14)$$

可见，当 $\theta \rightarrow 1$ 时，原料生产企业 1 收益 $E_1(p_1, \theta)$ 会增加，即加工厂商出高价的可能性越大，则原料生产企业 1 收益增加的可能性越大。

进一步分析，在 θ 一定时，即加工厂商出价（意愿支付）确定情况下：

①若 $p_1 = 0$，则原料生产企业收益最大，为 $1 + 2\theta$，即原料生产企业倾向生产普通品质的原料产品。

②若 $p_1 = 1$，则原料生产企业收益最小，为 $1 + \theta$，即原料生产企业生产绿色原料产品主要取决于对 θ 的判断。对加工厂商出高价的预期越高，则生产高品质绿色原料产品的动机越大。

（2）若给定原料生产企业 1 的混合策略为 $(p_1, 1-p_1)$，那么，加工厂商 2 出高价（C_H）的品质期望值是：

$$(+2)p_1 + (+1)(1-p_1) = 1 + p_1 \quad (5-15)$$

加工厂商 2 出低价（C_L）的品质期望值是：

$$(+3)p_1 + (+1)(1-p_1) = 1 + 2p_1 \quad (5-16)$$

若加工厂商 2 的混合策略为 $(\theta, 1-\theta)$，那么它的期望收益就是：

$$E_2(p_1, \theta) = \theta(1+p_1) + (1-\theta)(1+2p_1)$$
$$= 1 + 2p_1 - p_1\theta = 1 + 2p_1\left(1 - \frac{1}{2}\theta\right) \quad (5-17)$$

可见，当 $p_1 \rightarrow 1$，加工厂商 2 的收益 $E_2(p_1, \theta)$ 会增加，即原料生产企业生产高品质的绿色原料产品的可能性越大，则加工厂商 2 收益增加的可能性越大。

进一步分析，在 p_1 一定，即原料生产企业原料产品品质确定的情况下：

①若 θ = 0，则加工厂商收益最大，为 $1 + 2p_1$，即加工厂商总是倾向于支付低价格。

②若 θ = 1，则加工厂商收益最小，为 $1 + p_1$，即加工厂商出高价主要取决于对 p_1 的预期和判断。原料生产企业生产高品质绿色原料的可能性越大，加工厂商出高价的可能性越大。

三 本章小结

本章先从加工企业与农户作为天生的利益共同体和绿色农产品的供给的角度指出加工企业与原料生产者耦合的必要性；然后对加工企业与原料生产者耦合的形式与问题进行了分析；运用模型对加工企业与原料生产者参与农产品绿色供应链的边界进行定量分析；对加工企业与原料生产者耦合进行博弈分析，指出以信息对称为前提条件的集中决策，其利润大于分散决策的利润，进一步分析了完全信息条件下原料生产企业与加工厂商合作竞争博弈及其均衡。

第六章
"农户+加工企业"上游链耦合实证分析

本章以绿色农产品的"农户+加工企业"上游链为研究对象，从湖南绿色食品加工企业中选择样本企业，再以样本企业为基础，随机选择合作农户，通过问卷调查，获取"农户+加工企业"上游链耦合的基本情况及相关信息，对问卷调查数据进行分析，辅之典型案例，提炼湖南绿色农产品"农户+加工企业"上游链的特征。

第一节 调研设计

一 样本选择

由于受到研究时间、精力及研究资源的限制，本研究将实地调研点确定在湖南省内。2007年12月至2010年2月，本人围绕课题研究开展了实地调研，调查过程大致如下所述。

本人多次与湖南省农业厅绿色食品办、食品加工行业专家交流，在对湖南省食品加工行业基本情况有了大致了解基础上，充分征询和听取他们的意见，决定按照产品类型——大米、油籽、水果、茶叶、畜禽肉、湘莲、辣椒加工，从湖南绿色食品加工企业中选择22家企业作为企业样本，然后再从每个加工企业的关联农户中抽取农户样本，初步考虑是从每个绿色食品加工企业中随机选择10~20个农户样本。调研是在2008年6~8月进行的。调研实施过程中由于被调研对象——农户对问卷内容的理解存在问题，企业关联农户的部分问卷内容填写不完整，只有150份问卷内容填写较为完整，另外，企业问卷也有1份填写内容缺失很多，笔者只好就其中内容相对完整的问卷做简单分析。

对绿色食品加工企业采取走访问卷调查方式，作者2008年6~8月先后亲自走访了其中的14家企业，另外6家企业委托与这些企业有联系的专家将问卷带到企业，由企业负责人或业务主管完成。作者到被调查企业后，首先向企业负责人说明调研的目的，消除其顾虑，然后将"企业调查表"发给企业负责人或熟悉业务的经理或质检负责人，就调查表中的一些问题进行解释，由其当场对问卷作答。

二 调查内容设计

根据研究内容，作者借鉴郭红东、杨万江两位学者的相关研究所设计的调查问卷，设计了绿色食品加工企业生产与经营情况调查表和农户调查表，加工企业调查表包括66个问题，农户调查表包括34个问题。

（一）企业调查内容

1. 企业基本情况和质量安全意识

企业基本情况涉及企业类型，如企业生产的产品类型、企业性质等；企业规模，如企业资产总值、固定资产、员工人数；企业经营状况，如企业销售收入、企业税后利润、质量与安全投入占收入比例；企业人力资本，如企业员工的教育年限、技术人员人数。

企业质量安全意识：一是了解企业被调查者的情况，如调查者的职务、个人是否关注食品质量安全、企业负责人或决策层的产品质量意识等,因为被调查者个人的情况会对企业调查的准确性产生影响。二是了解企业负责人的相关信息,如企业负责人是否积极参加有关的食品安全培训、报告及论坛等。

2. 企业与农户合作情况

这是调查的重点内容,内容涉及企业合同收购产品的处理方式、合同收购占总收购量的比例、企业签订合同的类型、企业签订合同的主要目的、企业订立合同的组织形式、合同的质量规格标准、企业为农户提供的服务、企业对合作农户专门投入要求、企业对投售数量的专门规定、企业对农户奖励措施的规定。

3. 企业生产绿色食品的绩效

内容包括:企业生产绿色食品的投入相对于收益来讲是否更高,企业生产绿色食品的销售量与以前生产普通食品的比较,企业生产的绿色食品与市场同类常规食品的价格相比等情况。

4. 企业与农户的关系及绩效评价

内容涉及:企业收购农户绿色农产品的价格与市场价格相比较、与同等常规农产品加工相比较的企业绿色农产品加工的成本,投入产出的经济效益比较,企业是否依托基地以及企业加工原料来自基地和市场采购的比例。

5. 企业发展绿色食品生产的选择

内容包括:企业自身提高食品质量安全水平需要采取的措施,为提高农户供给原料的质量安全水平企业所采取的措施,企业生产绿色产品导致成本增加的主要原因,政府对企业发展绿色食品作用评价,企业发展绿色食品希望政府在哪些方面发挥作用。

(二)农户调查内容

农户调查内容主要包括以下五点。

1. 被调查农户的情况

包括户主年龄、性别、户主文化程度、家庭人口、耕种面积、家庭年收入及其结构。

2. 农户农业生产经营情况

包括农户从事该项目生产的时间、产品销售渠道、产品销售方式、选择该项目的原因、绿色农产品与普通农产品的生产成本比较、绿色农产品相对普通农产品的价格优势。

3. 农户与企业合作情况

农户是否与有关单位签订合同、与哪类组织签订合同、签订合同最主要原因、签订合同的期限、合同的内容、合同组织形式、政府支持绿色农产品生产的政策。

4. 农户的质量安全意识

包括农户对绿色农产品知晓度、农户对农产品质量关注度、农户对绿色农产品生产的态度等。

5. 绿色产品生产的技术支持

涉及农户加入产业化组织情况，加入产业化组织对增加收入的作用，加入产业化组织对保证质量的作用，农户对企业所需原料的质量要求了解情况、企业提供统一服务、农户参加企业的技术培训、企业返利等情况。

第二节 基于农户视角的上游链耦合实证分析

一 样本农户总体情况

被调查的有效样本农户 150 个，在 2007 年，有效样本农户总人口共有 691 人，家庭人口平均为 4.6 人，人均土地面积 11.57 亩。平江 SRCY 科技有限公司的 4 个提供原料的农户承包林地面积共 906 亩，平均每户 226.5 亩，除去这 4 个经营油茶林的农户样本，农户平均耕地面积为 7.13 亩。被调查对象的性别大多为男性，平均年龄 44 岁，平均受教育年限 7.8 年，平均没有达到初中毕业水平。被调查的样本农户的基本特征指标详见表 6-1。

表6-1　样本农户所在区域及基本特征

地 区	户数（户）	户均人口（人）	户均劳动力（人）	人均土地面积（亩/人）	被调查者平均年龄（岁）	被调查者平均受教育年限（年）
常 德	4	4.2	3	2.1	37	9
益 阳	40	5	2.7	5.2	45.4	9
湘 潭	7	4.7	0.8	4.3	40	9
吉 首	10	4.5	1.9	3.4	45	6
岳 阳	42	4.9	2.7	48.1	51	5
永 州	30	4.6	2.0	5.0	47	6
郴 州	6	4.6	2.4	45	46	9
长 沙	20	4.0	1.5	0.9	48	9
合计（平均）		4.6	2.2	11.57	44	7.8

注：此后各表格数据如无特别说明，均为笔者调查整理。

本次调查的样本农户都是与绿色食品加工企业有直接或间接购销关系的。表6-2是与样本企业对应的样本农户生产规模。

表6-2　与企业对应的样本农户生产规模

单位：户，亩

企业	农 户	种类	平均种植面积	品 种
（1）HK	10	种植	6.4	芝麻、辣椒、黄豆
（2）LLLT	10	种植	4.1	茶叶
（3）WY	18	种植	8.5	稻米
（4）SR	4	种植	226.5	茶果子
（5）HXL	14	种植	4.3	香莲
（6）LD	20	种植	3.4	猕猴桃
（7）SJNM	4	养殖	2.1	家禽
（8）JFKJ	6	种植	45	红薯
（9）YYC	20	种植	3.6	茶叶
（10）LQN	10	种植	5.2	稻米
（11）GJ	4	种植	2.5	稻米
（12）TN	10	种植	2.2	稻米
（13）ZHKJ	10	养殖	2.5	生猪
（14）XK	10	种植	3	水果

注：应企业要求，笔者将企业名称用拼音简称替代。

二 绿色原料产品生产经营状况

(1) 样本农户的产销情况。调查数据表明,65%的农户在2005年前就开始了该生产项目,且一半以上的农户都有专门的农业设施投入。问卷要求填写农户销售给加工企业的产品量及占全部产量的百分比,但大多数问卷只填写了销售量占全部产量的百分比,按算术平均数计算,每个农户销售给企业的产品数量占其全部产量的70%。从农户的产品销售渠道看,在150个有效样本农户中,销售给基地的有72户,占48%;销售给企业的有114户,占76%;销售给中介组织的有42户,占28%;销售给市场的有80户,占53%。农户的产品销售方式,调查数据显示,通过订单销售的农户有110户,占有效样本农户的73%;自销的农户有86户,占有效样本农户数的57%(有的农户两种销售方式兼而有之)。农户的生产经营状况见表6-3。

表6-3 农户的生产经营状况

单位:个,%

指标	指标含义	农户选择 样本	农户选择 比例
从事该项目生产的时间	1. 2005年前	98	65
	2. 2005年后	52	35
是否有专门的农业设施投入	1. 有	77	51
	2. 没有	27	49
产品销售渠道	1. 基地	72	48
	2. 企业	114	76
	3. 中介组织	42	28
	4. 市场	80	53
产品销售方式	1. 订单	110	73
	2. 基地	74	49
	3. 自销	86	57

续表

指 标	指标含义	农户选择 样本	比例
选择该项目的原因	1. 习惯	32	21
	2. 收入高	98	65
	3. 只会该项目	6	4
	4. 按照土壤气候条件	14	9

（2）农户绿色原料产品成本收益比较。对比较收益判断，150个有效样本农户中，认为绿色农产品生产成本"高于"普通农产品生产成本的样本96个，占64%；认为"低的"有20个样本，占13%；认为"无差异"的有34个，占23%，见表6-4。

表6-4 样本户绿色产品与常规产品生产成本比较

单位：个，%

高			低			无差		合计
样本	比例	平均高	样本	比例	平均低	样本	比例	
96	64	15.8	20	13	8.3	34	23	100

绿色农产品与普通农产品的销售价格比较见表6-5。

表6-5 样本农户销售给企业的绿色原料产品的价格优势

单位：户，元/千克

企业名称	农 户	价 格	
		绿色产品	普通产品
（1）HK	10	4	3.8
（2）LLLT	10	15	8
（3）WY	18	1.62	1.56
（4）SR	4	10.00	9.00
（5）HXL	14	11.2	10.4
（6）LD	20	1.3	1.2
（7）SJNM	4	10	9

续表

企业名称	农户	价格	
		绿色产品	普通产品
(8) JFKJ	6	0.5	0.45
(9) YYC	20	14	8.4
(10) LQN	10	1.70	1.64
(11) GJ	4	1.72	1.64
(12) TN	10	1.64	1.58
(13) ZHKJ	10	20	18
(14) XK	10	1	0.8

三 农户与企业合作情况

在150个有效样本农户中，有125户与下游的加工企业、购销户签订过合同，占样本总数的83.33%。这说明，绿色食品上游链以合同联结为主要方式。在125户订单农户中，有78户（占62.40%）是与企业签订，有26户（20.80%）是与当地购销户签订；农户订立合同的最主要原因是考虑产品的稳定销路，其次是考虑产品价格有保障；多数农户订立的是期限2年以下合同；在与有关合作者签订过合同的125个样本农户中，有94户签订的是生产合同，占75.20%，有31户签订的是一般销售合同，占24.80%；合同组织形式以间接签订形式为主。

表6-6 农户与企业合作的形式

单位：个，%

指标	定义	农户选择	
		样本	比例
是否与有关单位签订过合同	1. 是	125	83.33
	2. 否	25	16.67

续表

指 标	定 义	农户选择 样本	农户选择 比例
是与哪类组织签合同	1. 当地贩销大户	26	20.80
	2. 企业	78	62.40
	3. 村集体经济组织	12	9.60
	4. 农技部门	2	1.60
	5. 农民自主组建的合作社或专业协会	10	8.00
	6. 其他	0	0.00
订立合同的最主要原因	1. 产品有销路	96	40.00
	2. 价格有保证	68	28.30
	3. 获得技术支持	70	29.20
	4. 得到资金支持	6	2.50
签订合同的期限	1. 1年以内	26	20.30
	2. 1~2年	50	39.10
	3. 2~3年	42	32.80
	4. 3年以上	10	7.80
合同的内容	1. 一般销售合同	31	24.80
	2. 生产合同	94	75.20
合同组织形式	1. 直接签订	29	23.20
	2. 间接签订	96	76.80

四 农户以契约形式参入绿色农产品供应链的绩效

从调查数据看，原料提供者农户通过契约形式加入到绿色供应链中，在提高产品质量、提高和稳定销售价格方面得到的好处很大，而在减少生产成本和降低销售成本方面得到的好处不多，见表6-7。

表 6-7 合同农户得到的好处

单位:%

	没有好处	好处很小	好处一般	好处较大	好处很大	合计
减少生产成本	9.00	16.00	22.00	30.00	23.00	100
提高产品质量	0.00	5.00	19.00	22.00	54.00	100
提高销售价格	2.00	8.00	8.00	46.00	36.00	100
稳定销售价格	0.00	2.00	9.00	44.00	45.00	100
降低销售成本	0.00	13.00	13.00	60.00	14.00	100

五 农户对绿色农产品生产的认知和态度

虽然样本农户都是从事绿色农产品生产的，但由于个体差异、受多方面因素影响，不是每个农户都对绿色农产品及标准有深入了解。在对农户是否知道绿色产品的调查中，150个有效样本农户中有12个回答不知道绿色产品，占8%。对他们是否关注农产品质量的调查中，有124个表示关注，占83%，但有26个表示无所谓；农户对绿色农产品生产的态度，有108个样本表示应该生产，占72%，有34个表示有补贴就生产，占23%，见表6-8。

表 6-8 农户对绿色农产品生产的认知和态度

单位：个,%

指 标	指标含义	农户选择	
		样本	比例
是否知道绿色产品	1. 知道	138	92.00
	2. 不知道	12	8.00
是否关注农产品质量	1. 关注	124	82.70
	2. 无所谓	26	17.30
对绿色农产品生产的态度	1. 应该生产	108	72.00
	2. 有补贴就生产	34	23.00
	3. 不生产	2	1.00
	4. 成本再高也要生产	6	4.00

六 农户绿色生产获得的技术支持

为了考察农户从事绿色农产品生产过程中获得技术支持情况,本次调查统计了农户是否加入了农业产业化组织的情况,在150个样本农户中,有108户加入了农业产业化组织,占72%;有42户没有加入农业产业化组织。在对农户加入产业化组织对增加收入和提高农产品质量安全水平的作用的调查中,数据显示,表示"作用大"的样本农户有104户,占69%;表示"作用无"的有6户,占4%。关于加入农业产业化组织对提高农产品质量安全水平的作用,在150个有效样本中,认为"作用大"的116户、"作用小"的2户,分别占77%和1%。

农户在绿色农产品生产经营过程中并不一定直接与加工企业发生关系,被调查农户一般都知道自己生产的绿色农产品的最终去处。那么,农户是否知道加工企业对农产品质量安全的基本要求?调查表明,在150个有效样本农户中,有128户表示知道加工企业对农产品的质量要求,有22户表示不知道。加工企业对农户是否提供统一的农产品质量安全服务?在150个有效样本农户中,选择"是"的有128个样本户,选择"否"的有22户,分别占85%、15%。农户是否参加企业的技术培训?调查数据显示,在150个有效样本农户中,回答"参加"的有126个样本,回答"没参加"的有24户,分别占样本农户的84%和16%。表6-9列出了农户在绿色农产品生产过程中获得技术支持的详细情况。

表6-9 农户在绿色农产品生产过程中获得技术支持

单位:个,%

指 标	指标含义	农户选择	
		样本	比例
农药是否由基地统一供应	1. 是	142	94.60
	2. 否	8	5.40

续表

指标	指标含义	农户选择 样本	农户选择 比例
是否加入产业化组织	1. 是	108	72.00
	2. 否	42	28.00
加入产业化组织时增收的作用	1. 大	104	69.30
	2. 中	14	9.40
	3. 小	26	17.30
	4. 无	6	4.00
加入产业化组织对保证质量的作用	1. 大	116	77.30
	2. 中	32	21.30
	3. 小	2	1.40
	4. 无	0	0
是否知道企业的质量要求	1. 是	128	85.30
	2. 否	22	14.70
企业是否提供统一服务	1. 是	128	85.30
	2. 否	22	14.70
是否参加企业的技术培训	1. 参加	126	84.00
	2. 没参加	24	16.00

此外，调查问卷中还设计了农户对产业化组织和企业的评价、农户对绿色产品生产相关主体的需求与评价等问题，由于大多数答卷者没有看清答题要求，使得调查者无法从答题结果获得想得到的信息。

第三节 基于加工企业视角的上游链耦合实证分析

一 样本企业基本情况

1. 企业类型

本次共调查了 22 家绿色食品加工企业，有效样本企业有

21家，这些企业分布在湖南省长沙市、常德市、益阳市、湘潭市、湘西自治州、岳阳市、郴州市。样本企业类型见表6-10、6-11、6-12。

表6-10　按产品分类的绿色食品加工样本企业

单位：个，%

产品类型	个　数	比　例
粮食加工	6	28.57
油籽加工	3	14.29
水果加工	3	14.29
茶叶加工	4	19.05
猪肉加工	2	9.52
湘莲加工	1	4.76
芝麻辣椒	2	9.52

表6-11　按企业性质分类的绿色食品加工样本企业

单位：个，%

企业性质	个　数	比　例
民　营	9	42.86
集　体	1	4.76
国　有	0	0
合　资	3	14.29
其　他	8	38.10

表6-12　按级别分类的绿色食品加工样本企业

单位：个，%

企业类型	企业个数	比　例
国家级龙头企业	3	14.29
省级龙头企业	13	61.90
地（市）级龙头企业	4	19.05
县（市）级龙头企业	1	4.76

2. 企业基本情况

21家绿色食品加工企业平均资产总值为853292万元,平均固定资产为442494万元,平均员工712人,企业员工平均受教育年限为12年。2007年企业平均销售收入39447万元,平均税后利润739.63万元,当年用于食品安全生产收入占收入的6%。

表6-13 样本企业主要特征

变量	最小值	最大值	均值	标准差
企业资产总值(万元)	1000	14842496	853292	3395909
企业固定资产总值(万元)	600	7680000	442494	1757591
企业销售收入(万元)	500	203633	39447	56437
企业税后利润(万元)	-11.5822	3035	739.63	26930.8
安全投入占收入比例(%)	1	65	18.44	15.67
企业员工(人)	40	2800	712	863
员工教育年限(年/人)	6	16	12	2.65
技术人员人数(人)	5	800	1090.6	187.8

3. 企业质量安全意识

完成企业问卷调查的对象主要是总经理、业务经理、办公室主任或质检负责人,他们对企业情况比较了解。调查表明,企业负责人或企业决策层的食品质量安全意识较强,在21个有效样本中,有18个样本认为企业负责人的质量安全意识"强",有3个样本认为"一般",分别占85.71%和14.29%。被调查者本人都认为,他们自己"是"关心食品质量安全的。企业负责人一般积极参加有关食品安全的培训、报告及论坛活动,21家企业都认为所在企业"是"积极参加的。

二 企业与农户和基地合作情况

表6-14是21家绿色食品加工企业与农户和基地合作情况的数据汇总结果,从企业与基地和农户合作时间看,20家企业合作

时间在 1~3 年，占 95.24%；从加工企业对原料的处理情况看，18 家企业收购产品后，对原料进行精加工，占样本企业的 85.71%，有 3 家企业是进行粗加工；加工企业所需原料半数以上是合同收购，有 10 家企业合同收购量占其所需原料的 75% 以上，由此判断，绿色食品加工企业多数都有相对稳定的原料来源；从企业所签订合同类型看，14 家企业订立的是生产合同，占 66.7%，7 家企业订立的是一般产品销售合同，占 33.6%；企业签订合同的组织形式，以 "公司直接与大户" 和 "公司+当地政府+农户" 两种形式为主，有 10 家企业采取 "公司直接与大户" 形式，有 11 家企业采取 "公司+当地政府+农户" 形式，这两种组织形式也是企业认为理想的组织形式；企业订立的收购合同，合同期限大多在 2 年以下，占 60%，签订合同期限在 2 年以上的企业约占 37%；合同中对产品质量规格标准要求，以国家标准为主，采用国家标准的企业有 10 家，占 47.62%，有 7 家企业采用行业标准，占 33.33%，还有 4 家企业采用企业自己的标准，占 19.05%。

表 6-14 绿色食品加工样本企业与基地和农户合作情况

单位：个，%

指　标	指标含义	企业选择样本	比例
与基地合作时间	1. 1 年以下	1	4.76
	2. 1~3 年	20	95.24
	3. 3 年以上	0	0
合同收购产品的处理方式	1. 简单分类处理	0	0
	2. 经过粗加工	3	14.29
	3. 经过精加工	18	85.71
合同收购占总收购量的比例	1. 25% 以下	0	0
	2. 25%~50%	3	15.80
	3. 50%~75%	8	36.80
	4. 75% 以上	10	47.40

续表

指　标	指标含义	企业选择	
		样本	比例
企业签订合同的类型	1. 一般产品销售合同	7	33.3
	2. 生产合同	14	66.7
企业签订合同的主要目的	1. 保证原料供应	16	30.77
	2. 保证质量	20	38.46
	3. 减低市场交易成本	4	7.69
	4. 稳定收购价格	8	15.38
	5. 获得政府支持	4	7.69
	6. 其他	0	0
企业签订合同的组织形式	1. 公司直接与大户	10	24.39
	2. 公司+村经济组织农户	9	21.95
	3. 公司+农村合作经济组织	4	9.76
	4. 公司+贩销大户+农户	5	12.20
	5. 公司+当地政府+农户	11	52.38
	6. 其他	2	4.88
最理想的组织形式	1. 公司直接与大户	7	23.33
	2. 公司+村经济组织农户	4	13.33
	3. 公司+农村合作经济组织	5	16.67
	4. 公司+贩销大户+农户	5	16.67
	5. 公司+当地政府+农户	7	23.33
	6. 其他	2	6.67
合同期限	1. 1年以下	9	33.33
	2. 1~2年	8	29.63
	3. 2~3年	6	22.22
	4. 3年以上	4	14.81
合同的质量规格标准	1. 企业自己标准	4	19.05
	2. 行业标准	7	33.33
	3. 国家标准	10	47.62
	4. 国外标准	0	0

续表

指　　标	指标含义	企业选择 样本	企业选择 比例
企业为订单农户提供服务	1. 生产资料投入服务	12	27.27
	2. 技术服务	21	47.73
	3. 资金服务	11	25.00
	4. 没有提供服务	0	0
企业是否要求订单农户有专门投入	1. 有	18	85.71
	2. 没有	3	14.29
企业是否投售数量有专门规定	1. 有	13	61.90
	2. 没有	8	38.10
企业是否对农户有奖励措施	1. 有	18	85.71
	2. 没有	3	14.29

为了获取有保障的原料农产品，企业大多为农户提供一些服务，21家企业都为农户提供技术服务，12家企业提供生产资料投入服务，11家企业提供资金服务，同时多数企业要求农户有专门投入，且对投售数量有要求，作为稳定合作的基础。为了稳定合作关系，调动农户出售产品的积极性，18家企业建立了激励机制，对农户采取奖励措施。

三　企业生产绿色食品的绩效

我国正在加速推进食品企业质量安全准入制度，企业必须增加食品安全投入。一般来说，在增加投入的前1~2年内，其投入与其所得回报相比，可能会有三种结果，投入大于回报、投入小于回报、投入与回报大致相等。调查数据表明，在21家企业中，有14家企业认为投入大于回报，占66.7%；有2家企业认为投入小于回报，占9.5%，有5家企业认为投入约等于回报，占23.8%。

笔者了解到，这21家样本企业大多并非一开始就生产绿色食品，而是根据市场需求、按照绿色食品的标准，改进生产体系，通过绿色食品发展中心认证（许可使用绿色食品商标标志）后，才开始生产绿色食品。那么对企业生产绿色食品前后进行比较，生产绿色食品后，企业产品销售量是否比以前增加？21家企业中有17家企业认为"增加"，有4家企业认为"差不多"，分别占80.95%和19.05%；企业生产的绿色食品与市场同类常规食品的销售价格相比，21家企业中有13家认为销售价格"高"，8家认为"差不多"，分别占61.90%和38.10%，这说明优质与优价不同步现象仍在一定程度上存在，详细情况见表6-15。

表6-15 企业生产绿色食品的经济效益

单位：个,%

指标	指标含义	企业选择样本	比例
企业绿色食品生产投入较之收益	1. 大于（高）	14	66.7
	2. 约等于（差不多）	5	23.8
	3. 小于（低）	2	9.5
企业生产绿色食品的数量较之从前	1. 高	17	80.95
	2. 差不多	4	19.05
	3. 低	0	0
企业绿色食品的价格较市场同类常规食品	1. 高	13	61.90
	2. 差不多	8	38.10
	3. 低	0	0

四 企业与基地和农户的关系及其绩效评价

调查数据显示，样本企业中有20家企业与农户签订了绿色农产品收购合同，只有1家没有签合同，企业对农户提供的原料都要进行检测。企业收购农户绿色原料产品的价格与市场价格相比，14家企业认为购买农户原料价格比市场价高，6家企业认为持平，

1家企业认为要低。与同种常规农产品相比,有20家企业认为生产加工绿色产品成本要高,成本平均要高出18.2%,有1家企业认为"差不多"。从企业生产绿色食品的经济效益情况看,20家企业认为绿色食品的效益较普通食品"高",平均高出21.2%;从企业加工原料来源看,19家企业是依托基地的,基地联系程度为75%,即企业原料75%来自基地,市场依托程度25%,21家企业都认为通过与基地、农户的紧密联系能够提高原料农产品质量安全水平,详细情况见表6-16。

表6-16 企业与基地和农户的关系及其绩效评价

单位:个,%

指 标	指标含义	企业选择 样本	比例
企业是否与农户签订绿色农产品收购合同	1. 是	20	95.24
	2. 否	1	4.76
企业是否对农户提供的原料进行检测	1. 是	21	100
	2. 否	0	0
企业收购农户绿色原料产品的价格较市场价	1. 高	14	66.7
	2. 低	1	4.76
	3. 按市场价	6	28.57
企业加工绿色农产品成本较加工常规农产品	1. 高	20	95.24
	2. 低	0	0
	3. 差不多	1	4.76
企业生产绿色食品的效益较普通食品	1. 高	20	95.24
	2. 低	0	0
	3. 差不多	1	4.76
企业的主要原料是否依托基地	1. 是	19	90.5
	2. 否	2	9.5
联系程度是否影响原料质量水平	1. 是	21	100
	2. 否	0	0

五 企业发展绿色食品生产的选择

从企业自身角度来看,提高产品质量水平的途径有:实施产品标准化,加强质量安全控制技术,规范市场,获得政府政策支持,提高原料合格率,取得消费者理解。从调查结果看,首先是要加强质量安全控制技术,其次是实施产品标准化,再次是获得政府政策支持,最后是提高原料合格率,各项选择结果见表6-17。

表6-17 企业提高产品质量安全水平的主要措施

单位:次,%

	选择频数	频 率
1. 产品标准化	11	18.33
2. 质量安全控制技术	18	30.00
3. 规范市场	10	16.67
4. 政府政策支持	9	15.00
5. 提高原料合格率	8	13.33
6. 消费者理解	3	5.00
其他	1	1.67
合 计	60	100

为提高农户原料的质量安全生产,企业可能采取的措施有五个方面:一是制定标准或规范,二是供给种子种苗,三是提供关键技术指导,四是免费培训农户,五是其他。从调查数据看,提供关键技术指导选择频数最高,其次是免费培训,制定标准等。具体如图6-1所示。

加工企业提高产品质量安全生产,都面临增加成本的问题。成本增加分别源于:采购合格原料,增加设备投入,引进技术,加大广告宣传,检测费用,建设质检室,构建安全体系和其他原因。调查数据显示,首位原因是检测费用,第二是构建安全体系,第三是引进技术,第四是采购合格原料,第五是增加设备,第六是建设质检室,增加成本的各因素情况见表6-18。

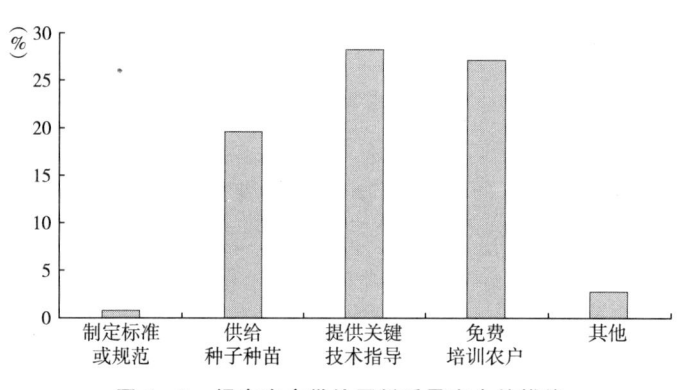

图 6-1 提高农户供给原料质量安全的措施

表 6-18 企业提高食品质量安全增加成本的主要因素统计

单位：个，%

	选择频率	频 率
（1）采购合格原料	12	16.0
（2）增加设备	11	14.7
（3）引进技术	13	17.3
（4）广告宣传	3	4.0
（5）检测费用	16	21.3
（6）建设质检室	6	8.0
（7）构建安全体系	14	18.7
（8）其他	0	0
合　计	75	100

对当地政府对企业提高产品质量安全水平发挥作用的评价，调查数据表明，企业认为当地政府发挥作用"大"的占68.40%，认为作用"一般"的占31.60%。企业发展绿色食品生产对政府有何希望或要求的调查结果显示，企业最希望得到财政支持，其次是加强标准化体系建设，再次是制定合理的政策，最后是加强认证检测体系建设，见表6-19。

表6-19 企业发展绿色食品生产希望政府发挥的作用

单位：次,%

	选择频数	频　率
（1）制定合理的政策	12	20.30
（2）加强认证和检测体系建设	11	18.60
（3）必要的财政支持	19	32.20
（4）加强标准化体系建设	14	23.70
（5）其他	0	0.00
合　计	56	100

第四节　案例：湖南WY米业有限公司与农户的耦合分析

一　企业外部环境

湖南WY米业有限公司所在地为湖南省平江县，隶属岳阳市。平江县位于湘、鄂、赣三省交界处，湖南省东北部，地理位置处于东经113度11分至114度9分，北纬28度25分33秒至29度6分之间。东与江西修水县、铜鼓县接壤；南与浏阳市、长沙县毗邻；西与汨罗市交界；北与岳阳县和湖北省通城相连。东北面以山为界，西南面以水为界。总面积4125平方公里，辖27个乡镇778个村，人口104.29万，其中农村人口为72.62万。境内气候属大陆季风气候区，东亚热带向北亚热带过渡气候带。平均气温16.8摄氏度，常年积温6185.3摄氏度，一月平均气温4.9摄氏度，七月平均气温28.6摄氏度，平均年降水量1450.8毫米。县境位于幕阜山和连云山裹挟的山丘盆地，山地丘陵占总面积的84.5%，是省内杉、松、楠竹等的重点产区之一。具有发展绿色生态农业的优越自然环境条件。

2007年，全县国内生产总值736297万元，财政收入32122万元，规模以上工业增加值146077万元，农业总产值151513万元，农民人均纯收入2702元，比同期湖南省农民人均纯收入低202元，是湖南省欠发达县之一。

2003年，国家环保总局和联合国工发组织分别将平江列为"生态建设示范试验区"和"绿色产业示范试验区"。平江县以此为契机，建设378.8万亩生态公益林，退耕还林22.7万亩，工程造林16.6万亩。同时，积极发展绿色产业，水稻、油茶、茶叶、瓜果等无公害农产品基地取得国家认证的面积达64.1万亩；扎实推行清洁生产，先后否决17个违反国家产业政策、污染和破坏环境的项目，关停违章企业78家，有效地控制了新污染源的产生；积极创建绿色食品原料（水稻）标准化生产基地。

2008年9月，农业部绿色食品办公室、中国绿色食品发展中心委托湖南绿色食品办公室派出专家组对平江县绿色食品原料（水稻）标准化生产基地创建工作进行了现场验收。平江县绿色食品原料（水稻）标准化生产基地建设通过了省专家组的初步评估验收，并就创建绿色食品原料（水稻）标准化生产基地积累了一定经验。

一是政府重视，狠抓组织领导。县委、县政府站在建设社会主义新农村的角度，重视基地建设，成立了由县长WHP任组长，副县长WJH任副组长，农办、农业、财政、环保、粮食、龙头企业等部门参与的领导小组。县、乡、村三级成立了相应的组织机构，实行目标管理，任务明确、职责分明，基地办专人负责，方案、制度齐全。

二是完善制度，规范生产管理。制定了各项生产管理制度及生产操作规程，实行了规模化、区域化种植，严格按制度实施生产。对基地实行了统一编号，农户档案较齐全，全面记录田间生产的全过程。

三是控制源头，严格监管投入品。制定了农业投入品管理办法，"一手抓创建，一手抓规范"，加强农资市场的专项整治，加大投入品的监管力度。通过宣传，实行基地投入品公告制度，设立投入品专柜专供，从源头上控制投入品的使用。

四是科技示范，健全技术服务体系。相应成立县创建工作技术指导组、乡镇技术服务组、村级技术服务队，全面实施生产技术责任包干制，对基地有关技术骨干和农户进行培训，基地良种普及率达95%以上。

五是产销结合，创新经营模式。基地采用"龙头企业＋技术部门＋基地＋农户"的形式，先订单，后生产，做到技术有保障、企业有原料，拓宽了流通渠道，确定了种粮优势，延伸了企业产业链条。

六是绿色生产，监测产地环境。委托县环保局定点到基地监测，基地周围无工矿企业，实行粪便无害化处理，基地环境优美、山清水秀。

通过绿色食品原料（水稻）标准化生产基地建设，促进了县域经济的发展，促进了农民增产增收，促进了全县农业生产体系建设和农业环境的保护改善，推动了农业规模化区域化经营。通过项目实施，基地增收1190万元，亩均增收64.7元，户均增收283元，取得良好的经济效益、生态效益和社会效益。

二 企业基本情况

湖南WY米业有限公司是平江县粮食系统通过资产、资源优势整合而成的一家股份制企业，公司于2003年12月注册运作，公司采取"公司＋基地＋农户"的模式，走"贸工农"一体化产业发展的路子。2007年6月，在县委、县政府的支持下，公司成功吸收合并本县另外两家粮食购销公司，企业规模进一步扩大，产品聚集能力和市场竞争力不断增强，成为一家具有资产、资源和品牌优势的综合性企业。现注册资金为1325万元，拥有固定资产1400万元，企业总资产近2500多万元，公司占地面积128000平方米，生产厂房面积2500平方米，仓库面积165000平方米。有高标准的年产粮仓54栋，仓容达5万吨。公司本部采用拥有国内先进生产工艺和设备的年产 2.4 万吨的精米生产线一条,该生产线全部由科技含量高的环保设备型设备组装。同时在安定镇、加义镇分别建设日产普通米生产线两条。

公司全面推行股份制运作机制,由 7 人组成董事会及 5 人组成监事会,公司按照种植、收购、加工、销售的经营要求,设立业务部、物管部、财务部、精米厂、办公室、三阳和安定两家粮食购销分公司。公司各项管理制度健全,各部门工作标准、工作权限明确,部门间建立了沟通原则,部门工作有序、高效。公司现有工程师 5 人、会计师 2 人、经济师 3 人、农技师 4 人,初级职称者达 30 人,职称拥有者占上岗员工 40% 以上,通过不断努力,企业形象得到提升,发展成为国家扶贫龙头企业、全国农产品加工示范企业、国家粮食局和中国农业发展银行重点支持企业。

公司开发了"WY"系列大米品种 10 个,产品取得了 QS 认证资格。公司于 2005 年通过了 IS 90001:2000 质量管理体系认证,旺云牌商标 2005 年被评为"湖南省著名商标",产品获全国"放心米"称号,中国·湖南第六届(国际)农博会金奖和 2006 年"湖南名牌产品"称号,2007 年被中国绿色食品发展中心认证为中国绿色食品。公司 2007 年常年储粮 2.5 万吨,其中政策性调控粮 8000 吨;共加工优质稻大米 8000 吨、常规大米 9000 吨,实现产值 1.02 亿元,创利税 600 万元;产品远销中南六省大中城市,网点达 128 个,产品受到消费者青睐,一直供不应求,呈现购销两旺的好势头。

三 创新组织制度:成立协会

(一)"公司+农户"局限性

"公司+农户"这种组织形式被称之为"订单农业"。这种组织安排的特点是:从事农副产品加工与流通的企业与农户建立一定的经济契约关系,公司生产前向农户提供优良品种和生产技术,提供产中过程的生产和技术服务,以具有保护性质的价格收购农户产品进行系统加工，然后销往国内外市场，农户则按公司的技术要求进行生产，把大部分产品卖给公司，并分享农产品增值的利润。

初始的观察表明："公司+农户"这种组织形式在一定程度上缓解了"小农户"与"大市场"间的矛盾，有利于节约交易费用。它在保持农户作为农业生产基本组织单元的同时，发挥公司的优势进行农产品的加工、销售，并联结农户进入市场，既保证单元利益和生产特点的独立性与自主性，又适应市场网络和农产品加工销售的规模性，给双方都带来了利益。但随着时间的推移，这种组织体制的缺陷也随之凸显，主要表现为由于合同不完全导致的敲竹竿问题、合同约束的脆弱性和协调上的困难、公司与众多农户交易的高昂交易成本等问题。

合同不完全导致的"敲竹杠"问题，根源于农业生产是具有高度专用性投资的活动，加上农产品的易损性，在合同不完全的条件下，必然产生农业生产交易"敲竹杠"问题。"敲竹杠"问题的主要后果是导致事前的专用性投资激励不足，从而影响一体化的效率。

合同约束的脆弱性和协调上的困难，从表层说是由于交易双方的自利性和外部交易关系的多变性，更深层次的原因恐怕是市场主体地位不对称所决定的契约缺陷。在社会经济转型阶段，对刚刚确立了自主地位并步入市场的农户来说，经济人假定已不再是理论上的假设或虚构。经济人的利己动机暴露无遗，为谋取个人私利而不惜损人利己，实施机会主义行为，一方面是农户的机会主义行为，如不按公司规定的标准和要求进行生产，把产品转售；另一方面是公司的机会主义行为，主要是公司在收购产品时压级压价。具体而言，当市场价格高于双方在契约中事先规定的价格时，农户存在着把农产品转售给市场的强烈动机；反之，当市场价格低于契约价格时，公司则更倾向于违约弃约而从市场上进行收购。另外，由于农产品价格波动较为明显，在农业生产过程中存在着许多不能人为控制的自然变数和经济变数，所以，要在订立契约之初就准确地预见未来农副产品价格基本上是不可能的。换言之，在履行契约时，总会有一方采取机会主义的行为，其根本原因在于市场主体地位的不对称导致的合同附和化。契约关系是一个以实力决定谈判地位的博弈过程。由于公司与农户之间的力量对比悬殊，公司往往单方面决定服务条款和价格，不愿意向农户让利或尽可能少向农户让利；而分散农户由于谈判地位低，往往处于从属的地位，合同附和化成为必然。契约的不对等，为机会主义留下了空间，给合同的兑现埋下了隐患。而真正的困难在于，"公司＋农户"这一组织框架下没有办法制约这类机会主义行为。因为通过作为利益中立的第三方仲裁机构进行协调，交易成本高昂。无论是公司针对众多单个农户一一诉诸法院，还是单个农户针对公司的诉讼，其成本与收益权衡，使得他们都只好采取忍气吞声的态度。这样一来，合同约束力脆弱，从而造成这种组织形式极不稳定。

（二）平江县优质稻种植协会

1. 协会成立

"公司＋农户"组织自身存在难以克服的缺陷，有必要在农户与公司之间建立一个中介组织，即向"公司＋协会＋农户"这一新的组织形态演进。其制度安排是：农户家庭分工生产农产品，公司分工加工和销售，协会充当中介，为农户提供农用物资采购和技术指导等产前和产中的部分服务，也为公司提供产品收购服务。

2005年3月，由WY米业有限公司发起，县农业局、乡镇农技站共同参与成立了平江县优质水稻种植协会，性质为民间社团组织。协会成立的目的和意义是为了落实党的惠农政策，加快社会主义新农村建设，引导和带领农民调优种植品种，大规模推广种植生态、优质、高效水稻品种，从根本上改变水稻种植无序化状况，促进农业发展和农民增收。协会会址设在湖南 WY 米业有限公司办公大楼。协会成立过程大致是：发起人集资—讨论和制定协会章程—谋划并动员可入会的会员—登记注册—召开会员大会等额选举协会理事会。入会对象是：①热心水稻种植，愿意与协会共同推广新品种、新技术的农民朋友；②种植水稻单季五亩以上或向所在地的粮店交售 1000 公斤以上商品粮的粮农；③乡镇农技站、种子供应站站长及技术员和村支部书记、村长和培育员；④已经确定签订了订单合同的户主和公司的粮食经纪人。经志愿申请，理事会讨论通过，发给证书即可成为会员。目前，协会会员的单位会员有湖南 WY 米业有限公司、县种子公司和各乡农技站，个人会员有种植农户、基层领导和与本会业务相关的部门单位代表。

2. 协会的组织形式和资产

协会的最高权力机构是会员大会，理事会是会员大会的执行机构，在闭会期间领导协会开展日常工作，对会员大会负责。理事会有 2/3 以上的理事出席时，会议方能召开，其决议必须经理事会 2/3 以上成员同意方能生效。理事会成员 6 人，理事会会长、法人代表由 WY 米业董事长兼任；副会长 4 人，秘书长 1 人。协会设会计、出纳各 1 人。WY 米业有限公司为协会提供办公室及相关办公设备，支付协会工作人员的工资，协会的理事不支付工资、完全是一种义务性工作。协会与 WY 米业有限公司有割舍不开的千丝万缕的联系。

协会的经费来源：WY 米业有限公司资助，其他捐赠、赞助，政府部门资助，在核准的业务范围内开展活动或服务的收入。经费用于章程规定的业务范围和事业的发展，不得在会员中分配。

3. 协会活动

平江县优质稻种植协会的章程明确规定，"本会是由从事优质稻收购加工的湖南 WY 米业有限公司、栽培技术普及推广的科技工作者、全县优质稻种植大户以及致力于发展优质稻生产的基层负责人自愿组成的地方性的非营利性的社会组织,是党和政府联系农业、农村专业技术研究和农技推广的纽带,是推进农业结构调整,延伸农业产业化链条的社会力量"。章程还规定了协会的业务范围:①推广优质稻种植理念,加强经验交流,推动企业发展;②推广栽培技术,组织种植户培训,提高优质稻产量;③会员优质稻种子由种子公司或农技站提供,形成同一区域同一种子大面积种植;④会员的优质稻谷上交湖南平江××米业有限公司统一收购,实现全县优质稻种植、收购、加工、销售一体化;⑤建立会员档案,编辑发行相关资料;⑥依法维护会员的合法权益。

4. 协会会员可享受的优惠

(1) 会员交售的每单位商品粮都在会员证上进行登记,可以即时结算,也可以暂不结算,由 WY 米业有限公司代储保管,一年内会员认为市场价格最理想时再凭入库单和会员证按市场行情价格进行结算。

(2) 对于即送即结算的会员,凭交售粮食的回单,分品种到指定的粮店领取 40~80 元/吨的培育费补贴。

(3) 对交售商品粮食已经结算的会员,如果其间市场价格上涨或所依托的湖南 WY 米业有限公司盈利较好,均可于次年的六月底享受二次分配结算,具体由平江县优质稻种植协会理事会依据市场行情和企业提供的合法数据具体确定分配标准。如果行情下跌,会员不负担任何价差亏损。

(4) 协会免费为会员提供相关的种植技术服务、信息资料以及试种的良种种子等(关系资本投入)。

5. 协会终止与清算

章程规定:本会完成宗旨、自行解散或由于分立、合并等原因需要注销时,由理事会提出终止动议;终止动议须经过会员大会表决通过,并报业务主管单位审查同意;在业务主管单位的指导下成立清算小组,清理债权债务,处理善后事宜;经过原登记机关办理注销登记手续即为终止。

（三）分析与讨论

1. 协会发挥的作用

主要有：①将企业和农户组织起来，参与市场竞争，实现规模经济和范围经济；②促进科技成果的转化。通过协会的各种活动如技术培训服务，为会员提供信息服务，指导会员采用新技术、新品种，较好地调动了种植优质稻的积极性，增强种植户的科技意识、质量意识和效益意识，促进了先进实用技术、绿色食品生产操作规程的推广应用；③通过协会的组织和引导，产品可以顺利进入市场并实现其价值；④推动农业产业化经营，通过"公司＋协会＋农户"，形成真正的"一体化"经营的利益共同体，维护会员利益；⑤发挥桥梁和纽带作用，促进政府转变职能。

2. "公司＋协会＋农户"组织体制的优势

"公司＋协会＋农户"这一组织形态在一定程度上克服了单纯"公司＋农户"组织的不足，其组织优势主要表现在：首先，协会作为"中介"，可以利用与农户之间的信任与了解，对分散农户的机会主义行为进行更直接更有效的监督和约束，降低公司的监督成本，也可以削弱农户的机会主义动机，最终提高效率。研究证实，协会的成功得益于在协会范围之内成员相互间的了解和信任。中国农村是一个典型的静态社会，农民之间不仅相互了解，而且存在着相互间的监督。道德约束有着极强的制约力，从而制约了农户的机会主义行为，节约组织内部的交易费用。其次，通过协会集中收购产品，降低了交易成本，产品质量和价格更加稳定，从而稳定农户收入。

四 企业经营绩效

在企业经营发展过程中，不断推进"粮源有基地、加工有科技、销售有市场"的保障体系完善和发展，取得了比较好的绩效，主要表现在以下五点。

（1）拓宽粮源渠道。近年来，公司通过吸收合并，将粮源覆盖扩大到平江县安定、加义、三市等10个乡镇，辖区有水田面积31.2万亩，占全县水田面积57.3万亩的55%，是平江县主要粮食生产基地。全年可提供商品粮早稻3万吨，中晚稻5万吨左右。同时，公司通过"平江县优质稻种植协会"，与农民互惠互利，开创了平江县优质稻从无到有、从无序自发到有序组织引导的新局面，2007年，以"一村一品"的模式在平江县23个主产粮的乡镇建立优质稻生产基地18万亩，实行订单农业，与会员签订订单7800份，订单合同2.6万吨。2007年全年准政策性及自有粮收购达1.82万吨，全年常年储粮2.5万吨，为公司大米加工提供了足够的原粮保障。

（2）不断升级技术。公司通过不断进行技术革新改造，现精米生产线技术工艺完善，设备国内行业领先。在2003年投资380万元进行技术改造后，根据市场发展需要，2007年，公司又争取到农业产业化龙头企业技改贷款350万元（财政贴息），进行全面升级改造。通过加强硬件建设，一是带动产品朝高档次方向发展，提升和挖潜了原粮价值；二是扩大了规模，为实现农民手中余粮最大限度商品化夯实了基础，为农民粮食种植脱贫致富创造条件。2007年，公司加工大米17000吨，其中高档大米8000吨，实现产值1.02亿元，创利税600万元。

（3）产业扶贫，工业反哺农业。充分发挥农技部门和农技员的作用，开展科技下乡服务。2007年，公司为农民提供优良品种12个，下乡180人次，提供价值8万元的种子、资料等帮助培训和现场指导生产，为订单农业提供技术保障。对贫困农户垫支种子、化肥、农药等生产资料成本，共垫支82万元，通过收购粮食予以抵扣。同时，协调各乡镇信用社的关系，为种粮大户、部分贫困农户担保小额农业贷款，累计担保额192万元。同时，公司为了实现"统一种子、统一栽培、统一施药施肥、统一收割、统一收购"的"五统一"服务方式，抓住平江县是联合国绿色产业示范区和国家生态环境建设示范区的"两区"契机，依托平江县是全国绿色食品生产基地和全国产粮大县的优势，推行生态种植，试点频振式杀虫灯、稻鸭共存等生态种植技术模式，为生态平江、优质稻米的开发夯实基础，促进平江县粮食全面升值。

（4）讲求效益，提高农民收入，调动了农民种植优质稻的积极性，订单收购量达到3.5万吨左右，帮助全县3万农户10万农民安排剩余劳动力5万人。优质稻订单价格利润率达160~200元/吨，农民亩增收入160元左右，提高了复种指数，理顺了种植环节，降低了生产成本，提高了劳动生产力。全县农民全年增收4000万元，其中贫困户1.2万户，增收1800万元，并出台了《平江县优质稻种植协会关于对会员交售商品粮食实行两次结算的具体办法》，每吨商品粮通过加工升值返回农民利润60元，2007年，按订单收购共反哺农民近200万元。基地贫困户基本脱贫。同时通过推进适度规模经营，培育种粮大户（农村粮食经纪人）10户，其中500亩以上的1户、200亩以上的3户、100亩以上的6户。为充分发挥"公司+基地+农户"的优势，提高农民的种粮积极性，公司计划在2008年帮助基地推广和实施水稻保险，切实保障种粮农民的利益。

（5）促进了平江县水稻产业的稳定发展。在近几年湖南乃至全国粮食生产徘徊、下滑的情况下，平江县的水稻产业则在稳步发展，尤其是优质稻产业，全县优质稻种植从无到有，到2007年，公司在平江县域内建立优质稻生产基地18万亩，占全县水田面积57.3万亩的31%。

五　本章小结

本章以湖南省21家绿色食品加工企业、150户作为原料生产者的农户为样本，分别从企业、农户的角度，对农产品绿色供应链主体特征、农产品绿色供应链认知与态度、运行情况及其绩效、双方合作情况、各自的需求等进行实证分析，并辅之以典型案例，揭示湖南绿色食品上游链的基本特征。

第七章
加工商与贸易商的耦合分析

本章在借鉴学者相关研究成果的基础上，针对农产品绿色供应链下游链企业之间的合作，通过定性与定量的分析，探讨涉及加工制造商与贸易商下游链中产品定价、利润分配等问题。

第一节 加工-销售供应链耦合关系概述

一 加工-销售供应链耦合必要性

随着人们对环保和自身健康的日益重视，绿色食品正成为全社会关注的热点。与巨大、潜在的绿色食品社会需求相比，中国的绿色食品生产与贸易发展严重滞后，目前绿色食品的年产量仅占食品市场份额的3%。中国绿色食品产业发展瓶颈的破解，一方面有赖于生产加工企业和贸易企业的技术和管理创新；另一方面有赖于强化产业融合、加强产销合作，引导消费，开拓市场，共同做大绿色食品产业。

消费者对绿色食品的要求越来越高，绿色食品需求相对普通食品具有更大的不确定性和多样性，对于生产加工商、分销商提出了更高的合作要求：对生产加工商而言，由于不直接面对市场，很难获得确切的需求信息，即便能获得信息，也会由于主观和客观方面的原因难以达到消费者的期望值,因此,生产加工商不能被动地去适应和满足市场需求,而是要使自己的产品能够主动激发市场需求,并且配合快捷便利的销售通道和低成本高收益的营销方案,这要求与分销商合作;对分销商来说,其本身不生产有形的物质产品,只是通过提供商业服务和运用流通渠道来获取收益,在面对多样化需求做出准确快速的判断之后,需要以符合条件的物质产品作为价值承载体,通过销售产品来实现整条供应链的增值效应,要求与生产加工商进行合作。因此,单靠生产加工商、经销商自身的力量,很难对顾客的绿色需求产生快速、有效的响应,企业与企业之间的合作更加迫切。绿色食品生产与经销企业通过有意识的相互合作获得由原来的单独竞争所得不到的经营效果,从而实现资源在更大范围内的合理配置。

二 加工-销售供应链耦合关系类型

在加工生产商主导的下游供应链中,加工生产商与分销商合作的程度,可以看做完全的市场交易和企业内部转移两种极端关系的不同组合。如果把加工企业与分销商的关系根据合作程度的不同来描述,就会构成从 0~1 的各种企业关系的连续流。我们可以将这种合作程度不同的加工企业与分销商关系用 γ 表示,加工生产商与分销商的耦合关系可分为基本的三类。

(1) $\gamma = 0$,表示加工生产商与分销商之间不存在任何合作关系,二者之间是纯粹的市场买卖关系,那么此时,产品从生产加工企业到达消费者就至少经过两次买卖,即通常所说的分销;

(2) $\gamma = 1$,则表示生产加工商与分销商完全整合,二者之间是纯粹的企业内部关系,即完全纵向一体化,那么此时,产品从生产加工企业到达消费者就只经过一次买卖,即我们所说的直接面向顾客销售(自销);

(3) 当 $\gamma \in (0, 1)$ 之间时,表示生产加工商与分销商二者既有各自的独立性,同时又有一定程度的合作。γ 值越大,说明生产加工商参与销售的程度越高，生产和销售合作协调性就越高，当然生产加工商相应地从渠道销售利润中得到的分配比例就越多，反之则越低。

为简化研究起见，下面以绿色食品的生产加工商→零售商→消费者的间接渠道模式为例，通过构建模型，说明绿色食品供应链下游的生产加工商与零售商进行合作的必要性，分析两者合作关系稳定的必要条件。

第二节　单一零售商渠道模式下加工商与贸易商耦合

一　绿色食品生产加工商与零售商关系的博弈模型

绿色食品生产加工商与零售商作为一对矛盾统一体，一方面，他们之间的争斗是一种零和博弈，一方利益的获得是以另一方利益的牺牲为代价；另一方面，双方又存在相互依赖关系，离开任何一方，只会使双方都遭受更大的损失。因此，对于生产加工商和零售商来说，只有建立在双赢基础之上、以供应链管理思想为指导，才能给产销双方带来最大的利益。通过构建产销联盟，共享信息，整合供应链，清除供应链中不增值的环节，降低生产和流通的成本，消费者的最终满意度才会提高，才能给产销双方带来更多的利益回报，实现生产加工商、零售商、消费者的"三赢"[91]。

（一）模型基本假设

假设1：产品市场只有一家加工商（M），一家零售商（R），生产加工商通过零售商销售产品；

假设2：生产加工商的生产量和零售商的销售量与市场需求一致，即产品没有库存；

假设3：生产加工商与零售商之间具有相互的完全信息，彼此了解对方的成本水平，他们之间的博弈为完美信息的动态博弈；

假设4：市场需求曲线是线性的；

假设5：零售商、生产加工商都是在已知对方策略的情况下，各自确定能给自己带来最大利润的决策变量，即零售商、生产加工商都是消极地以自己的决策变量去适应对方的策略。

（二）变量设定及含义

表7-1 变量设定及含义

π_M：生产商利润	π_R：零售商利润	π_T：整体利润
P_M：生产加工商销售给零售商的价格（即批发价）	P_R：零售商销售给消费者的价格	Q：市场需求量
C_M：生产加工商单位生产成本	m：零售商的单位边际利润	a：基本需求
	$P_R = P_M + m$	b：价格敏感度
		$Q = a + bp$

（三）模型建立及求解

设生产加工商（M）和零售商（R）是食品供应链下游节点企业，市场对他们的产品需求函数满足下列关系：

$$Q = a - bP_R \tag{7-1}$$

$$\pi_R = mQ \tag{7-2}$$

$$\pi_M = (P_M - C_M)Q \tag{7-3}$$

$$P_R = P_M + m \tag{7-4}$$

1. 集体理性：整体利润最大化

整体利润为：$\pi_T = \pi_M + \pi_R = (P_M - C_M + m)Q$，所谓集体理性，就是以获得整体利润最大化为目标，对 π_T 求导得：

$$\frac{d\pi_T}{dm} = a - 2bP_M - 2bm + bC_M = 0$$

得到 $m = \dfrac{a - 2bP_M + bC_M}{2b}$，将其代入（7-1）、（7-4）可得：

$$Q = \dfrac{1}{2}(a - bC_M); \quad P_R = \dfrac{a + bC_M}{2b}$$

将 P_R、Q 代入 π_T，得到：$\pi_T = \dfrac{(a - bC_M)^2}{4b}$

零售商、加工制造商的利润分别为：

$$\pi_R = \dfrac{(a + bC_M - 2bP_M)(a - bC_M)}{4b}$$

$$\pi_M = \dfrac{(P_M - C_M)(a - bC_M)}{2}$$

2. 个体理性：个体利润最大化

生产加工商和零售商从自身的利益出发，在决策时要考虑对方决策可能对自己的影响，则结果就有所不同。

（1）生产商是市场领导者：第一阶段 $\max \pi_M$，第二阶段 $\max \pi_R$。

由逆推归纳法，首先对第二阶段博弈进行分析，生产加工商先确定产品的批发价格 P_M，零售商在此条件下，为了获得最大化利润，由（7-1）、（7-2）式可得：

$$\pi_R = m(a - bP_R)$$

由零售商利润最大化的一阶条件：$\dfrac{d\pi_R}{dm} = 0$，可求得：

$$m = \dfrac{a - bP_M}{2b}; \quad Q = \dfrac{a - bP_M}{2}$$

第二步，生产加工商考虑到零售商对决策变量 m 的选择，可以在零售商利润最大化的情况下，追求自身利润的最大化，即追求下式的最大化：

$$\max_{P_M} \pi_M = (P_M - C_M)Q$$

对 π_M 求一阶导数，令其为 0，可求得 $p_M^M = \dfrac{a + bC_M}{2b}$，$P_M^M$ 为加工商主导下个体理性决策供应链的均衡解——批发价。将其代入 Q，得到 $Q = \dfrac{a - bP_M}{2}$，得到加工商主导下个体理性决策供应链的均衡产量：

$$Q^M = \frac{a - bC_M}{4}$$

至此，博弈的第一阶段结束，生产加工商和零售商的最大利润、整体利润为：

$$\pi_M^M = \frac{(a - bC_M)^2}{8b}; \pi_R^M = \frac{(a - bC_M)^2}{16b}; \pi_T^M = \frac{3(a - bC_M)^2}{16b}$$

（2）零售商是市场主导者：第一阶段 $\max\pi_R$，第二阶段 $\max\pi_M$。

假设零售商是价格的领导者和先行者，生产加工商是价格追随者，零售商在制定零售价格即决定边际利润 m 时要考虑生产商的批发价及其可能的反应。由（7-3）式可知，当零售商的边际利润既定，生产商要实现利润最大化，其决策变量（P_M）必须满足利润最大化的一阶导数条件：

$$\frac{d\pi_M}{dP_M} = 0$$

由此可得到：$P_M = \dfrac{a - bm + bC_M}{2b}$，将其代入 Q，得到：

$$Q = \frac{a - bC_M - bm}{4}$$

在满足上述条件的情况下，需考虑零售商利润最大化的条件，即 $\dfrac{d\pi_R}{dm} = 0$，可求得：

$$m^R = \frac{a - bC_M}{2b}$$

m^R 为零售商主导下的个体理性决策供应链的均衡零售商边际利润，由 m^R 可以计算下列指标：

$$P_M^R = \frac{a + bC_M}{2b}; Q^R = \frac{a - bC_M}{4}$$

$$\pi_M^R = \frac{1}{16b}(a - bC_M)^2; \pi_R^R = \frac{1}{8b}(a - bC_M)^2; \pi_T^R = \frac{3}{16b}(a - bC_M)^2$$

$$P_R^R = \frac{3a + bC_M}{4b}$$

（四）模型求解结果的分析

将上述三种情形下的主要经济指标列表：

表7-2　三种决策模式的主要经济指标

集体理性决策	个体理性决策	
	生产商主导	零售商主导
P_M	$P_M^M = \frac{a + bC_M}{2b}$	$P_M^R = \frac{a + bC_M}{2b}$
$P_R = \frac{a + bC_M}{2b}$	$P_R^M = \frac{3a + bC_M}{4b}$	$P_R^R = \frac{3a + bC_M}{4b}$
$Q = \frac{1}{2}(a - bC_M)$	$Q^M = \frac{a - bC_M}{4}$	$Q^R = \frac{a - bC_M}{4}$
$\pi_M = \frac{1}{2}(P_M - C_M)(a - bC_M)$	$\pi_M^M = \frac{(a - bC_M)^2}{8b}$	$\pi_M^R = \frac{(a - bC_M)^2}{16b}$
$\pi_R = \frac{1}{4b}(a + bC_M - 2bP_M)(a - bC_M)$	$\pi_R^M = \frac{(a - bC_M)^2}{16b}$	$\pi_R^R = \frac{(a - bC_M)^2}{8b}$
$\pi_T = \frac{1}{4b}(a - bC_M)^2$	$\pi_T^M = \frac{3(a - bC_M)^2}{16b}$	$\pi_T^R = \frac{3(a - bC_M)^2}{16b}$

从表7-2可以看到：①集体理性决策模式下的整体利润最大，个体理性决策下的整体利润只有其3/4；②个体理性决策模式下，供应链的主导者比追随者获得的利润要多，主导者的利润是追随

者的2倍；③个体理性决策下的销售量只有集体理性决策下的1/2；④个体理性决策下的零售价格高于集体理性决策。

二 加工商与零售商稳定合作的条件

由前面的分析，可以得到的主要结论是合作优于不合作，因为集体理性决策模式下的整体利润是最大的，同时消费者也能得到实惠（零售价最低）。要使生产加工商与零售商由不合作走向合作，关键是要确立合理的利润分配方案，激励生产加工商与零售商合作，这一合理的利润分配方案，要使得合作后生产加工商与零售商各自获得的利润均大于未合作时各自获得的最大利润[92]。

设利润分配方案为：零售商分配份额为 λ，生产加工商分配份额为 $1-\lambda$。

即 $\pi_M = (1-\lambda)\max\pi_T$

$$\pi_R = \lambda\max\pi_T$$

$\pi_T = (P_M + m - C_M)Q$，由 $\dfrac{d\pi_T}{dm} = 0$，可求得：

$$m = \frac{a - 2bP_M + bC_M}{2b}$$

零售商可以在生产加工商定价 P_M 的基础上，独自追求自身利润最大化，即零售商利润 π_R 达到最大。

由 $\dfrac{d\pi_R}{d_M} = 0$，可得到：

$$M = \frac{a - bP_m}{2b}$$

设生产加工商的边际利润为 $P_M - C_M = \alpha(P_R - C_R - C_M)$，$0 \leq \alpha \leq 1$。如果 $\alpha = 0$，$P_M = C_M$，所有利润（π_T）全部归零售商；如果 $\alpha = 1$，则 $P_R = P_M + C_R$，所有利润（π_T）全部归生产加工商。

零售商参入合作的条件是：$\max\pi_R < \lambda\max\pi_T$，即：

$$\left[\frac{a-bP_M}{2b}\right] \times \left[a-b\times\frac{a+bP_M}{2b}\right] < \lambda\left[\frac{a+bP_M}{2b}-C_M\right] \times \left[a-b\times\frac{a+bC_M}{2b}\right]$$

化简得：$\lambda > \left[\dfrac{a-bP_M}{a-bC_M}\right]^2$

当 $P_R = \dfrac{a+bP_M}{2b}$ 时，生产加工商的最大利润为：

$$\max\pi_M = (P_M - C_M)Q = (P_M - C_M)\left(a-b\times\frac{a+bP_M}{2b}\right)$$

生产加工商参入合作的条件是：$\max\pi_M < (1-\lambda)\max\pi_T$，即：

$$(P_M - C_M)\left(a-b\times\frac{a+bP_M}{2b}\right) < (P_M - C_M)\left(a-b\times\frac{a+bP_M}{2b}\right)$$

化简得：$\lambda < 1 - \dfrac{2b(P_M - C_M)(a-bP_M)}{a-bC_M}$

因此可以确定，当 $\lambda \in \left\{\left[\dfrac{a-bP_M}{a-bC_M}\right]^2, 1-\dfrac{2b(P_M-C_M)(a-bP_M)}{a-bC_M}\right\}$ 时，利润分享方案优于不合作时双方的利润水平。

绿色食品由生产加工商到达消费者，主要的营销渠道是分销，那么，要使产品从生产加工商平稳到达消费者手中，就必须协调好营销渠道上生产加工商与贸易商之间的关系，做到生产加工商与贸易商之间的"无缝"连接，否则，如果制造商与贸易商各自为政、缺乏统一协调的思想，会使得供应链整体利益遭到损失。上面以单一零售商渠道模式下生产加工商与零售商之间建立合作关系为基础，建立数学模型，分析了他们的合作关系对零售价、批发价、销售量、双方各自的利润、渠道总利润等各项经济指标的影响，证明了生产加工商与零售商之间的合作不但使整体利益得到拓展，同时使双方的利益都得到拓展，形成多赢的局面。更进一步看，利润的分配是加工企业与贸易企业间合作的关键，稳定绿色食品加工企业与贸易企业之间的合作关系，关键在于确定合理的利润分配方案。合理的利润分配方案的原则是，使得合作后生产加工商与零售商各自获得的利润均大于未合作时各自获得的最大利润。笔者进一步对双方的合作稳定性问题进行了量化研究，选取利润分配系数作为影响双方合作关系的主要指标，从双方进行合作的条件出发，找到利润分配系数的取值区间，作为稳定绿色食品生产加工商与零售商合作关系的行为参考。

在计算机技术和网络技术迅速发展的形势下，直接面向顾客的销售成为一种趋势，逐渐为越来越多的新兴企业所采纳。但是，直接渠道是否适合于特定的企业或特定的行业？绿色食品生产加工商在利用传统单一的零售商渠道之外引入直销渠道，即采取混合渠道模式是否有必要？渠道改造过程中如果遭遇"渠道冲突"怎么办？这些问题将在下一部分做深入分析。

第三节　混合渠道模式下的加工商与贸易商耦合

绿色食品生产商最佳的渠道模式是什么？绿色食品生产商引入采用直销渠道会损害零售商利益吗？生产商的直销渠道和间接渠道能否在相互竞争的同时又进行合作、共同发展？渠道之间如何协调关系？

一　研究假设及变量设定

（一）研究假设

（1）某一绿色食品市场上只有一家生产商、一家零售商，生产商为了销售其产品，有三种渠道模式选择：单一的直销渠道、单一的零售商渠道和混合渠道。生产商与零售商均为理性经济人，追求自身利益最大化。

(2) 生产商和零售商具有彼此的完全供求信息,消费者的需求量一定,生产商按照零售商的订购量生产,不存在库存,生产商的产销量也就是消费者的需求量。

(3) 生产商的固定生产成本、生产商直接销售产品的固定成本、零售商的固定成本均为零。

(4) 市场需求曲线是线性的。

(二) 变量设定与含义及相关符号

Q:生产商的总销售量;Q_j:生产商的直接销售量;Q_i:生产商的间接销售量;

p_j:生产商的直销价;p_i:零售商的零售价;

w:生产商销售给零售商的价格(批发价);m:零售商的边际收益;

c_j:生产商的边际直销成本;c_{is}:零售商的边际销售成本;c_i:生产商销售给零售商的成本;

π_M:生产商利润;π_R:零售商利润;

α:消费者购买的努力支出,表示渠道的便利性水平;α_j:直接渠道的便利性水平;α_i:间接渠道的便利性水平。设直接渠道的便利性水平高于间接渠道的便利性水平,即$\alpha_j < \alpha_i$;

β:消费者对购买便利的敏感性,$\bar{\beta}$:对购买便利敏感性最高的消费者,$\underline{\beta}$:对购买便利敏感性最低的消费者;

I:间接渠道(传统零售商渠道);D:直销渠道;H:混合渠道;N:纳什均衡;

π_M^{HN}:混合渠道模式下纳什均衡时制造商利润;π_M^{HM}:混合渠道模式下制造商为主导时制造商利润;π_M^{HR}:混合渠道模式下零售商为主导时制造商利润;

π_R^{HN}:混合渠道模式下纳什均衡时零售商利润;π_R^{HM}:混合渠道模式下制造商为主导时零售商利润;π_R^{HR}:混合渠道模式下零售

商为主导时零售商利润;

π_M^{IN}: 单一零售商渠道模式下的纳什均衡时制造商利润; π_M^{IM}: 单一零售商渠道模式下制造商为主导时制造商利润; π_M^{IR}: 单一零售商渠道模式下零售商为主导时制造商利润;

π_R^{IN}: 单一零售渠道模式下纳什均衡时零售商利润; π_R^{IM}: 单一零售商渠道模式下制造商为主导时零售商利润; π_R^{IR}: 单一零售商渠道模式下零售商为主导时零售商利润;

π_M^D: 单一的直销模式下制造商利润。

绿色食品生产商的销售量主要依赖于两个关键变量：商品售价（P）和商品购买便利程度（α），借鉴 Ingene & Parry、Iyer 的研究成果，构建需求函数[93][94]：

$$Q_j = a - bp_j + rp_i \qquad (7-5)$$

$$Q_i = a - bp_i + rp_j \qquad (7-6)$$

$$p_i = w + m \qquad (7-7)$$

$$Q_j + Q_i = Q \qquad (7-8)$$

式（7-5）是直接渠道的需求函数，式（7-6）是间接渠道的需求函数，a 为基本需求，b 为自身价格弹性系数，r 为交叉价格弹性系数，且 $b > r > 0$，为简化研究，将直接渠道和间接渠道的基本需求、自身价格弹性系数、交叉价格弹性系数都设为一致。

二 混合渠道模式是绿色食品生产商的理性选择

（一）绿色食品生产商采取混合渠道模式

首先，我们考察消费者不存在渠道偏好时，绿色食品生产商的渠道策略。当消费者对商品销售渠道不存在偏好、仅对商品价格敏感时，对绿色食品生产商来说，什么样的渠道模式是其最佳选择：是单一的零售商渠道、单一的直销渠道，还是混合渠道？

1. 静态纳什博弈（制造商和零售商同时行动）

静态纳什均衡条件下，生产商和零售商同时确定各自的决策变量，生产商的决策变量为出售给零售商的批发价格（w）和直销价格（p_j），零售商的决策变量是边际利润（m），双方都追求自身利益的最大化。

$$\pi_M^{HN} = (p_j - c_j)Q_j + (w - c_i)Q_i = (p_j - c_j)[a - bp_j + r(m + w)] + (w - c_i)[a - b(w + m) + rp_j] \quad (7-9)$$

$$\pi_R^{HN} = mQ_i = m[a - b(w + m) + rp_j] \quad (7-10)$$

以 m、w、p_j 为变量分别对式（7-9）、（7-10）求一阶导数，

$$\frac{\partial \pi_M^{HN}}{\partial w} = a + rp_j + (p_j - c_j)r - b(w - c_i) - b(w + m)$$

$$\frac{\partial \pi_M^{HN}}{\partial p_j} = a - bp_j - b(p_j - c_j) + r(w - c_i) + r(w + m)$$

$$\frac{\partial \pi_R^{HN}}{\partial m} = a - bm + rp_j - b(w + m)$$

令上述三式等于零，可求得：

$$\hat{m}^{HN} = \frac{a + rc_j - bc_i}{3b} ; \hat{p}_j^{HN} = \frac{a + bc_j - rc_j}{2(b - r)}$$

$$\hat{w}^{HM} = \frac{2ab + 4b^2 c_i + ar + r^2 c_j - 4brc_i - brc_j}{6b(b - r)}$$

$$\hat{p}_i^{HN} = \frac{a + rc_j - bc_i}{3b} + \frac{2ab + 4b^2 c_i + ar + r^2 c_j - 4brc_i - brc_j}{6b(b - r)}$$

$$\hat{Q}_i^{HN} = \frac{1}{3}(a - bc_i + rc_j)$$

$$\hat{Q}_j^{HN} = \frac{3ab - 3b^2 c_j + ar + 2brc_i + r^2 c_j}{6b} = \frac{(3b + r)[a - c(b - r)]}{6b} (c_i = c_j = c \text{ 时})$$

$$\hat{\pi}_M^{HN} = (\hat{w}^{HN} - c_i)\hat{Q}_i^{HN} + (\hat{p}_j^{HN} - c_j)\hat{Q}_j^{HN}$$

当 $c_i = c_j$ 时，$\hat{\pi}_M^{HN} = \dfrac{(13b + 5r)[a - c_i(b - r)]^2}{36b(b - r)}$

$$\hat{\pi}_R^{HN} = \frac{[a - c_i(b-r)]^2}{9b}$$

$$\hat{\pi}_T^{HN} = \frac{(17b+r)[a - c_i(b-r)]^2}{36b(b-r)}$$

2. 生产商 Stackelberg 博弈

生产商是渠道的主导者，采取逆向归纳法，首先考虑博弈的第二阶段，确立零售商的反应函数。零售商将生产商的批发价（w）和直销价格（p_j）视为既定，在此基础上调整边际收益（m），来实现自身利润最大化。

$$\pi_R^{HM} = mQ_i = m[a - b(w+m) + rp_j]$$

以 m 为变量，对 π_R^{HM} 式求一阶导数并令其等于零，得出零售商的反应函数：

$$\hat{m}^{HM} = \frac{a - bw + rp_j}{2b}$$

在博弈的第一阶段，生产商将零售商的反应函数考虑在内，以 w 和 p_j 为变量，追求自身利润的最大化。

生产商利润为批发给零售商时的利润与直销利润之和：

$$\pi_M^{HM} = (p_j - c_j)[a - bp_j + r(\hat{m}^{HM} + w)] + (w - c_i)[a - b(\hat{m}^{HM} + w) + rp_j]$$

对 π_M^{HM} 分别就 w、p_j 求一阶导数，并分别令其为零，解联立方程，得到生产商的反应函数：

$$\hat{w}^{HM} = \frac{a + c_i(b-r)}{2(b-r)}; \quad \hat{p}_j^{HM} = \frac{a + (b-r)c_j}{2(b-r)}$$

将上述结果代入相关等式，可求得制造商 Stackelberg 博弈的解：

$$\hat{p}_i^{HM} = \frac{a(3b-r) + (b-r)(bc_i + rc_j)}{4b(b-r)}; \quad \hat{m}^{HM} = \frac{a - bc_i + rc_j}{4b}$$

$$\hat{Q}_i^{HM} = \frac{1}{4}(a - bc_i + rc_j); \quad \hat{Q}_j^{HM} = \frac{2ab - 2b^2c_j + ar + brc_i + r^2c_j}{4b}$$

$$\hat{\pi}_R^{HM} = \frac{(a - bc_i + rc_j)^2}{16b}$$

$$\hat{\pi}_M^{HM} = \frac{(3b+r)a^2 - 2a(b-r)[b(c_i+2c_j)+c_jr]+(b-r)[b^2(c_i^2+2c_j^2)-2bc_ic_jr-c_j^2r^2]}{8b(b-r)}$$

当 $c_j = c_i$ 时，$\hat{\pi}_M^{HM} = \frac{(3b+r)[a-c_i(b-r)]^2}{8b(b-r)}$；

$$\hat{\pi}_T^{HM} = \frac{(7b+r)[a-c_i(b-r)]^2}{16b(b-r)}$$

3. 零售商 Stackelberg 博弈

零售商是渠道的控制者，因此，在博弈的第二阶段，首先确定生产商的反应函数，生产商将零售商的边际收益（m）视为既定，在此基础上选择合适的 w 和 p_j 值，使自身利润最大化。

$$\pi_M^{HR} = (p_j - c_j)[a - bp_j + r(w+m)] + (w - c_i)[a - b(w+m) + rp_j]$$

将 π_M^{HR} 分别对 w 和 p_j 求一阶导数，并令其分别为零，得出制造商的反应函数：

$$\hat{w}^{HR} = \frac{a + bc_i + mr - bm - rc_i}{2(b-r)}; \quad \hat{p}_j^{HR} = \frac{a + bc_j - rc_j}{2(b-r)}$$

在博弈的第一阶段，零售商知道了生产商的上述反应函数，于是将生产商的反应函数考虑在内，以 m 为变量，使自身利润最大化。

零售商利润为：$\pi_R^{HR} = m[a - b(m + \hat{w}^{HR}) + r\hat{p}_j^{HR}]$

将 π_R^{HR} 式对 m 求一阶导数并令其等于零，可求得：

$$\hat{m}^{HR} = \frac{a - bc_i + rc_j}{2b}$$

将该结果代入相关等式，可得到零售商 Stackelberg 博弈的解：

$$\hat{p}_i^{HR} = \frac{a(3b-r)+(b-r)(bc_i+rc_j)}{4b(b-r)};$$

$$\hat{w}^{HR} = \frac{a(b+r) + (b-r)(3bc_i - rc_j)}{4b(b-r)};$$

$$\hat{p}_j^{HR} = \frac{a + bc_i - rc_j}{2(b-r)}$$

$$\hat{Q}_i^{HR} = \frac{1}{4}(a - bc_i + rc_j)^2 \ ; \ \hat{Q}_j^{HR} = \frac{(r+2b)a + (r^2 - 2b^2)c_j - brc_i}{4b}$$

$$\hat{\pi}_R^{HR} = \frac{(a - bc_i + rc_j)^2}{8b}$$

$$\hat{\pi}_M^{HR} = \frac{1}{16b(b-r)}\left\{ \begin{array}{l} a^2(5b+3r) - 2a(b-r)[b(c_i+4c_j) + 3c_j r] + \\ (b-r)[b^2(c_i^2 + c_j^2) - 2bc_ic_j r - 3c_j^2 r^2] \end{array} \right\}$$

当 $c_i = c_j$ 时,

$$\hat{\pi}_M^{HR} = \frac{(5b+3r)[a - c_i(b-r)]^2}{16b(b-r)} \ ; \ \hat{\pi}_T^{HR} = \frac{(7b+r)[a - c_i(b-r)]^2}{16b(b-r)}$$

(二) 绿色食品生产商仅采取单一的零售商渠道模式

令 $Q_i = a - (b-r)p_i, Q_j = 0$,便可得到生产商仅采用间接渠道的解,同样我们可以求解生产商采取单一的零售商渠道时的利润等变量的解,区分为以下三种情形讨论。

1. 静态纳什均衡

$$\max_w \pi_M^{IN} = (w - c_i)[a - (b-r)(w+m)]$$

$$\max_m \pi_R^{IN} = m[a - (b-r)(w+m)]$$

令 $\max_w \pi_M^{IN}$ 式对 w 的一阶导数为零,$\max_m \pi_R^{IN}$ 式对 m 的一阶导数为零,得到联立方程组,解得:$\hat{m}^{IN} = \frac{1}{3}\left(\frac{a}{b-r} - c_i\right)$

将 $\hat{m}^{IN}$ 代入相关等式,可求得其他变量的解:

$$\hat{w}^{IN} = \frac{a + 2c_i(b-r)}{3(b-r)} \ ; \ \hat{\pi}_M^{IN} = \frac{[a - (b-r)c_i]^2}{9(b-r)} \ ; \ \hat{\pi}_R^{IN} = \frac{[a - (b-r)c_i]^2}{9(b-r)}$$

$$\hat{Q}_i^{IN} = \frac{1}{3}[a - (b-r)c_i] \ ; \ Q_j = 0$$

$$\hat{p}_i^{IN} = \frac{1}{3}\left(\frac{2a}{b-r} + c_i\right) \ ; \ \hat{\pi}_T^{IN} = \frac{2[a - (b-r)c_i]^2}{9(b-r)}$$

2. 生产商 Stackelberg 博弈

首先考察博弈的第二阶段，求得零售商的反应函数：零售商的目标为自身利润的最大化：$\max_m \pi_R^{IM} = m[a-(b-r)(w+m)]$，令 $\max_m \pi_R^{IM}$ 式对 m 的一阶导数为零，求解得到零售商的反应函数：$\hat{m}^{IM} = \frac{a}{2(b-r)} - \frac{w}{2}$，将 $\hat{m}^{IM}$ 代入生产商的利润函数，之后令生产商利润函数对 w 的一阶导数为零，得到 $\hat{w}^{IM} = \frac{1}{2}\left(\frac{a}{b-r} + c_i\right)$，将其代入 $\hat{m}^{IM}$ 式，得到 $\hat{m}^{IM} = \frac{1}{4}\left(\frac{a}{b-r} - c_i\right)$，由 $\hat{w}^{IM}$、$\hat{m}^{IM}$ 可推导出其他变量的解：

$$\hat{p}_i^{IM} = \frac{1}{4}\left(\frac{3a}{b-r} + c_i\right); \hat{Q}_i^{IM} = \frac{a-(b-r)c_i}{4}$$

$$\hat{\pi}_R^{IM} = \frac{[a-(b-r)c_i]^2}{16(b-r)}; \hat{\pi}_M^{IM} = \frac{[a-(b-r)c_i]^2}{8(b-r)}; \hat{\pi}_T^{IM} = \frac{3[a-(b-r)c_i]^2}{16(b-r)}$$

3. 零售商 Stackelberg 博弈

首先求得生产商的反应函数，生产商的目标为自身利润最大化：

$$\max_w \pi_M^{IR} = (w-c_i)[a-(b-r)(w+m)]$$

令 $\max_w \pi_M^{IR}$ 式对 w 的一阶导数为零，求解得到生产商的反应函数：$\hat{w}^{IR} = -\frac{a+c_i-m-rc_i+rm}{2(-b+r)}$，将 $\hat{w}^{IR}$ 式代入零售商的利润函数，之后令零售商利润函数对 m 的一阶导数为零，得到 $\hat{m}^{IR} = \frac{1}{2}\left(\frac{a}{b-r} - c_i\right)$，将其代入 $\hat{w}^{IR}$ 得到：

$$\hat{w}^{IR} = \frac{1}{4}\left(\frac{a}{b-r} + 3c_i\right)$$

由 $\hat{w}^{IR}$、$\hat{m}^{IR}$ 可推导出其他变量的解：

$$\hat{p}_i^{IR} = \frac{1}{4}\left(\frac{3a}{b-r} + c_i\right) ; \quad \hat{Q}_i^{IR} = \frac{a - (b-r)c_i}{4}$$

$$\hat{\pi}_R^{IR} = \frac{[a-(b-r)c_i]^2}{8(b-r)} ; \quad \hat{\pi}_M^{IR} = \frac{[a-(b-r)c_i]^2}{16(b-r)} ; \quad \hat{\pi}_T^{IR} = \frac{3[a-(b-r)c_i]^2}{16(b-r)}$$

（三）绿色食品生产商仅采用直销渠道

令 $Q_j = a - (b-r) \times p_j$, $Q_i = 0$

$$\pi_M^D = (p_j - c_j)Q_j = (p_j - c_j)[a - (b-r)p_j]$$

将 π_M^D 式对 p_j 求一阶导数令其等于零，可求得：

$$\hat{p}_j^D = \frac{1}{2}\left(\frac{a}{b-r} + c_j\right),$$ 将其代入需求函数和生产商利润代数式

可以得到：

$$\hat{Q}_j^D = \frac{1}{2}[a - (b-r)c_j] ; \quad \hat{\pi}_M^D = \frac{[a - c_j(b-r)]^2}{4(b-r)}$$

（四）三种渠道模式比较

1. 三种渠道模式下的价格比较

$$\hat{p}_j^D = \frac{1}{2}\left(\frac{a}{b-r} + c_j\right) ; \quad \hat{p}_i^{IN} = \frac{1}{3}\left(\frac{2a}{b-r} + c_i\right) ; \quad \hat{p}_i^{IM} = \frac{1}{4}\left(\frac{3a}{b-r} + c_i\right) ;$$

$$\hat{p}_i^{IR} = \frac{1}{4}\left(\frac{3a}{b-r} + c_i\right)$$

假设 $c_i = c_j$，结果：$p_j^D < p_i^{IN} < p_i^{IM} = p_i^{IR}$

这说明，生产商采取间接渠道时的销售价格要高于仅采取直接渠道时的直销价格。

2. 三种渠道模式下的销售量比较

$$\hat{Q}^{HN} = \frac{1}{3}(a - bc_i + rc_j) + \frac{3ab - 3b^2c_j + ar + 2brc_i + r^2c_j}{6b} ;$$

$$\hat{Q}^{IN} = \frac{1}{3}[a - (b-r)c_i] ; \quad \hat{Q}^D = \frac{1}{2}[a - (b-r)c_j]$$

假定 $c_i = c_j$，则有：$\hat{Q}^{HN} > \hat{Q}^{D} > \hat{Q}^{IN}$

说明混合渠道模式下销售量最大，其次是直接渠道模式，单一间接渠道模式下销售量最小。

3. 三种渠道模式下的生产商利润

当 $c_i = c_j$ 时：

$$\hat{\pi}_M^{HN} = \frac{(13b + 5r)[a - c_i(b - r)]^2}{36b(b - r)} ; \hat{\pi}_M^{IN} = \frac{[a - c_i(b - r)]^2}{9(b - r)} ; \hat{\pi}_M^{D} = \frac{[a - c_i(b - r)]^2}{4(b - r)} ;$$

则有：$\hat{\pi}_M^{HN} > \hat{\pi}_M^{D} > \hat{\pi}_M^{IN}$

说明生产商利润在混合渠道模式下最高，其次是直接渠道，单一的间接渠道模式下生产商利润是最低的。

4. 三种渠道模式下的总利润比较

当 $c_i = c_j$ 时：

$$\hat{\pi}_T^{HN} = \frac{(17b + r)[a - c_i(b - r)]^2}{36b(b - r)} ; \hat{\pi}_T^{IN} = \frac{2[a - c_i(b - r)]^2}{9(b - r)} ; \hat{\pi}_T^{D} = \frac{[a - c_i(b - r)]^2}{4(b - r)} ;$$

则有：$\hat{\pi}_T^{HN} > \hat{\pi}_T^{D} > \hat{\pi}_T^{IN}$

说明混合渠道模式下的渠道总利润最高，其次是直接渠道，单一的间接渠道模式下渠道总利润是最低的。

通过上述求解结果表明：

（1）生产商采取单一直接渠道模式时，除价格优势外，单一的直接渠道相比单一的传统零售商渠道在销售量、生产商利润、渠道总利润等方面都没有表现出明显的优势，因此，直接渠道取代传统零售商渠道不具有可能性。

（2）混合渠道模式下生产商利润和渠道总利润都要高于单一的直接渠道和间接渠道，所以说，混合渠道模式不仅是生产商的理性选择，同时也是生产商与零售商共赢的渠道模式。

混合渠道模式作为一种最佳的资源配置方式，其存在且渠道主体的利益实现，关键在于渠道关系和谐，即渠道的协调。

三 混合渠道模式渠道竞争模型

(一) 混合渠道模式渠道竞争纳什博弈模型

前面我们分析了消费者不存在渠道偏好情形下生产商的渠道选择策略，接下来对当消费者存在渠道偏好时，绿色食品生产商在混合渠道模式下如何进行渠道份额决策进行分析：在什么情况下，以分销为主渠道是最佳策略；而又在什么情况下，以直销渠道为主是最佳策略。

绿色食品的消费对象主要有两个极端群体：一是讲究生活质量的中老年高收入者，二是工作节奏很高的白领阶层。中老年人时间充裕，没有时间成本或时间成本很低，偏好购物的实际体验，不太在乎购物的快捷性；而白领阶层恰恰相反，其时间成本很高，对购物的便利性要求很高；其他购买绿色食品的消费者处于中间状态。因此，可以把绿色食品的消费及购买对象分为四类：第一类是只从间接渠道购买产品（A 类消费者）；第二类是从两种渠道都购买，但偏好间接渠道（B 类消费者）；第三类是从两种渠道都购买，但偏好直接渠道（C 类消费者）；第四类是只从直接渠道购买（D 类消费者）。消费者类型参数值 β 服从均匀分布 $\{\underline{\beta}, \overline{\beta}\}$，$\underline{\beta}$ 表示对购买便利敏感性低的消费者（A 类），A 类消费者在间接渠道购买产品；$\overline{\beta}$ 表示对购物便利敏感性高的消费者（D 类），D 类消费者在直接渠道购买产品。

对于每个购买绿色食品的消费者，我们可以用他对所购买产品的效用进行刻画。消费者对产品的效用随产品的价格，以及购买努力支出的升高而降低。

我们仍然遵从前面作出的研究假设，另外再增加 3 个假设。

假设 1：对间接渠道而言，购买产品的努力在 $[0, \alpha_i]$ 上服从均匀分布（α_i 代表间接渠道的便利程度）；对直接渠道而言，则服从 $[0, \alpha_j]$ 上的均匀分布（α_j 代表直接渠道的便利程度）。

$\alpha_j < \alpha_i$，即消费者通过网上直销渠道购买努力支出要小于间接渠道购买，$\Delta \alpha = \alpha_j - \alpha_i < 0$，对消费者而言，直接渠道比间接渠道要便利。

假设2：消费者在间接渠道与直接渠道购买产品的努力是互相独立的，消费者购买产品的效用：$u_x = R - p_x - \beta \alpha_x$，$x \in \{i, j\}$ 分别表示间接渠道和直接渠道，R 为消费者对产品的保留估计价值，p_x 为产品在渠道 X 中的定价，$p_i \neq p_j$，$\beta \alpha_x$ 为消费者在 X 渠道购买产品时的努力支出。

假设3：生产商销售给零售商的产品批发价（w）一定，为外生变量。

消费者将根据自身渠道偏好（不同的 β 值），以及渠道的购买努力支出（也即购买的便利性，购买努力支出低，意味着便利性高，反之则低）和价格（p_i 和 p_j），选择效用最高的购买渠道。令 $u_i = u_j$，可解出这一临界消费者的类型参数值：

$$\beta^* = \frac{p_i - p_j}{\Delta \alpha} = \frac{p_i - p_j}{(\alpha_j - \alpha_i)}$$

1. 均衡价格与均衡渠道份额

网络时代，绿色食品生产商除了利用传统的零售商分销的间接渠道，同时也采取开设专卖店、网上直销等直接渠道，生产商的利润一部分来自零售商分销的间接渠道，一部分来自企业自身的直销渠道，这两条渠道除了存在价格、服务、市场份额的竞争外，还存在业务上的依赖关系。下面，我们就市场规模一定情况下，以生产商的直销渠道与零销商间接渠道之间的价格竞争为例，从博弈的视角，分析可能的均衡结果及其经验含义，为绿色食品生产加工商的渠道份额决策提供参考。

借鉴学者李陈华的研究成果，绿色食品生产商面临的直接渠道需求、间接渠道需求分别为[95]：

$$Q_j^{HN} = \frac{Q}{\Delta \alpha \Delta \beta}(\Delta \alpha \bar{\beta} - p_i + p_j) \qquad (7-11)$$

$$Q_i^{HN} = \frac{Q}{\Delta\alpha\Delta\beta}(-\Delta\alpha\underline{\beta} + p_i - p_j) \quad (7-12)$$

在纳什博弈条件下,绿色食品生产商和零售商同时决策,生产商的决策变量为直销价 p_j,零售商的决策度量为零售价 p_i。双方均追求自身利益的最大化,即追求下列两式的最大化:

$$\pi_M = (p_j - c_j)Q_j + (w - c_i)Q_i \quad (7-13)$$

$$\pi_R = (p_i - w - c_{is})Q_i \quad (7-14)$$

把 Q_j^{HN}、Q_i^{HN} 代入式 (7-13),并对 p_j 求一阶导数,可得到生产商的直接渠道的价格反应函数:

$$p_j = \frac{1}{2}(-c_i + c_j - \Delta\alpha\overline{\beta} + p_i + w) \quad (7-15)$$

把 Q_j^{HN}、Q_i^{HN} 代入式 (7-14),并对 p_i 求一阶导数,可得到零售商渠道的价格反应函数:

$$p_i = \frac{1}{2}(c_{is} + \Delta\alpha\underline{\beta} + p_j + w) \quad (7-16)$$

将式 (7-15)、(7-16) 联立,可以求得均衡的价格组合:

$$\hat{p}_j^{HN} = \frac{1}{3}(-2c_i + c_{is} + 2c_j + 3w - \Delta\alpha\overline{\beta} - \Delta\alpha\Delta\beta)$$

$$\hat{p}_i^{HN} = \frac{1}{3}(-c_i + 2c_{is} + c_j + 3w + \Delta\alpha\underline{\beta} - \Delta\alpha\Delta\beta)$$

$$\hat{p}_j^{HN} - \hat{p}_i^{HN} = -\frac{1}{3}(\Delta\alpha\overline{\beta} + \Delta\alpha\underline{\beta}) + \frac{1}{3}(c_j - c_i - c_{is})$$

若 $c_j = c_i + c_{is}$,则 $\hat{p}_j^{HN} - \hat{p}_i^{HN} > 0$,从而有:

命题1:绿色食品生产商采取混合渠道策略,混合渠道价格博弈均衡时,两条渠道的价格都与绿色食品生产商边际直销成本(c_j)、零售商边际销售成本(c_{is})、绿色食品生产商批发价格(w)成正比,与绿色食品生产商销售给零售商的成本(c_i)成反比。

命题2:直销价格与消费者偏好异质性、渠道异质性成正相关关系。

命题3：零售价格与消费者偏好异质性成正相关关系，如果消费者偏好异质性足够高，高至 $\Delta\beta > \underline{\beta}$，那么，零售价格还与渠道异质性成正相关关系。

命题4：当直销效率与间接销售效率相等时，直销价格总是高于间接销售的价格。

将均衡价格代入渠道需求函数（7-11）、（7-12），可求得：

$$\hat{Q}_j^{HN} = -\frac{Q}{3\Delta\alpha\Delta\beta}(c_i + c_{is} - c_j - \Delta\alpha\Delta\beta - \Delta\alpha\overline{\beta})$$

$$\hat{Q}_i^{HN} = -\frac{Q}{3\Delta\alpha\Delta\beta}(c_j - c_i - c_{is} - \Delta\alpha\Delta\beta + \Delta\alpha\underline{\beta})$$

$$\hat{Q}_j^{HN} - \hat{Q}_i^{HN} = \frac{Q}{3\Delta\alpha\Delta\beta}(\Delta\alpha\overline{\beta} + \Delta\alpha\underline{\beta} - 2c_{is} - 2c_i + 2c_j)$$

命题5：当 $c_{is} + c_i > c_j$，即当直接渠道的效率高于间接渠道时，直接渠道份额要高于间接渠道，即生产商应选择直销为主渠道；反之，当直接渠道的效率比间接渠道要低时，则生产商应选择间接渠道作为主渠道，这说明生产商的渠道格局取决于渠道效率，这是从纯粹意义上来说的。从实际来说，生产商在进行渠道格局决策时，还要结合其经营目标。

命题6：在直销-零售商渠道价格博弈均衡时，直销渠道的市场份额与直销效率成正比、与间接渠道效率成反比。

命题7：间接渠道的市场份额与间接渠道效率成正比，与直销效率成反比。

命题6和命题7的经济含义是：通过提高销售效率，能够增加低价来争取市场份额的选择空间，因此，渠道效率与渠道份额两者成正向关系。其他参数对均衡的渠道份额分割的影响是不确定的，这取决于两条渠道的相对效率。如果直销效率高于间接渠道效率，那么，直销市场份额与渠道异质性、消费者偏好异质性成反向关系。如果间接渠道效率高于直接渠道效率，那么，直销渠道份额与渠道异质性、消费者偏好异质性成正向关系。特别地，若直销成本与零售商的边际销售成本相等，生产商销售给零售商的成本为零时，也就是：

若 $c_{is} + c_i = c_j$，则 $\hat{Q}_j^{HN} - \hat{Q}_i^{HN} = \dfrac{Q(\bar{\beta} + \underline{\beta})}{3\Delta\beta}$，从而有：

命题 8：在生产商采取直销和间接销售结合的混合渠道价格博弈均衡时，如果直销渠道与间接渠道效率相等，那么直销渠道的市场份额必定高于间接渠道的市场份额，且这种差距完全取决于消费者偏好，与渠道的购买便利性无关。

命题 8 的现实含义是：直销渠道由于客观上存在的"先天优势"，即购物便利程度高于零售商渠道（$\alpha_j < \alpha_i$，$\Delta\alpha = \alpha_j - \alpha_i < 0$，$-\Delta\alpha > 0$），决定了它的相对优势；同时，直销渠道对生产商具有非常重要的战略利益，因为直接渠道对传统零售商渠道具有压力功能，促使零售商卖出更多商品，从而提升渠道总利润；在直接渠道与零售商渠道的销售效率相等时，渠道便利性相对变化影响相对价格，相对便利的渠道将定高价，相对不便利的渠道将定低价，消费者从两条渠道所获得的效用相等、不会出现渠道转换行为，从而不影响最终的市场分割比例。

2. 渠道效率与生产商利润

根据均衡价格、均衡市场需求，可以求得生产商的利润：

$$\pi_M^{HN} = (\hat{p}_j^{HN} - c_j)\hat{Q}_j^{HN} + (w - c_i)\hat{Q}_i^{HN}$$

$$= -\dfrac{Q}{9\Delta\alpha\Delta\beta}(\Delta\alpha\Delta\beta + \Delta\alpha\bar{\beta} + c_j - c_i - c_{is})^2 + (w - c_i)Q$$

将生产商利润对销售成本求偏导数：

$$\dfrac{\partial \pi_M^{HN}}{\partial c_j} = -\dfrac{2Q}{9\Delta\alpha\Delta\beta}(\Delta\alpha\Delta\beta + \Delta\alpha\bar{\beta} + c_j - c_i - c_{is})$$

$$\dfrac{\partial \pi_M^{HN}}{\partial c_i} = \dfrac{2Q}{9\Delta\alpha\Delta\beta}(\Delta\alpha\Delta\beta + \Delta\alpha\bar{\beta} + c_j - c_i - c_{is}) - Q$$

$$\dfrac{\partial \pi_M^{HN}}{\partial c_{is}} = \dfrac{2Q}{9\Delta\alpha\Delta\beta}(\Delta\alpha\Delta\beta + \Delta\alpha\bar{\beta} + c_j - c_i - c_{is})$$

命题 9：在混合渠道价格博弈均衡时，生产商利润与直销效率成正向变化、与零售商渠道效率成反向变化。也就是说，直销效率越高，生产商利润也越高；零售商渠道效率越高，生产商利润则越低。

3. 混合渠道共存且稳定的条件

$$\max \pi_M = (p_j - c_j) Q_j + (w - c_i) Q_i$$

$s.t. 0 < Q_x < Q$, $x = i, j$，根据均衡的市场份额式，我们可得到混合渠道存在的必要条件：

$$\Delta\alpha\Delta\beta - \Delta\alpha\underline{\beta} < c_j - c_i - c_{is} < -\Delta\alpha\overline{\beta} - \Delta\alpha\Delta\beta$$

绿色食品生产商由最初的单一零售商渠道，发展为采取混合渠道模式来销售绿色食品，其充分条件是：混合渠道模式下的利润要大于单一零售商渠道模式下的利润，即：

$$(\hat{p}_j^{HN} - c_j)\hat{Q}_j^{HN} + (w - c_i)\hat{Q}_i^{HN} > (w - c_i)Q$$

从前面我们求得的生产商混合渠道模式下的利润：

$$\pi_M^{HN} = -\frac{Q}{9\Delta\alpha\Delta\beta}(\Delta\alpha\Delta\beta + \Delta\alpha\overline{\beta} + c_j - c_i - c_{is})^2 + (w - c_i)Q$$

很显然：$(\hat{p}_j^{HN} - c_j)\hat{Q}_j^{HN} + (w - c_i)\hat{Q}_i^{HN} > (w - c_i)Q$ 是成立的。因此混合渠道共存且稳定要求的条件为：

$\Delta\alpha\Delta\beta - \Delta\alpha\underline{\beta} < c_j - (c_i + c_{is}) < -\Delta\alpha\overline{\beta} - \Delta\alpha\Delta\beta$，从而有：

命题 10：如果市场规模足够大，和/或直销效率足够高（直销成本低），和/或零售商渠道效率足够低（零售成本高），那么，生产商便有增设直销渠道的激励，零售商单渠道分销模式更有可能转为混合渠道分销模式。

（二）混合渠道模式渠道竞争的生产商 Stackelberg 博弈模型

首先考察博弈的第二阶段，求得零售商的反应函数，零售商的目标是自身利润的最大化：

$$\max_{m} \pi_R^{HM} = (p_i - w - c_{is}) Q_i = (p_i - w - c_{is}) \frac{(\underline{\beta}\Delta\alpha - p_j + p_i) Q}{\Delta\alpha\Delta\beta}$$

以 p_i 为变量，对 π_R^{HM} 式求一阶导数并令其等于零，得出零售商的反应函数：

$$p_i = \frac{1}{2}(c_{is} + \underline{\beta}\Delta\alpha + p_j + w)$$

在博弈的第一阶段，生产商将零售商的反应函数考虑在内，以 p_j 为变量，追求自身利润最大化：

$$\pi_M^{HM} = (p_j - c_j) \frac{(\overline{\beta}\Delta\alpha + p_j - p_i)Q}{\Delta\alpha\Delta\beta} + \frac{Q(-\underline{\beta}\Delta\alpha - p_j + p_i)(w - c_i)}{\Delta\alpha\Delta\beta}$$

对 π_M^{HM} 就 p_j 求一阶导数，并令其为零：

$$\hat{p}_j^{HM} = \frac{1}{2}(-c_i + c_{is} + c_j - \overline{\beta}\Delta\alpha - \Delta\alpha\Delta\beta + 2w)$$

将 p_j 代入 p_i，求得：

$$\hat{p}_i^{HM} = \frac{1}{4}(-c_i + 3c_{is} + c_j - 2\Delta\alpha\Delta\beta + \underline{\beta}\Delta\alpha + 4w)$$

$$\hat{Q}_j^{HM} = -\frac{Q}{4\Delta\alpha\Delta\beta}(c_i + c_{is} - c_j - \overline{\beta}\Delta\alpha - \Delta\alpha\Delta\beta)$$

$$\hat{Q}_i^{HM} = \frac{Q}{4\Delta\alpha\Delta\beta}(c_i + c_{is} - c_j + 2\Delta\alpha\Delta\beta - \underline{\beta}\Delta\alpha)$$

$$\pi_M^{HM} = -\frac{Q}{8\Delta\alpha\Delta\beta}(c_i + c_{is} - c_j - \overline{\beta}\Delta\alpha - \Delta\alpha\Delta\beta)^2 + (w - c_i)Q$$

$$\frac{\partial \pi_M^{HM}}{\partial c_j} = \frac{Q(c_i + c_{is} - c_j - 2\overline{\beta}\Delta\alpha + \underline{\beta}\Delta\alpha)}{4\Delta\alpha\Delta\beta}$$

$$\frac{\partial \pi_M^{HM}}{\partial c_i} = -\frac{Q(c_i + c_{is} - c_j + 2\overline{\beta}\Delta\alpha - 3\underline{\beta}\Delta\alpha)}{4\Delta\alpha\Delta\beta} - Q$$

$$\frac{\partial \pi_M^{HM}}{\partial c_{is}} = -\frac{Q(c_i + c_{is} - c_j + 2\overline{\beta}\Delta\alpha - 3\underline{\beta}\Delta\alpha)}{4\Delta\alpha\Delta\beta}$$

（三）混合渠道模式渠道竞争的零售商 Stackelberg 博弈模型

零售商是渠道的主导者，因此，在博弈的第二阶段，首先确定生产商的反应函数。生产商将零售商的零售价 p_i 视为既定，在此基础上选择合适的 p_j 值，使自身利润最大化：

$$\pi_M^{HR} = (p_j - c_j)Q_j + (w - c_i)Q_i$$

将 π_M^{HR} 对 p_j 求一阶导数，并令其为零，得出生产商的反应函数：

$$p_j = \frac{1}{2}(-c_i + c_j - \bar{\beta}\Delta\alpha + p_i + w)$$

在博弈的第一阶段，零售商知道了生产商的上述反应函数，于是将生产商的反应函数考虑在内，以 p_i 为变量，使自身利润最大化：

$$\pi_R^{HR} = (p_i - w - c_{is})Q_i$$

将 π_R^{HR} 式对 p_i 求一阶导数并令其等于零，可求得：

$$\hat{p}_i^{HR} = \frac{1}{2}(-c_i + c_{is} + c_j - \Delta\alpha\Delta\beta + \underline{\beta}\Delta\alpha + 2w)$$

$$\hat{p}_j^{HR} = \frac{1}{4}(-3c_i + 3c_j + c_{is} - 2\Delta\alpha\Delta\beta - \bar{\beta}\Delta\alpha + 4w)$$

$$\hat{Q}_j^{HR} = -\frac{Q}{4\Delta\alpha\Delta\beta}(c_i + c_{is} - c_j - 2\Delta\alpha\Delta\beta - \bar{\beta}\Delta\alpha)$$

$$\hat{Q}_i^{HR} = \frac{Q}{4\Delta\alpha\Delta\beta}(c_i + c_{is} - c_j + \Delta\alpha\Delta\beta - \underline{\beta}\Delta\alpha)$$

$$\pi_M^{HR} = -\frac{Q}{16\Delta\alpha\Delta\beta}(c_i + c_{is} - c_j - 2\Delta\alpha\Delta\beta - \Delta\alpha\bar{\beta})^2 + (w - c_i)Q$$

$$\frac{\partial \pi_M^{HR}}{\partial c_j} = \frac{(c_i + c_{is} - c_j - 3\bar{\beta}\Delta\alpha + 2\Delta\alpha)Q}{8\Delta\alpha\Delta\beta}$$

$$\frac{\partial \pi_M^{HR}}{\partial c_i} = -\frac{(c_i + c_{is} - c_j + 5\bar{\beta}\Delta\alpha - 6\underline{\beta}\Delta\alpha)Q}{8\Delta\alpha\Delta\beta} - Q$$

$$\frac{\partial \pi_M^{HR}}{\partial c_{is}} = -\frac{(c_i + c_{is} - c_j + 5\bar{\beta}\Delta\alpha - 6\beta\Delta\alpha)Q}{8\Delta\alpha\Delta\beta}$$

四 绿色食品生产商的渠道份额、利润分析

1. 生产商不同市场地位时的渠道份额

对生产商处于市场领先地位、市场从属地位时的直销份额和零售商间接销售份额进行比较。

生产商领先时：

$$\hat{Q}_j^{HM} = -\frac{Q}{4\Delta\alpha\Delta\beta}(c_i + c_{is} - c_j - \bar{\beta}\Delta\alpha - \Delta\alpha\Delta\beta)$$

$$\hat{Q}_i^{HM} = \frac{Q}{4\Delta\alpha\Delta\beta}(c_i + c_{is} - c_j + 2\Delta\alpha\Delta\beta - \underline{\beta}\Delta\alpha)$$

零售商领先时：

$$\hat{Q}_j^{HR} = -\frac{Q}{4\Delta\alpha\Delta\beta}(c_i + c_{is} - c_j - 2\Delta\alpha\Delta\beta - \bar{\beta}\Delta\alpha)$$

$$\hat{Q}_i^{HR} = \frac{Q}{4\Delta\alpha\Delta\beta}(c_i + c_{is} - c_j + \Delta\alpha\Delta\beta - \underline{\beta}\Delta\alpha)$$

$\hat{Q}_j^{HR} > \hat{Q}_j^{HM}$，即零售商领先时制造商的直销份额要高于制造商领先时的直销份额。从而有：

命题 11：在混合渠道内，当零售商市场地位领先时，生产商要通过提高直销份额来加强自身对零售商的影响力和话语权。

2. 生产商混合渠道模式时不同博弈条件下利润

对制造商利润在静态纳什博弈、制造商 Stackelberg 博弈、零售商 Stackelberg 博弈情形下进行比较：

$$\hat{\pi}_M^{HN} = -\frac{Q}{9\Delta\alpha\Delta\beta}(\Delta\alpha\Delta\beta + \Delta\alpha\bar{\beta} + c_j - c_i - c_{is})^2 + (w - c_i)Q$$

$$\hat{\pi}_M^{HM} = -\frac{Q}{8\Delta\alpha\Delta\beta}(c_i + c_{is} - c_j - \bar{\beta}\Delta\alpha - \Delta\alpha\Delta\beta)^2 + (w - c_i)Q$$

$$\hat{\pi}_M^{HR} = -\frac{Q}{16\Delta\alpha\Delta\beta}(c_i + c_{is} - c_j - 2\Delta\alpha\Delta\beta - \Delta\alpha\bar{\beta})^2 + (w - c_i)Q$$

结果是：$\hat{\pi}_M^{HM} > \hat{\pi}_M^{HN} > \hat{\pi}_M^{HR}$，从而有：

命题12：在混合渠道内，权力决定利润的分配。绿色食品生产商利润在其市场地位领先时最大，在零售商市场地位领先时最小，双方力量均衡时介于前两者之间。

3. 生产商在不同渠道模式下的利润

对于生产商与零售商市场力量对等时（纳什博弈条件下），生产商在不同渠道模式下的利润进行比较。

$$\hat{\pi}_M^{HN} = \frac{(13b+5r)[a-c_i(b-r)]^2}{36b(b-r)}; \hat{\pi}_M^{IN} = \frac{[a-c_i(b-r)]^2}{9(b-r)};$$

$$\hat{\pi}_M^{D} = \frac{[a-c_i(b-r)]^2}{4(b-r)}$$

假设 $c_i = c_j$，结果是：$\hat{\pi}_M^{HN} > \hat{\pi}_M^{D} > \hat{\pi}_M^{IN}$，从而有：

命题13：混合渠道策略是绿色食品生产商的最佳选择。生产商利润在混合渠道模式时最大，其次是单一的直销渠道模式，当采取单一的零售商渠道模式时，生产商利润最小。

生产商的渠道设计受到许多因素的影响，主要有经营目标、经营实力及市场地位、经营管理水平。经营目标是指其经营是以利润最大化还是市场占有率最大化为目标；经营管理水平，是指其能否有效控制渠道的经营管理成本；经营实力及市场地位强势与否都将影响其渠道选择与设计，生产商要综合多种因素，权衡进行决策，决非理论模型这么简单。

五 模型应用：算例验证

下面对消费者不存在渠道偏好时，纳什博弈情形下绿色食品生产商的渠道策略进行算例验证。

假设 $a = 500$，$b = 1$，$r = 0.5$，$c_i = c_j = 20$。

对绿色食品生产商采取单一的零售商渠道策略、单一的直销渠道策略、混合渠道策略时的利润和系统总利润进行比较。

表7-3 纳什博弈条件下直接渠道、间接渠道、混合渠道模式利润比较

	直接渠道	间接渠道	混合渠道
制造商利润	$\hat{\pi}_M^D = 4050$	$\hat{\pi}_M^{IN} = 1800$	$\hat{\pi}_M^{HN} = 6975$
系统利润	$\hat{\pi}_T^D = 4050$	$\hat{\pi}_T^{IN} = 3600$	$\hat{\pi}_T^{HN} = 7875$

结果显示：$\hat{\pi}_M^{HN} > \hat{\pi}_M^D > \hat{\pi}_M^{IN}$，$\hat{\pi}_T^{HN} > \hat{\pi}_T^D > \hat{\pi}_T^{IN}$，验证了上述结论。

表7-4 混合渠道模式下渠道份额

条件	直销量	间接销量
$c_i = c_j = 20$	52.5	30
$c_i = 30 > c_j = 20$	54.16	26.67
$c_i = 20 > c_j = 30$	47.92	31.67
$c_i > 3c_j - 120$ 假定 $c_i = 20$，则 $c_j < 46.67$	>	
$c_i = 3c_j - 120$ 假定 $c_i = 20$，则 $c_j = 46.67$	=	
$c_i < 3c_j - 120$ 假定 $c_i = 20$，则 $c_j > 46.67$	<	

当直接渠道与间接渠道的效率为 $c_i > 3c_j - 120$ 的时候，生产商应采取以直接渠道为主的混合渠道策略；当 $c_i = 3c_j - 120$ 时，生产商应考虑采取直接渠道与间接分销各半的渠道策略；当 $c_i < 3c_j - 120$ 时，生产商应采取间接分销为主的混合渠道策略。

六 混合渠道模式下合作机制

前面的研究显示，绿色食品生产商在单一的零售商渠道基础上，引入采用直销渠道是最佳的渠道策略，但可能会对零售商造成威胁、损害零售商的利益，也就是说会因为渠道竞争而导致渠道冲突问题。所以对于采取混合渠道策略的绿色食品生产商来说，如何解决渠道冲突且充分发挥直销渠道的优势显得尤其重要。接

下来主要探讨制造商在纳什博弈条件下如何协调好直销渠道与间接渠道之间、渠道内部的关系，激励零售商合作，使混合渠道的总利润最大化，使双方在合作后的利润均大于不合作时的利润，实现"双赢"。

若不考虑纵向一体化的高昂管理协调成本，感性和理性两方面知识告诉我们，纵向一体化是保证系统利润最大化的渠道协调机制，因为纵向一体化系统中只有一个决策者，其决策的目标取向是系统利润最大化。因此，为了探寻非纵向一体化条件下混合渠道协调机制，我们以纵向一体化条件下混合渠道协调的有关决策变量为基准。

（一）纵向一体化体系的决策变量

为简化分析，特设定：$b=1$，$c_i = c_j = c$，即制造商在两种渠道下的边际销售成本相等。

纵向一体化体系的利润函数为：

$$\pi_T = (p_i - c)(a - p_i + rp_j) + (p_j - c)(a - p_j + rp_i) \quad (7-17)$$

将式（7-17）分别对 p_i 和 p_j 求一阶导数：

$$\frac{\partial \pi_T}{\partial p_i} = -2p_i + 2rp_j + a + (1-r)c = 0 \quad (7-18)$$

$$\frac{\partial \pi_T}{\partial p_j} = 2rp_i - 2p_j + a + (1-r)c = 0 \quad (7-19)$$

解联立方程（7-18）、（7-19），有：

$$\hat{p}_i = \frac{1}{2}\left(\frac{a}{1-r} + c\right) ; \hat{p}_j = \frac{1}{2}\left(\frac{a}{1-r} + c\right) \quad (7-20)$$

将（7-20）式代入需求函数，有：

$$\hat{Q}_i = \frac{a - (1-r)c}{2} ; \hat{Q}_j = \frac{a - (1-r)c}{2} \quad (7-21)$$

假设在纵向一体化体制下，生产商通过内部转移价格方式赋

予零售商相对"独立"的定价权,设生产商提供给零售部门的内部转移价格为 p_n,此时零售部门寻求以下利润最大化:

$$\max_{p_i} \pi_R = (p_i - p_n)(a - p_i + rp_j) \tag{7-22}$$

p_n 是使零售部门设置 p_i 为 $\hat{p}_i$,使生产部门设置 p_j 为 $\hat{p}_j$ 的最优转移价格。将 (7-22) 式对 p_i 求一阶导数,并将 (7-20) 式中的 $\hat{p}_i$、$\hat{p}_j$ 值代入,得:

$$\hat{p}_n = \frac{1}{2}\left[\frac{ra}{1-r} + (2-r)c\right] \tag{7-23}$$

因此有:

$$\hat{\pi}_R = (\hat{p}_i - \hat{p}_n)\hat{Q}_i = \frac{a-(1-r)c}{2}\hat{Q}_i = (\hat{Q}_i)^2 \tag{7-24}$$

通过内部转移价格,零售商利润的一部分可以转移到系统内部。制造商的利润为:

$$\hat{\pi}_M = (\hat{p}_n - c)\hat{Q}_i + (\hat{p}_j - c)\hat{Q}_j = \frac{1}{2}\left(\frac{a}{1-r} - c\right)(r\hat{Q}_i + \hat{Q}_j) \tag{7-25}$$

整个系统的利润为:

$$\hat{\pi}_T = \hat{\pi}_R + \hat{\pi}_M = \frac{1}{2}\left(\frac{a}{1-r} - c\right)(r\hat{Q}_i + \hat{Q}_j) + (\hat{Q}_i)^2 \tag{7-26}$$

(二) 古诺协调模型

设 k 为零售商在支付产品单价外,向制造商支付的一笔固定费用。

生产商的目标是通过双重价格机制使混合渠道的渠道总利润最大化,零售商的目标是使自身利润最大化,则生产商和零售商面临的问题分别是:

$$\max_{w} \pi_T = (m+w-c)[a-b(m+w)+rp_j] + (p_j-c)[a-p_j+r(m+w)]$$
$$\max_{p_j} \tag{7-27}$$

$$\max_m \pi_R = m[a - b(m+w) + rp_j] - k \qquad (7-28)$$

令式（7-27）分别对 w、p_j 的一阶导数为零，(7-28) 式对 m 的一阶导数为零，得到联立方程组：

$$\frac{\partial \pi_T}{\partial w} = -2m - 2w + 2rp_j + a + (1-r)c = 0 \qquad (7-29)$$

$$\frac{\partial \pi_T}{\partial p_j} = 2rm + 2rw - 2p_j + a + (1-r)c = 0 \qquad (7-30)$$

$$\frac{\partial \pi_R}{\partial m} = -2m - w + rp_j + a = 0 \qquad (7-31)$$

得到纳什博弈条件下各变量的最优解：

$$\hat{w}^* = \frac{1}{2}\left[\frac{ra}{1-r} + (2-r)c\right] = p_n^* \qquad (7-32)$$

$$\hat{p}_j^* = \frac{1}{2}\left(\frac{a}{1-r} + c\right) \qquad (7-33)$$

$$\hat{m}^* = \frac{1}{2}[a + (r-1)c] \qquad (7-34)$$

$$\hat{p}_i^* = \hat{w}^* + \hat{m}^* = \frac{1}{2}\left(\frac{a}{1-r} + c\right) \qquad (7-35)$$

从上述计算结果可以看到，纳什博弈模型中的生产商也可以运用双重价格制使得非纵向一体化混合渠道获得纵向一体化体制下的绩效，即使混合渠道达到协调状态。这时零售商的利润为：

$$\hat{\pi}_R^* = \hat{m}^* \times Q_i^* - k = \frac{[a + (1-r)c]^2}{4} - k，由 \hat{\pi}_R^* > 0 可知，$$

k 应满足：

$$k < \frac{[a + (1-r)c]^2}{4}，由此有命题：$$

命题 14：在由一个生产商、一个零售商以及生产商拥有直销渠道组成的非垂直一体化混合渠道系统中，如果生产商和零售商之间为静态纳什博弈，则生产商可通过双重价格机制激励零售商合作、协调渠道矛盾，使系统总利润最大化，双重价格为 $\{p_n^*,$

$k\}$，$p_n^* = \frac{1}{2}\left[\frac{ra}{1-r} + (2-r)c\right]$，$k \in \left(0, \frac{[a+(1-r)c]^2}{4}\right)$。

（三）纳什博弈条件下混合渠道内合作利润分配

根据上面的分析，得知生产商通过双重价格机制激励零售商合作，使混合渠道达到协调状态，即实现渠道总利润最大化，但总利润增大了并不意味着生产商和零售商各自的利润一定会增加，理性的双方只会在合作后自身利润大于合作前利润的情况下有动力开展合作，因此生产商还需精心设计双重价机制使双方有积极性开展合作。我们首先考察在合作前后的利润变化情况。

1. 渠道总利润在合作前后的变化

以 H 表示合作，N 表示非合作。

渠道协调情况下（即合作后）的混合渠道总利润为：

$$\pi_{HT}^* = \frac{[a-(1-r)c]^2}{2(1-r)} \qquad (7-36)$$

在纳什博弈条件下，非协调（即不合作）时的混合渠道总利润为：

$$\pi_{NT}^* = \frac{1}{36} \times \frac{(r+17)[a-(1-r)c]^2}{1-r} \qquad (7-37)$$

$$\pi_{HT}^* - \pi_{NT}^* = \frac{1}{36}[a-(1-r)c]^2 > 0 \qquad (7-38)$$

这说明合作后的总利润要大于合作前的总利润，也就是说，通过渠道协调将提高混合渠道的总利润。

2. 零售商、生产商在合作前后的利润变化及其合作利润分配

$$\pi_{HR}^* = \frac{[a-(1-r)c]^2}{4} - k \qquad (7-39)$$

$$\pi_{HM}^* = \pi_{HT}^* - \pi_{HR}^* \qquad (7-40)$$

$$\pi_{NR}^* = \frac{[a-(1-r)c]^2}{9}，\pi_{NM}^* = \pi_{NT}^* - \pi_{NR}^* \qquad (7-41)$$

$$\pi_{HR}^* - \pi_{NR}^* = \frac{5[a-(1-r)c]^2}{36} - k \tag{7-42}$$

$$\pi_{HM}^* - \pi_{NM}^* = -\frac{[a-(1-r)c]^2}{9} + k \tag{7-43}$$

比较（7-42）、（7-43）式可知：

当 $0 \leq k \leq \frac{[a-(1-r)c]^2}{9}$ 时，$\pi_{HR}^* - \pi_{NR}^* > 0$，$\pi_{HM}^* - \pi_{NM}^* \leq 0$；

当 $k \geq \frac{5[a-(1-r)c]^2}{36}$ 时，$\pi_{HR}^* - \pi_{NR}^* \leq 0$，$\pi_{HM}^* - \pi_{NM}^* > 0$；

当 $\frac{[a-(1-r)c]^2}{9} < k < \frac{[a-(1-r)c]^2}{8}$ 时，$\pi_{HR}^* - \pi_{NR}^* > \pi_{HM}^* - \pi_{NM}^* > 0$；

当 $\frac{[a-(1-r)c]^2}{8} < k < \frac{5[a-(1-r)c]^2}{36}$ 时，$\pi_{HM}^* - \pi_{NM}^* > \pi_{HR}^* - \pi_{NR}^* > 0$；

当 $k = \frac{[a-(1-r)c]^2}{8}$ 时，$\pi_{HR}^* - \pi_{NR}^* = \pi_{HM}^* - \pi_{NM}^* > 0$

由此，有命题：

命题15：在由一个制造商、一个零售商以及生产商拥有直销渠道的非纵向一体化混合渠道系统中，生产商和零售商在纳什博弈条件下，生产商通过双重价格机制使渠道协调，实现系统总利润最大化。双重价格为 $\{p_n^*, k\}$，k 是零售商向生产商支付的一笔固定费用，$k \in \left\{0, \frac{[a-(1-r)c]^2}{4}\right\}$。若 $k \leq \frac{[a-(1-r)c]^2}{4}$，同时满足下列条件，有：①若 $k \in \left\{0, \frac{[a-(1-r)c]^2}{9}\right\}$，则零售商在渠道协调后的利润大于协调前，而生产商利润在协调后小于或等于协调前；若 $k \in \left\{\frac{5[a-(1-r)c]^2}{36}, \frac{[a-(1-r)c]^2}{4}\right\}$，则生产商在协调后的利润大于协调前，而零售商利润在协调后小于或等于协调前。②若 $k \in \left\{\frac{[a-(1-r)c]^2}{9}, \frac{[a-(1-r)c]^2}{8}\right\}$，则生产商和零售商协调后的利润均大于协调前且零售商分得更多利润；若 $k \in \left\{\dfrac{[a-(1-r)c]^2}{8}, \dfrac{5[a-(1-r)c]^2}{36}\right\}$，则两者在协调后的利润均大于协调前且生产商分得更多利润；若 $k = \dfrac{[a-(1-r)c]^2}{8}$，则两者在协调后（合作后）的利润均大于协调前且双方平均分得合作利润。

现实经济活动中，对于双方因为合作而新增加利润的分配由双方共同协商、讨价还价加以确定，从根本上来说，取决于双方的市场地位，相对强势的一方将获得更多合作利润。

3. 算例验证

当零售商和生产商之间为静态纳什博弈时，绿色食品生产商可以通过 $\{p_n^*, k\}$ 的双重价格机制使渠道总利润最大化，p_n^* 为生产商的单位批发价格，k 为零售商向生产商支付的特许费用，k 的取值不同影响渠道协调后合作利润在生产商和零售商之间的分配。

设 $a = 100$，$r = 0.5$，$c = 20$，$a - (1-r)c = t$。

根据命题 y，若 $k < 2025$ 且满足：若 $k \in \left[0, \dfrac{t^2}{9}\right]$ 也即 $k \in [0, 900]$ 或 $k \in \left[\dfrac{5t^2}{36}, \dfrac{t^2}{4}\right]$ 也即 $k \in [1125, 2025]$，则合作后只有一方利润增加，当 $k \in [0, 900]$ 时，零售商利润提高；当 $k \in [1125, 2025]$ 时，生产商利润提高；若 $k \in \left[\dfrac{t^2}{9}, \dfrac{t^2}{8}\right]$ 也即 $k \in [900, 1012.5]$，则生产商和零售商合作后的利润均大于合作前且零售商分得更多合作利润；若 $k \in \left[\dfrac{t^2}{8}, \dfrac{5t^2}{36}\right]$ 也即 $k \in [1012.5, 1125]$，则生产商和零售商合作后的利润均大于合作前且生产商分得更多合作利润；若 $k = \dfrac{t^2}{8}$ 也即 $k = 1012.5$，则两者在合作后的利润均大于合作前且双方平分合作利润。根据（7-23）式计算生产商的

批发价格：$p_n^* = \frac{1}{2}\left[\frac{0.5 \times 100}{1-0.5} + (2-0.5) \times 20\right] = 65$。

根据（7-20）式计算生产商的直销价格：

$$p_j^* = \frac{1}{2}\left(\frac{a}{1-r} + c\right) = \frac{1}{2} \times \left(\frac{100}{1-0.5} + 20\right) = 110 > p_n^*$$

（四）结论

通过本部分的分析，可以得到的主要结论是以下四点。

（1）绿色食品生产商在混合渠道模式下可以运用双重价格机制促使零售商合作，实现渠道协调。

（2）通过协调渠道冲突，也就是绿色食品生产商与零售商进行合作后，系统总利润要大于两者"各自为战"时的系统总利润，同时他们各自的利润均要高于合作前，此外，消费者也从中获益，得益于 $p_{Hi}^* < p_{Ni}^*$（p_{Hi}^* 为合作时零售价，p_{Ni}^* 为非合作时零售价），渠道协调后能够真正实现"多赢"。

（3）绿色食品生产商采用直销渠道并不一定损害零售商利益，生产商的直销渠道和间接渠道在相互竞争的同时又可以进行合作、共同发展、把"蛋糕"做大，共同分享系统总利润扩大的成果。

（4）绿色食品生产商与零售商的合作机制就是双重价格机制，通过双方的协商、讨价还价来确定双方都能接受的利润分配方案，从根本上说，利润分配方案的确定取决于双方的市场地位或者说是各自的渠道权力，相对强势的一方将获得更多的利润。

表7-5 静态纳什博弈情形下不同 k 取值利润数据

k 取值	利润	合作前 (1)	合作后 (2)	利润变化 (3) = (2) - (1)	注
$k=300$（区间1）	π_T	7875	8100	225	{65,300} 制造商不会接受
	π_M	6975	6375	-600	
	π_R	900	1725	825	

续表

k 取值	利润	合作前 (1)	合作后 (2)	利润变化 (3) = (2) - (1)	注
$k = 1500$ (区间2)	π_T	7875	8100	225	{65,1500} 零售商不会接受
	π_M	6975	7575	600	
	π_R	900	525	-375	
$k = 950$ (区间3)	π_T	7875	8100	225	{65,950} 零售商分得更多
	π_M	6975	7025	50	
	π_R	900	1075	175	
$k = 1050$ (区间4)	π_T	7875	8100	225	{65,1015} 制造商分得更多
	π_M	6975	7125	150	
	π_R	900	975	75	
$k = 1012.5$ (区间5)	π_T	7875	8100	225	{65,1012.5} 双方平分合作利润
	π_M	6975	7087.5	112.5	
	π_R	900	1012.5	112.5	
$k = 900$ (区间1上限)	π_T	7875	8100	225	{65,900} 零售商独享合作利润
	π_M	6975	6975	0	
	π_R	900	1125	225	
$k = 1125$ (区间2上限)	π_T	7875	8100	225	{65,1125} 制造商独享合作利润
	π_M	6975	7200	225	
	π_R	900	900	0	
$k = 0$ (区间1下限)	π_T	7875	8100	225	{65,0} 单一价 制造商不会接受
	π_M	6975	6075	-900	
	π_R	900	2025	1125	

表7-5验证的结果与命题15是一致的。

七 本章小结

本章在借鉴相关研究成果的基础上，针对农产品绿色供应链下游企业之间的合作，通过定量及定性的分析，探讨涉及加工制造商、零售商供应链中产品定价、利润分配等问题。

首先,以绿色食品的生产加工商→零售商→消费者的间接渠道模式为例,通过构建模型,说明绿色食品供应链下游的生产加工商与零售商进行合作的必要性,分析两者合作关系稳定的必要条件。

其次,考察消费者不存在渠道偏好时,绿色食品生产商的渠道策略,得出了混合渠道是绿色食品生产加工商的理性选择的结论;进一步分析了当消费者存在渠道偏好时,绿色食品生产商在混合渠道模式下如何进行渠道份额决策。

最后,探讨生产商在纳什博弈条件下如何协调好直销渠道与间接渠道之间、渠道内部的关系,激励零售商合作,使混合渠道的总利润最大化,使双方在合作后的利润均大于不合作时的利润,实现"双赢"。

第八章
消费者绿色食品消费行为研究

消费者居于整个农产品绿色供应链的终端节点，但其重要性却位于首要位置，消费者对绿色农产品的需求是农产品绿色供应链产生与发展的基础。在当今以买方市场为特点的激烈市场背景下，可以说，没有消费者的需求与消费，就没有市场；没有市场，那么企业的生产及其整个流通环节都是徒劳、没有任何存在的价值。对于绿色食品行业也同样如此。只有扩大绿色食品的消费群体，让更多的消费者购买绿色食品，生产商和流通渠道中介组织才能获得更大更长久的利益。刺激并满足消费者的绿色需求也就成为农产品绿色供应链耦合的重要内容，因此，研究农产品绿色供应链耦合必然要对需求主体——消费者进行研究，消费者的绿色食品消费行为特点应该成为绿色食品产销商、政府决策的出发点。

第一节 消费者对绿色食品的认知与评价

一 研究背景

（一）调研背景

"绿色食品"从提出到现在，已近二十年。近几年来我国绿色食品发展更是迅速，总体规模不断扩大，截止到 2010 年，我国绿色食品企业总数达到 6391 家，产品总数达到 16748 个（如表 8-1 所示），然而目前绿色食品的优势并没得以充分发挥，其市场销售现状还不是很乐观。如何扩大绿色食品的需求，成为日益增长的绿色食品企业群体面临的最重要的问题。而研究顾客的绿色消费心理和行为特点，对开展企业营销活动和政府部门对绿色食品管制方面具有一定价值。

表 8-1　2001~2010 年我国绿色食品发展情况

指标	2001 年	2002 年	2003 年	2004 年	2005 年	2006 年	2007 年	2008 年	2009 年	2010 年	平均增长速度（%）
当年认证企业（个）	536	613	918	1150	1839	2064	2371	2191	2297	2526	18.8
当年认证产品（个）	988	1239	1746	3142	5077	5676	6263	5651	5865	6437	23.2
认证企业总数（个）	1217	1756	2047	2836	3695	4615	5740	6176	6003	6391	20.2
认证产品总数（个）	2400	3046	4030	6496	9728	12868	15238	17512	15707	16748	24.1
实物总量（万吨）	2000	2500	3260	4600	6300	7200	8300	9000	—	—	—
年销售额（亿元）	500	597	723	860	1030	1500	1929	2597	3162	2823.8	21.2
年出口额（亿美元）	4	8.4	10.8	12.5	16.2	19.6	21.4	23.2	21.6	23.1	21.5
监测面积（万亩）	5800	6670	7710	8940	9800	15000	23000	25000	24800	24000	17.1

资料来源：http://www.greenfood.org.cn/Html/2008-8-25/2_8629_2008-8-25_8632.html。

湖南省作为我国的农业大省，其绿色食品生产与消费在全国将起到一个良好的示范作用。为了较为全面地了解绿色食品在湖南省内的消费状况，促进湖南省内绿色食品的消费，特做了此次调研。

(二) 数据来源

1. 调研样本选择

本研究主要以问卷调查方法为主，问卷调查的调研组成员主要是湖南农业大学 2008 级国贸和工商专业的在校学生，这些调查者家住省内各地、市级城市，人数总计近 60 人。调研时间为 2010 年 7 月份。本次调查主要采取了留置调查访问法、面谈调查访问法、观察法、分层逐级抽样与随机抽样相结合的方法。分三个层次抽取：区域（湖南省）－地、县级城市－调查场所－居民消费者。具体过程如下：首先选择湖南省为调查区域，比全国范围内的研究更具有实际意义和区域特色；从湖南省中选取样本城市，先选取省会城市及其周边城市，如株洲和湘潭，其次选取地级市、县级市，如常德、岳阳、衡阳、郴州、张家界、永州、邵阳、耒阳、临武等地作为样本城市；再从样本城市中选取调查场所，调查地点主要在样本城市市区的超市与农贸市场，另有部分问卷调查地点选择在商品房小区、工作场所，如机关、事业单位，是学生利用亲人的关系联系的调研对象。正式调研前，对调查者进行了短期培训和疑问解答。此次调查共发放了 600 份问卷，回收了 540 份问卷，有效问卷 480 份，其中仅有 407 个被调查者听说过绿色食品。笔者对那些没有听说过绿色食品的问卷予以剔除，所以最终仅使用了 407 份问卷作为后面计量分析的研究样本。问卷回收后运用 Excel 进行数据统计和分析。

2. 调查问卷信度

信度分析（Reliability Analysis）又称可靠性分析，是一种度量综合评价体系是否具有一定的稳定性和可靠性的有效分析方法。目前最常用的是 Alpha 信度系数法，一般情况下我们主要考虑量表的内在信度，即项目之间是否具有较高的内在一致性。通常认为，信度系数应该在0~1之间，如果量表的信度系数在0.8以上，表示量表的信度很好；如果量表的信度系数在0.7~0.8之间，表示量表的信度可以接受；如果量表的信度系数在0.6~0.7之间，表示有些项目需要修订；如果量表的信度系数在0.6以下，表示有些项目需要抛弃。

为了保障问卷的信度，本人主要从问卷设计和调查中尽量避免差错，包括请校内外有实证研究经验的专家提议修改，亲赴大中型超市做实地调查，收集相关信息以完善问卷，另外在调查过程和后期严格筛选部分问卷。这其中做了简单的信度分析，主要检验问卷的整体信度，检验结果Cronbach's Alpha为0.796，该量表的信度系数介于0.7~0.8之间，表示问卷的整体内部一致性信度可接受。

3. 调查样本特征

调查的407个样本中，男女比例约为4:6；已婚人数约占八成；年龄层次以36~45岁间居多，达到32.7%，55岁以上的人数最少，仅占7.9%，其他年龄层次的比例相当，约为20%；受教育程度方面，"高中或中专"、"本科或大专"两者占了绝大多数，各为37%和51%；家庭年均收入在2万~8万的人数居多，约为64.8%，2万以下的低收入群体约为19.7%，高收入群体"8~10万"的人数仅为5.9%，此处收入层次分配呈现橄榄形分布；样本职业项目中，政府官员、私营业主和企业职员的比重较高，分别约为16%、17.9%和18.9%，其他职业人数较少，值得一提的是职业项目涉及面太广、设计不合理，并且不便做后期的二元回归分析，在此仅作简单描述；健康状况项目中，被调查者整体健康状况较好，选择良好状况的占了七成多，身体状况较差的较少，约为0.7%（见表8-2）。

表8-2 样本分布情况

项目	类别	频数	占比（%）
性别	男	157	38.40
	女	250	61.40
婚姻	未婚	86	21.10
	已婚	321	78.90
年龄	18~25岁	82	20.10
	26~35岁	79	19.40
	36~45岁	133	32.70
	46~55岁	81	19.90
	55岁以上	32	7.90
文化程度	初中及以下	29	7.10
	高中或中专	151	37.10
	本科或大专	210	51.60
	研究生及以上	17	4.20
家庭年收入	小于2万	80	19.70
	2万~4万	125	30.70
	4万~6万	90	22.10
	6万~8万	49	12.00
	8万~10万	24	5.90
	大于10万	39	9.60
职业	政府人员	65	16.00
	医务人员	47	11.50
	教研人员	32	7.90
职业	私营业主	73	17.90
	公司职员	77	18.90
	家庭主妇	44	10.80
	家政人员	5	1.20
	离退待业	16	3.90
	其他人员	48	11.80

续表

项　目	类　别	频　数	占比（％）
健康状况	良好	299	73.50
	一般	105	25.80
	较差	3	0.70

资料来源：表中数据为本次调研的整理结果，此后各表格均为本次调查数据统计结果。

二　消费者绿色食品认知与评价分析

（一）绿色食品的认知

从图 8-1 可以看出来，在 480 份有效问卷中，仅有 73 个消费者不曾听过绿色食品，其他 407 个消费者都听过绿色食品，其中不足半数的调研对象能够正确识别绿色食品标识。可见大家普遍听说过绿色食品，却并不能正确识别绿色食品标识。这说明整体上消费者对绿色食品的认知停留在感性认知层面。

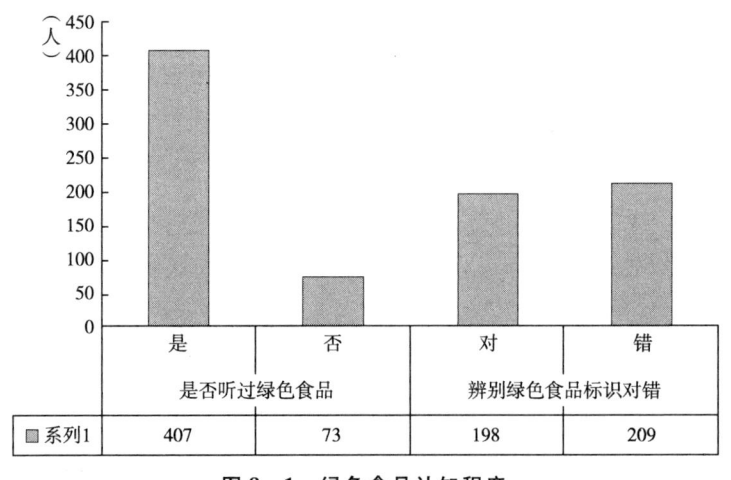

图 8-1　绿色食品认知程度

（二）绿色食品的信任度

对于有无绿色食品认证标识的食品之间的安全性比较，从图 8-2 可见，407 份有效问卷中有 324 人，约占 79.6% 的消费者相信绿色食品比普通食品更为安全，仅有少数部分消费者、约有 83 个消费者回答为不相信和不清楚。这说明绝大部分消费者对绿色食品具有一定的信任度。

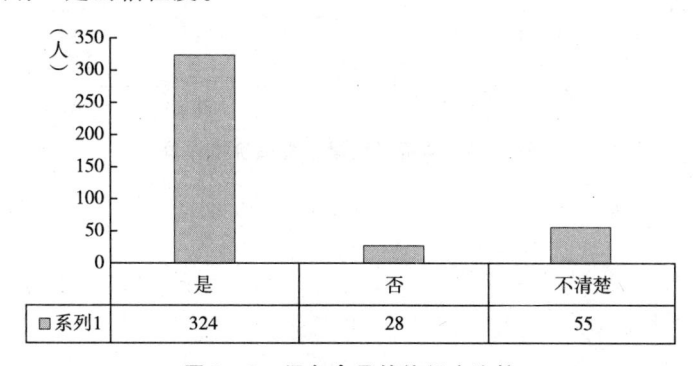

	是	否	不清楚
系列1	324	28	55

图 8-2　绿色食品的信任度比较

（三）消费者对绿色食品价格的评价及影响因素

1. 消费者对绿色食品价格评价

如图 8-3，有 47.4% 的消费者认为绿色食品价格偏高，18.4% 的认为价格太高，21.6% 认为价格比较恰当，这表明大部分消费者感觉绿色食品的价格高，要使更多消费者有足够实力购买绿色食品，应该调整其价格。

2. 影响消费者购买绿色食品的主要原因

由图 8-4 可以看出，在消费者购买绿色食品时，担心假冒的比率为 40.4%，说明消费者对绿色食品本身的质量可靠性存在怀疑态度，这最主要是因为目前市场比较混乱，监管制度存在诸多漏洞，政府应该在这方面加大措施力度。另外，绿色食品价格太高也在很大程度上影响绿色食品的购买，约占 26.1%，影响因子排名第二。这表明，企业在价格策略上，应适当调整价格以增加销量。

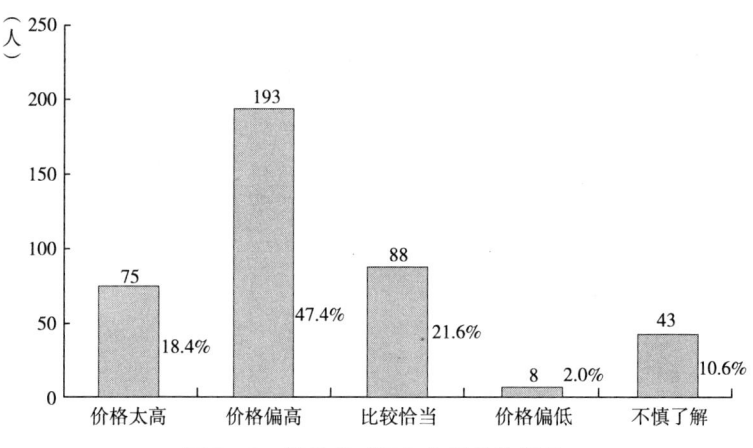

中国农产品绿色供应链耦合机制研究

图 8-3 消费者对绿色食品价格评价

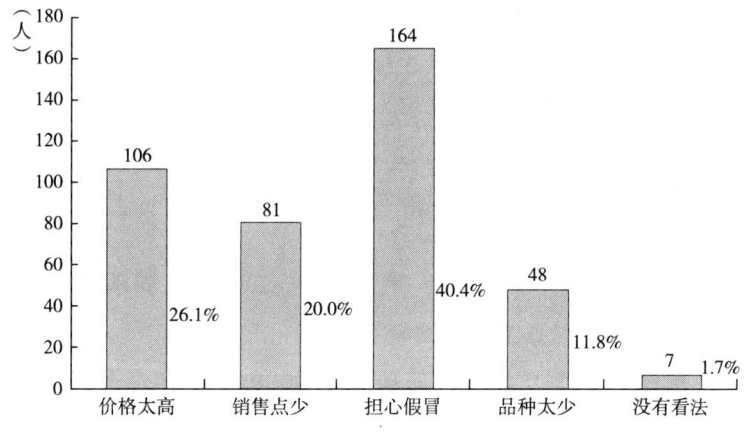

价格太高	价格偏高	比较恰当	价格偏低	不慎了解
75 (18.4%)	193 (47.4%)	88 (21.6%)	8 (2.0%)	43 (10.6%)

图 8-4 影响消费者购买绿色食品的主要原因

价格太高	销售点少	担心假冒	品种太少	没有看法
106 (26.1%)	81 (20.0%)	164 (40.4%)	48 (11.8%)	7 (1.7%)

3. 绿色食品价格幅度的接受情况

假如普通食品的价格是每斤 5 元,在确保质量的情况下,消费者能接受的绿色(无公害)食品的最高价格及其对应人数比较如图 8-5 所示。

从图 8-5 可以看到,愿意接受绿色食品的价格为 5.5 和 6.0 的消费者比例分别为 31% 和 37.1%。也就是说,大概有六成的消费者愿意为良好的绿色食品质量买单,其接受价差比率大概为 10% ~ 20%。

第八章　消费者绿色食品消费行为研究

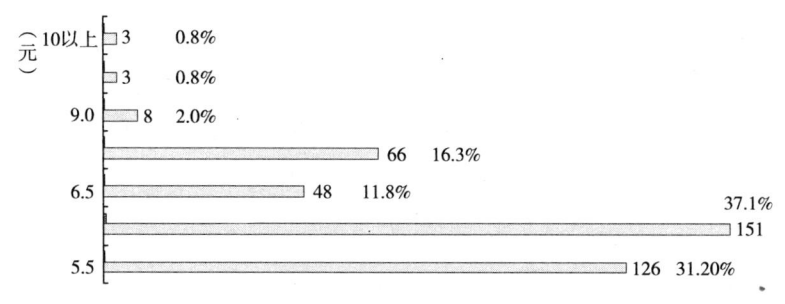

图 8-5　消费者对绿色食品价格的接受程度

价格（元）	人数	比率
10以上	3	0.8%
	3	0.8%
9.0	8	2.0%
	66	16.3%
6.5	48	11.8%
	151	37.1%
5.5	126	31.20%

注：横轴表示能接受相应价格的人数及其在总样本中的比率。

（四）消费者对绿色食品供求评价及建议

1. 绿色食品可行的渠道选择

图 8-6 显示，消费者认为超市是绿色食品销售的最佳渠道，其次是专卖店，列第三位的是直销配送。

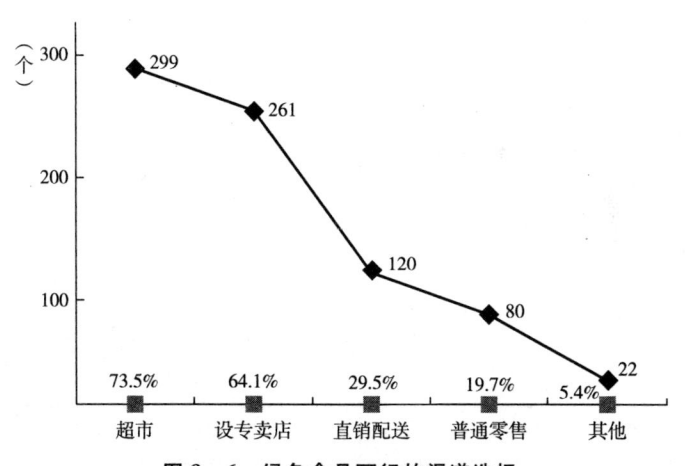

图 8-6　绿色食品可行的渠道选择

渠道	数量（个）	百分比
超市	299	73.5%
设专卖店	261	64.1%
直销配送	120	29.5%
普通零售	80	19.7%
其他	22	5.4%

注：这里的百分比是用各项频数除以样本数目（245个）所得，用来比较大小。

2. 绿色食品消费不热的主要原因

针对"公众绿色食品消费不热的原因"进行调查，结果表明，消费者对绿色食品质量真实性的担忧（质量不保）成为影响消费

243

的首要因素，其次是因为价格太高，第三是因为宣传不够，其比值分别为63.3%、59.2%和45.7%（见图8-7）。因此，消除假冒伪劣产品、增强绿色消费意识、提高市场信息效率成为政府改善绿色食品市场环境的重要工作内容。绿色食品的产销企业应该在价格策略、渠道策略上进行创新。

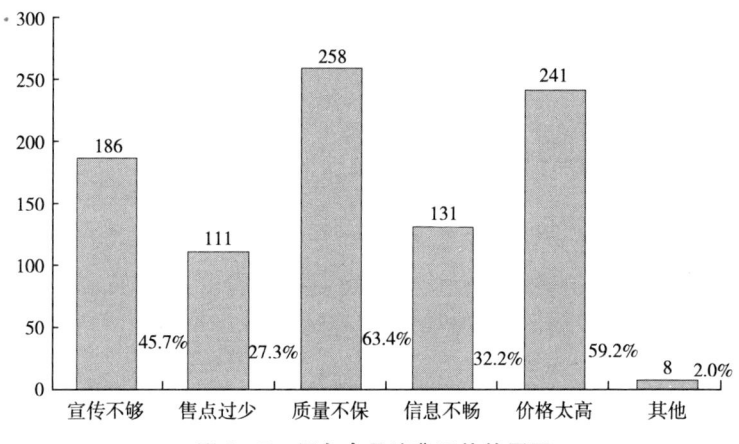

图8-7 绿色食品消费不热的原因

3. 政府在绿色食品供应链管理中的职能

消费者对政府在绿色食品供应链管理中的职能重要程度排名，如表8-3所示。

表8-3 政府在绿色食品供应链管理中的作用

单位：人,%

排名	财政支持	加大宣传	监管质量	打击假冒	制订规划	增加科研投入	提供信息服务
一	127 (31.4)	55 (11.0)	70 (17.1)	72 (17.6)	22 (5.3)	51 (12.7)	20 (4.9)
二	45 (11.0)	55 (13.5)	105 (25.7)	86 (21.0)	45 (11.0)	43 (10.6)	28 (6.9)
三	53 (13.1)	50 (12.2)	61 (15.1)	95 (23.3)	43 (10.6)	66 (16.3)	38 (9.4)
四	46 (11.4)	58 (14.3)	40 (9.8)	58 (14.3)	46 (11.4)	88 (21.6)	69 (17)

注：单位为人，括号内的数字为百分比。

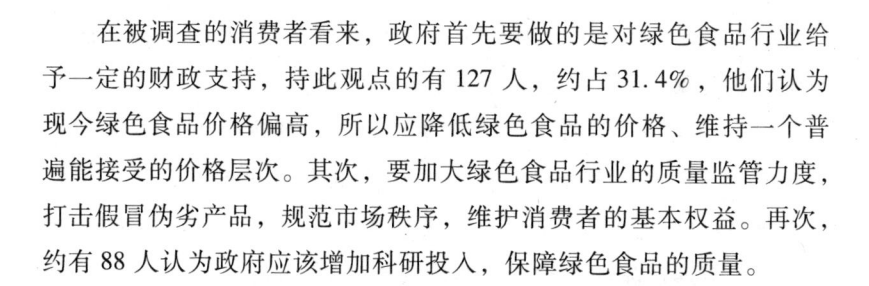

在被调查的消费者看来，政府首先要做的是对绿色食品行业给予一定的财政支持，持此观点的有 127 人，约占 31.4%，他们认为现今绿色食品价格偏高，所以应降低绿色食品的价格、维持一个普遍能接受的价格层次。其次，要加大绿色食品行业的质量监管力度，打击假冒伪劣产品，规范市场秩序，维护消费者的基本权益。再次，约有 88 人认为政府应该增加科研投入，保障绿色食品的质量。

三 绿色食品企业面向消费者的定价模型

消费者是绿色食品供应链活动得以存在与有效运作的前提。对于消费者而言，市场上不仅存在绿色产品，而且也存在普通产品，两者在功能方面并不存在本质的区别，信息不对称使得绿色产品在市场中会出现"柠檬市场"的现象，其直接结果是使得绿色产品的价格只能与普通产品持平，导致绿色食品生产商的利润水平低于社会的平均利润水平。如何合理定价让绿色食品成为消费者消费的对象，对于农产品绿色供应链有效运作，具有十分重要的意义。

接下来，主要讨论面向消费者的绿色产品定价问题，如何通过利益机制即价格来实现利益的分配以保证消费者从效应最大化与消费理性的角度出发，选择绿色产品作为其消费的对象，使得生产系统与消费者之间的利润实现公平与效率的分配，实现生产者、消费者双方共赢，使绿色食品产业实现可持续发展。

（一）基本假设及其变量设定

对于普通产品与绿色产品而言，消费者在使用过程中基本功能或者说基本效用是相等的，两者之间存在一定的替代性。但是绿色产品也给消费者带来了普通产品所不具有的效用：①心理安全效用，即通过使用绿色产品能在心理上满足安全的需要，不用担心使用产品会给消费者带来不安全；②社会责任感效用，即通过使用绿色产品能使消费者因承担环保责任而产生心理满足感。对绿色产品和普通产品给消费者所带来的效用定义为 U_n，而通过消费绿色产品所增加的效用定义为绿色效用 U_g。基于分析的需要与研究的对象，不失一般性地作出以下假设。

（1）市场中只存在两个寡头生产企业，其边际生产成本分别为 C_{m1}、C_{m2}，假定寡头生产企业（m1）提供绿色产品，而寡头生产企业（m2）提供普通产品，且 $C_{m1} > C_{m2}$，即提供绿色产品的生产企业比普通产品的生产企业要投入更高的成本；

（2）假定两个寡头生产企业提供产品的绿色度 G 不一样，产品存在差异化，其差异化水平属于线性分布即 $G \in [0, 1]$，消费者对产品绿色度的偏好是均匀分布；

（3）生产企业 m2 所提供的产品的绿色度为 0，生产企业 m1 的绿色度水平为 χ，$0 < \chi \leq 1$，两个生产企业所生产的产品除绿色度以外，不存在其他差异；

（4）消费者购买生产企业 m1 的产品价格为 P_{m1}，生产企业 m2 的价格为 P_{m2}；

（5）消费者对产品的需求只有单位需求，消费者在购买生产企业 m2 的产品时，消费者剩余为 $U_{m2} = U_n - P_{m2}$，$U_n > P_{m2}$，U_n 即为消费者在购买具有基本功能的产品所愿意支付的最高价，$U_n > P_{m2}$ 时，能保证消费者有能力购买一个单位产品；

（6）消费者购买生产企业 m1 的产品时，消费者剩余为 $U_{m1} = U_n + U_g - P_{m1}$，$(U_n + U_g) > P_{m1}$，$U_n + U_g$ 即为消费者在购买绿色产品所愿意支付的最高价，$U_n + U_g > P_{m1}$ 时，能保证消费者有能力购买一个单位产品；

（7）$U_g = a\chi$，其中 χ 为产品的绿色度，a 为常数；

（8）H 为市场中高收入阶层的数量。

（二）绿色食品生产企业的产品定价

对于普通消费者而言，当 $U_{m1} > U_{m2}$ 时会选择购买绿色产品，当 $U_{m1} < U_{m2}$ 时会选择购买普通产品，当两者相等时，$\chi_0^* =$

$\frac{P_{m1} - P_{m2}}{a}$，因此可以得到两个生产企业的需求函数：

$$Q_1(P_{m1}, P_{m2}) = 1 - \frac{P_{m1} - P_{m2}}{a} + H \qquad (8-1)$$

$$Q_2(P_{m1}, P_{m2}) = \frac{P_{m1} - P_{m2}}{a} \qquad (8-2)$$

对于生产企业 m_1 而言存在两阶段决策：第一阶段进行价格决策，第二阶段进行产品的绿色度决策；对于生产企业 m_2 而言只存在一个决策，即价格决策。基于前面的假设，可以得到生产企业 m_1 与生产企业 m_2 的利润函数：

$$\pi_{m1} = (P_{m1} - C_{m1})\left(1 - \frac{P_{m1} - P_{m2}}{a} + H\right) \qquad (8-3)$$

$$\pi_{m2} = (P_{m2} - C_{m2})\frac{P_{m1} - P_{m2}}{a} \qquad (8-4)$$

要实现利润最大化必须满足：

$$\frac{\partial \pi_{m1}}{\partial P_{m1}} = 0; \frac{\partial \pi_{m2}}{\partial P_{m2}} = 0$$

求解得到生产企业 m1 与生产企业 m2 的最优价格 $\overline{P}_{m1}$，$\overline{P}_{m2}$

$$\overline{P}_{m1} = \frac{2}{3}a^2\left(\frac{2C_{m2}}{a^2} + \frac{1 + H + \frac{C_{m2} + 0.56\chi^2}{a}}{a}\right) - C_{m2} \qquad (8-5)$$

$$\overline{P}_{m2} = \frac{1}{3}a^2\left(\frac{2C_{m2}}{a^2} + \frac{1 + H + \frac{C_{m2} + 0.56\chi^2}{a}}{a}\right) \qquad (8-6)$$

对于提供绿色产品的生产企业 m1 要进行产品的绿色度决策，在确定其产品的价格条件下，我们可以得到利润函数：$\pi_{m1}(x) = (\overline{P}_{m1} - C_{m2})\left(1 - \frac{\overline{P}_{m1} - \overline{P}_{m2}}{a} + H\right)$，要实现其利润的最大化必须满足 $\frac{\partial \pi_{m1}}{\partial \chi} = 0$，求解可以得到最优的绿色度：

$$\bar{\chi} = 0; \bar{\chi} = \pm \frac{3\sqrt{0.2^{0.5}(1+H)a}}{\sqrt{b}} \qquad (8-7)$$

基于绿色度不能为负值以及前面已作出假设 $\chi > 0$，因此对于生产企业 m1 选择其绿色度的策略应是 $\bar{\chi} = +\frac{3\sqrt{0.2^{0.5}(1+H)a}}{\sqrt{b}}$ 的绿色度。将其代入（8-5）式就可得到生产企业 m1 所提供的绿色产品的最优定价：

$$\bar{P}_{m1} = C_{m2} + 2a + 2aH \qquad (8-8)$$

对（8-8）式分别就 C_{m2}、a、H 求导得到：

$$\frac{\partial \bar{P}_{m1}}{\partial C_{m2}} = 1 > 0$$

$$\frac{\partial \bar{P}_{m1}}{\partial a} = 2 + 2H > 0$$

$$\frac{\partial \bar{P}_{m1}}{\partial H} = 2a > 0$$

其经济含义为，在考虑普通产品生产企业的行动条件下：①绿色产品的最优定价与提供具有基本效用的生产成本呈正相关关系；②与消费者的绿色效用系数呈正相关关系；③与市场中高尚消费者人数呈正相关关系。

第二节 湖南省绿色茶油消费的实证分析

一 茶油消费情况的描述性分析

（一）茶油的购买次数

对于茶油的消费情况，我们从消费者购买茶油的次数和消费者的家庭食用油中茶油的比重来进行研究。如图 8-8 所示，在

407个听说过绿色食品的消费者中,有75个消费者从来没有购买过茶油;有332个消费者每年至少购买过一次茶油,且购买一两次的居多,所占比例超过三成;购买过3~4次的消费者约为18.7%;购买次数5次以上的约为27.1%。

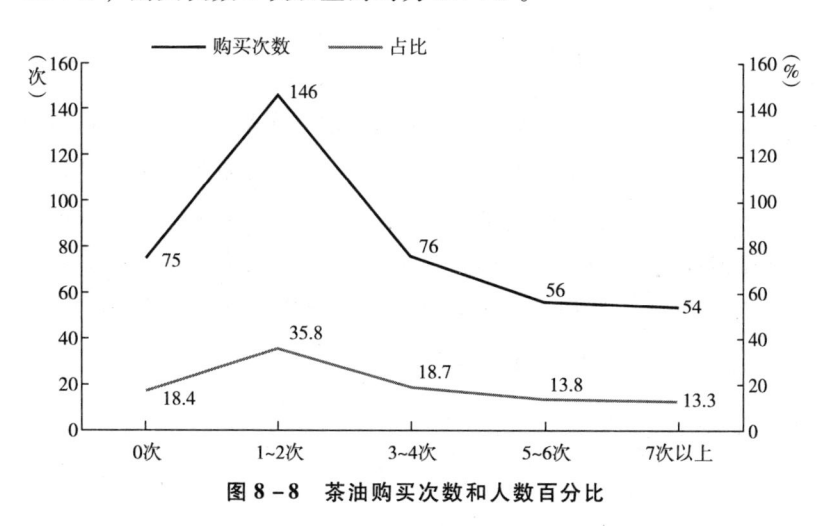

图8-8 茶油购买次数和人数百分比

(二) 茶油的消费比重

从图8-9可发现,茶油的消费比重小于1/3的消费者约为

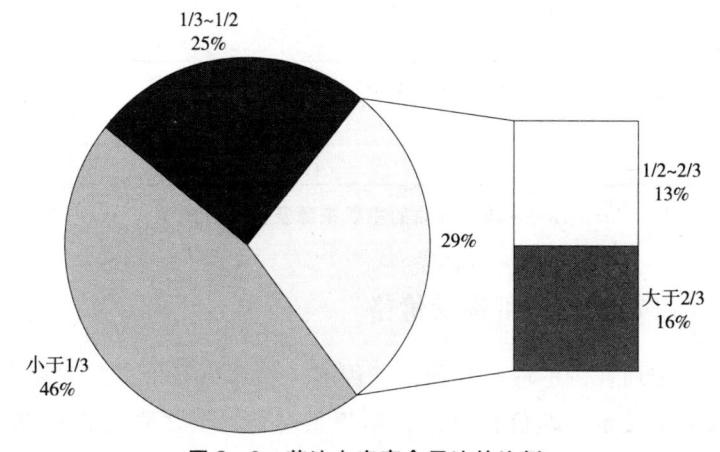

图8-9 茶油占家庭食用油的比例

249

46%，介于 1/3~1/2 的约为 25%，而大于 1/2 的约为 29%，其中介于 1/2~2/3 的为 13%，大于 2/3 的约为 16%。这说明，整体上目前茶油消费量在家庭食用油总消费中所占的分量较低，居于次要地位。

(三) 茶油的主要来源

从图 8-10 不难发现，有半数以上的家庭茶油消费主要由自己购买，同时也有 21.4% 和 10.8% 的家庭所食用的茶油是来自别人赠送和单位发放，这两个来源共占了 32.2%。这主要因为茶油是一种高端食用植物油，人们在逢年过节时常把茶油作为礼品赠送给亲朋好友，某些单位也常以茶油作为慰问品和福利发给员工，这说明茶油企业有必要关注送礼和单位团购营销等方面。

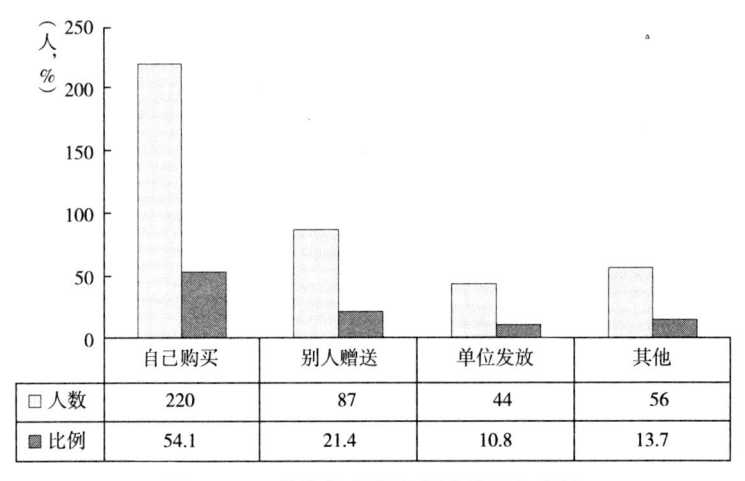

	自己购买	别人赠送	单位发放	其他
人数	220	87	44	56
比例	54.1	21.4	10.8	13.7

图 8-10 茶油的主要来源及其所占比重

(四) 茶油的可接受价格

一般而言，不考虑其他影响因素，销售量与价格之间存在高度负相关关系，即价格越高，销售量越低，反之则销售量越高。此处，我们从价格的角度来研究茶油可接受的价位对绿色茶油的购买意愿的影响。图8-11显示，四成以上的消费者对茶油的可接受价格在25元以下，两成以上的消费者的可接受价格在25~30元之间，仅有6.4%的消费能接受40元以上的茶油价格。由此可见，消费者对茶油的可接受价格偏低。这也告诉我们，茶油定价策略应该更多关注低消费群体的需求。基于茶油本身的成本价格和企业的盈利目标，制定适中的价格是关键。

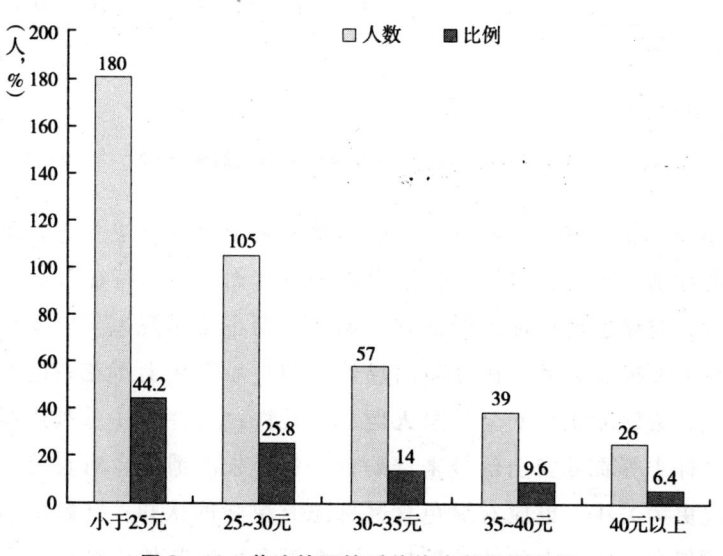

图8-11 茶油的可接受价格人数和百分比

二 绿色茶油购买意愿及其影响因素的计量分析

（一）分析框架与研究假设

根据美国社会心理学家库尔特·卢因的著名行为模型，人类的行为受到个人内在因素和外部环境因素的影响，即个人的行为（B）=f（P，E），其中P为个人的内在条件和特征，E为个人所处环境特征。消费者行为也类似，个人内在因素和外部环境因素共同构成影响消费者行为的因素体系。笔者赞同库尔特·卢因的观点，以其理论为基本框架，结合茶油的消费特点，把消费者的个人因素、家庭相关因素、企业营销组合因素、产品的购买和消费情况因素等纳入到绿色茶油的购买意愿研究中,见图8-12,并作出如下假设。

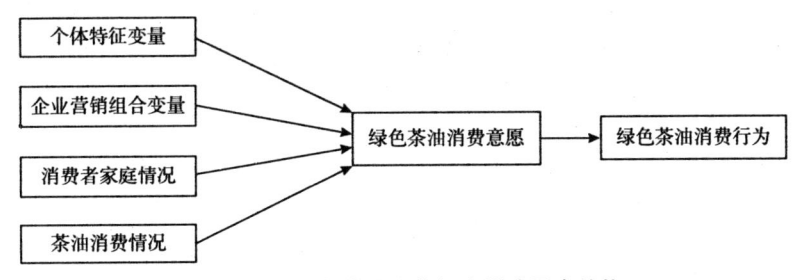

图8-12 绿色茶油消费行为影响因素结构

(1) 消费者个体特征因素。消费者的个体特征主要包括消费者的性别、年龄、婚姻、受教育程度等方面。个体特征各异的消费者,对绿色食品标志的认知和购买意愿也会呈现差异。女性消费者需要操持家务,在食品信息处理和食品购买上所花费的时间更多,为保障饮食安全与家人健康,女性比男性更注重利用绿色食品标志等质量安全信号来选购食品;年长的消费者对自身健康状况更为关注,也应对绿色食品标志有更强的认知;已婚的消费者不仅会考虑个人的饮食偏好,更会顾及家庭其他成员的饮食情况;受教育程度关系到消费者对食品安全信息的获取、理解与接受程度,受教育程度越高的消费者对绿色食品标志的认知程度应该越高,更愿意购买绿色茶油。据此,我们提出以下假设。

假设1:性别对绿色茶油购买意愿有负向影响;

假设2:年龄对绿色茶油购买意愿有正向影响;

假设3:婚姻对绿色茶油购买意愿有正向影响;

假设4:受教育程度对绿色茶油购买愿意有正向影响。

(2) 消费者的家庭因素。本研究考虑的家庭情况主要是消费者的家庭税后年收入、家人的健康状况和家人对茶油的饮食偏好。消费者的家庭年收入会影响消费者对绿色食品的态度,低收入家庭偏向于购买廉价低质的食品,高收入家庭更注重生活品质与时间价值、更关注健康营养和质量安全问题,对各种质量安全信息的理解会更为全面;家人的健康状况也会影响消费者对绿色茶油的购买意愿,特别是对有"三高"、"孕妇"或"幼儿"的家庭,消费者购买时所承载的家庭责任重、食品安全意识更强,就会主动搜集食品质量安全方面的知识,对绿色食品标志的认知程度也应较高,更愿意购买绿色茶油;家人对茶油的饮食偏好也会正面影响绿色茶油的购买,即家人若对茶油有特别的偏好,那么这个家庭消费绿色茶油的可能性更大。因此提出以下假设。

假设5:家庭年收入对绿色茶油购买意愿有正向影响;

假设6:家人的健康状况对绿色茶油购买意愿有正向影响;

假设7:家人的饮食偏好对绿色茶油的消费意愿有正向影响。

(3) 茶油的消费情况。消费者对绿色茶油的总体认知程度和对其他方面的认知程度都会影响消费者对绿色茶油的态度。消费者对绿色食品了解程度越高,绿色食品消费意识越强,越倾向于购买绿色食品。消费者对茶油的消费经验会影响消费者对绿色茶油的认知和态度。对于经常购买茶油的家庭和茶油消费比重较高的家庭,消费者有较为丰富的茶油消费经验和感受,对茶油本身的特性和优势较为熟悉,很有可能对茶油消费形成正面评价并重复购买,所以接受绿色茶油的可能性更大。

假设8:购买茶油次数对绿色茶油购买意愿有正向影响;

假设9:茶油消费比重对绿色茶油购买意愿有正向影响。

(4) 企业的营销组合因素。本书主要从企业营销组合之产品、价格、渠道和促销等四个方面进行研究。食品本身的特点,如营养、口感、色泽会正面影响消费者的购买意愿,理性的消费者会购买营养价值高、口感好、色泽亮的植物油。产品的包装也会影响绿色茶油的购买,包装精致、容积适中的包装更受消费者的欢迎。产品的品牌和认证标志作用重大,消费者认为品牌和安全认证标志意味着高质量保障。受收入有限性的影响,即使消费者有很强的环保意识，但是可供支付的货币量有限，更易选择经济实惠的食品，所以价格是影响消费意愿的关键因素。产品的渠道也会影响绿色茶油的购买，消费者通常更会选择距离近、规模大、信誉高的购买地点，因为距离近便于消费者购买，规模大可以一站式购买，信誉高的购买点所销售的产品更为可靠。

假设10：产品的营养价值、口感、色泽对绿色茶油消费意愿具有正面影响；

假设11：产品的包装外观、容积对绿色茶油的购买意愿有正向影响；

假设12：产品的品牌、安全认证标志对绿色茶油的购买意愿有正向影响；

假设13：产品价格对绿色茶油的购买意愿有负向影响；

假设14：购买地点的距离、规模、信誉对绿色茶油的购买意愿有正向影响。

（二）计量模型的建立和变量定义

基于上述消费者对绿色茶油购买意愿的影响因素的假设，本研究通过建立消费者对绿色茶油购买意愿的计量模型，来证明假设影响因素的影响程度和显著性。

计量模型选用二元Logistic回归模型，具体形式为：

$$\ln\left(\frac{P}{1-P}\right) = \beta_0 + \beta_1 gender + \beta_2 age + \beta_3 marrage + \beta_4 education + \beta_5 income + \beta_6 label + \beta_7 brand + \beta_8 price + \beta_9 nutrition + \beta_{10} taste + \beta_{11} color + \beta_{12} exterior + \beta_{13} volume + \beta_{14} date + \beta_{15} origin + \beta_{16} distance + \beta_{17} scale + \beta_{18} reputation + \beta_{19} health + \beta_{20} preference + \beta_{21} freofCO + \beta_{22} preofCO$$

二元逻辑回归模型的因变量为绿色茶油的购买意愿，为二元选择变量，即"愿意"或"不愿意"；自变量为影响消费者对绿色茶油购买意愿的因素，分为四个部分，包括个人特征变量、消费者家庭情况因素、企业营销组合要素、茶油的购买与消费状况，表8-4详细列明了变量的含义。本模型采用李克特的五级量表法对可能影响绿色茶油购买意愿的自变量赋值测量。

表8-4 变量定义

变　　量	Variables	取值	定　　义
茶油购买意愿	Y	0/1	0=否；1=是
性别	gen	0/1	0=女；1=男
年龄	age	1~5	1=18~25；2=26~30岁；3=30~40岁；4=40~55岁；5=55岁以上
婚姻状况	mar	0/1	0=未婚；1=已婚
受教育程度	edu	1~4	1=初中及以下；2=高中或中专；3=大专或本科；4=研究生以上
家庭税后收入	income	1~6	1≤2万元；2=2万~4万元；3=4万~6万元；4=6万~8万元；5=8万~10万元；6≥10万元
食品认知标志	label	1~5	1=很不重要；2=不重要；3=较重要；4=重要；5=很重要
产品品牌	brand	1~5	1=很不重要；2=不重要；3=较重要；4=重要；5=很重要
产品价格	price	1~5	1=很不重要；2=不重要；3=较重要；4=重要；5=很重要
营养价值	nutrition	1~5	1=很不重要；2=不重要；3=较重要；4=重要；5=很重要
食品口感	taste	1~5	1=很不重要；2=不重要；3=较重要；4=重要；5=很重要
食品色泽	color	1~5	1=很不重要；2=不重要；3=较重要；4=重要；5=很重要
包装外观	exterior	1~5	1=很不重要；2=不重要；3=较重要；4=重要；5=很重要
包装容积	volume	1~5	1=很不重要；2=不重要；3=较重要；4=重要；5=很重要
生产日期	date	1~5	1=很不重要；2=不重要；3=较重要；4=重要；5=很重要

续表

变量	Variables	取值	定义
生产产地	origin	1~5	1=很不重要；2=不重要；3=较重要；4=重要；5=很重要
购买地距离	distance	1~5	1=很不重要；2=不重要；3=较重要；4=重要；5=很重要
购买地规模	scale	1~5	1=很不重要；2=不重要；3=较重要；4=重要；6=很重要
购买地信誉	reputation	1~5	1=很不重要；2=不重要；3=较重要；4=重要；5=很重要
家人健康状况	health	1~5	1=很不重要；2=不重要；3=较重要；4=重要；5=很重要
家人饮食偏好	preference	1~5	1=很不重要；2=不重要；3=较重要；4=重要；5=很重要
茶油购买次数	freofCO	1~5	1=0次；2=1~2次；3=3~4次；4=5~6次；5=7次以上
茶油消费比重	perofCO	1~4	1≤1/3；2=1/3~1/2；3=1/2~2/3；4≥2/3

在定义变量的基础上，本研究利用SPSS16.0统计软件对消费者绿色茶油购买意愿进行二元逻辑回归（Binary Logistic Regression）分析。采用后向逐步回归方法对影响绿色茶油购买意愿的自变量进行二元逻辑回归，并根据条件参数似然比检验的结果剔除变量，依次去除生产产地、购买地规模、包装外观和容积等。

（三）模型检验与诊断

我们首先对模型的整体效果进行检验，然后从模型显著性检验、模型的拟合优度检验、模型预测精度评价等三方面对模型进行诊断[96]。

1. 模型系数的综合检验

首先对该模型进行零假设，即假设模型中各项系数均为0，如果 Sig. <0.05，表明至少有一个系数不为 0。模型的综合检验结果如表 8-5 显示，该模型的卡方统计量分别为 112.739、112.734、112.435 和 111.931，自由度由 21 减少为 18，对应的 p 值为 0.000，即该模型的卡方值显著性水平小于 0.05，即可认为在 0.05 的显著性水平下，该模型通过整体显著性检验。

表 8-5 模型参数检验值

		Chi-square	df	Sig.
Step 1	Step	112.739	21	.000
	Block	112.739	21	.000
	Model	112.739	21	.000
Step2	Step	112.734	20	.000
	Block	112.734	20	.000
	Model	112.734	20	.000
Step3	Step	112.435	19	.000
	Block	112.435	19	.000
	Model	112.435	19	.000
Step4	Step	111.931	18	.000
	Block	111.931	18	.000
	Model	111.931	18	.000

资料来源：对样本数据进行后向逐步回归分析所得各项综合检验的整理结果。

2. 模型的拟合优度检验

（1）似然比检验

似然比检验指的是考察简约模型与饱和模型之间差别的似然比检验，用来检验模型拟合数据的程度。在二元逻辑回归分析中，常用 -2Log likelihood 值（对数似然值（LL）的 -2 倍，近似服从卡方分布）、Cox & Snell R Square 和 Nagelkerke R Square 这三个值进行回归方程的拟合优度检验。通常而言，-2LL 值越小越好，R Square 值越大越好。

从表 8-6 可以看到，-2LL 值为 188.101，这个结果属于比较理想的值，Cox & Snell R Square 统计量、Nagelkerke R Square 统计量分别等于 0.442 和 0.623，意味着解释了被解释变量 60% 以上的变动，说明模型的拟合优度比较高。R Square 作用类似于线性回归模型中的可决系数 R^2，该值为 0.623，是可以接受的，表明受到其他随机扰动因素的影响较少。

表 8-6 模型摘要

Step	-2 Log likelihood	Cox &Snell R Square	Nagelkerke R Square
1	188.101[a]	.442	.623

a. Estimation terminated at iteration number 4 because parameter estimates changed by less than .001.

（2）Hosmer – Lemeshow Test 检验

由表 8-7 可知，绿色茶油购买意愿模型的 H-L 检验所对应的 Sig. 值分别为 0.070、0.119、0.121 和 0.147，都大于 0.05，这表明由预测概率获得的期望频数与观察频数之间差异无统计学意义，即模型能很好地拟合总体样本数据，并且各个步骤的拟合效果越来越好。

表 8-7 Hosmer 和 Lemeshow 检验

Step	Chi – square	df	Sig.
1	14.499	21	.070
2	12.998	20	.119
3	12.789	19	.121
4	12.086	18	.147

3. 模型效果的判断指标

（1）模型预测正确率

对于所建立的模型，通常使用一些比较复杂的统计指标对其效果加以判断。由于反应变量为分类变量，对其类别预测的正确率也是非常直观的效果判断指标。由表 8-8 可见，正确率预测百分率

Overall Percentage 为 72.2%，表示在被选内容中有 288 项被成功预测，总正确率为 288/407 = 72.2%。该模型总的预测正确率为 72.2%，说明模型的预测效果较为理想。

表 8-8　分类[a]

单位:%

Observed		Predicted		正确率
		否	是	
	否	151	55	73.3
	是	58	142	71.0
	Overall Percentage			72.2

a. The cut value is .500.

（2）ROC 曲线图检验

一般而言，ROC 曲线预测效果最佳时，该曲线呈现从左下角垂直上升至顶，然后水平方向向右延伸至右上角。如果 ROC 曲线沿着主对角方向分布，表示分类是机遇造成的，正确分类的概率各为 50%，那么该诊断方法完全无效[97]。从图 8-13 可见，ROC 曲线与主对角线有段距离，所以当前模型有一定效果。且从表 8-9 可以看到曲线下面积具体为 0.778，其 95% 可信区间为 0.733~0.822 之间。

表 8-9　曲线底下的面积

Area	Std. Error[a]	Asymptotic Sig.[b]	Asymptotic 95% Lower Bound	Confidence Interval Upper Bound
.778	.023	.000	.733	.822

The test result variable (s): Predicted probability has at least one tie between the positive actual state group and the negative actual state group. Statistics may be biased.

a. Under the nonparametric assumption.

b. Null hypothesis: true area = 0.5.

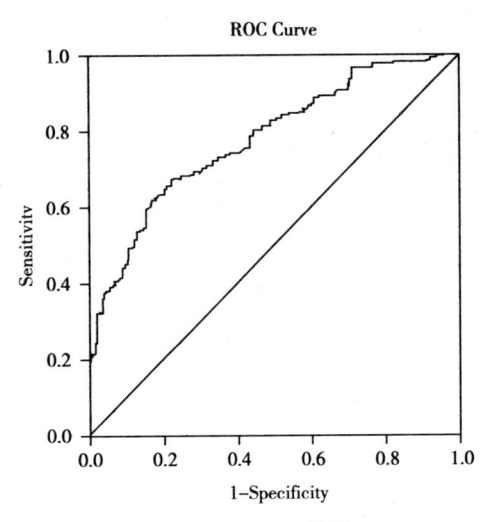

图 8-13 ROC 曲线

4. 模型的诊断：共线性分析

根据有关 SPSS 统计软件教程，当反应变量为分类资料的统计分析时，仍然存在不同程度多重共线性的情况。目前 SPSS 的二元 Logistic 分析过程中，尚无多重共线性诊断的结果输出，替代方法之一是运用相同的反应变量和自变量，拟合线性回归模型，进行相应的共线性诊断。多重共线性诊断是检测自变量之间的相关程度，通常用容许度（Tolerance）和方差膨胀因子（VIF）两个统计量来进行多重共线性的诊断。具体如表 8-10 所示。

表 8-10 共线性诊断

Model	Collinearity Statistics	
	Tolerance	VIF
性　　别	.899	1.112
年　　龄	.554	1.803
婚　　姻	.602	1.660
家庭年均收入	.896	1.116
安全认证标志	.747	1.338

续表

Model	Collinearity Statistics	
	Tolerance	VIF
品 牌 名 称	.717	1.394
价 格 实 惠	.646	1.547
营 养 成 分	.474	2.109
口 感 香 味	.467	2.140
油 料 色 泽	.672	1.487
包 装 容 量	.682	1.466
生 产 日 期	.731	1.368
购买地距离近	.774	1.293
购买地信誉好	.585	1.708
家人健康状况	.531	1.882
家人饮食偏好	.581	1.722
茶油购买次数	.814	1.229
茶油消费比重	.789	1.267

注：自变量为是否愿意购买绿色茶油。

从表 8-10 可见，所选定的自变量的容许度都较高，性别、年均家庭收入容许度都接近 0.9，而方差膨胀因子 VIF 值都较小。只有营养成分和口感香味两个自变量的容许度小于 0.5，其他的自变量的容许度都在 0.5 以上。通常而言，容许度越大，该自变量与其他自变量的共线程度越小，反之则越大。当一个自变量的容许度小于 0.10 时，存在严重的多重共线性。经验也表明，方差膨胀因子 VIF 越小越好，当 0 < VIF < 10 时，可以视为共线性不大；当 VIF ≥ 10 时，表示该自变量与其他自变量之间存在严重的多重共线性。据此可以判断，这些自变量不存在多重共线性现象，或者说共线性程度较低。

（四）回归系数和显著性分析

从消费者的购买意愿可折射出消费者的态度和购买倾向，而通过态度研究可以更深入了解驱动消费者行为的因素。绿色茶油购买意愿的研究具有同样作用，可在一定程度上反映绿色茶油的潜在消费市场。通过对绿色茶油购买意愿进行二元逻辑回归分析得到表 8 - 11。

表 8 - 11　方程中的变量估计值及检验

		B	S. E.	Wald	df	Sig.	Exp（B）
Step1	gen	-.507	.244	4.317	1	.038	.602
	age	.099	.131	.568	1	.451	1.104
	mar	.629	.355	3.137	1	.077	.533
	edu	.367	.172	4.528	1	.033	.693
	income	.344	.086	16.213	1	.000	1.411
	label	.249	.125	3.958	1	.047	.780
	brand	.464	.131	12.549	1	.000	1.591
	price	-.385	.140	7.517	1	.006	.681
	nutrition	.316	.181	3.063	1	.080	1.372
	taste	.444	.185	5.769	1	.016	.641
	color	.183	.149	1.521	1	.218	1.201
	date	.123	.153	.653	1	.419	.884
	distance	.143	.120	1.407	1	.235	.867
	reputation	.235	.140	2.833	1	.092	.791
	health	.194	.185	1.097	1	.295	1.214
	preference	.324	.154	4.442	1	.035	1.382
	freofCO	.450	.099	20.514	1	.000	1.568
	perofCO	.200	.114	3.082	1	.079	1.222
	Constant	1.398	0.983	2.023	1	.155	0.247

注：用的是 enter 方法，-2LL 值为 188.101，Cox & Snell R square 为 0.442，NagelkerkeRsquare 为 0.623。模型系数综合检验卡方值为 111.931，显著性概率为 0.000。

根据 Wald 统计量检验标准，家庭年收入、品牌、茶油的购买次数三个自变量的 Wald 统计量最大，分别为 16.213、12.549、20.514，它们对绿色茶油的购买意愿影响作用最为明显，其显著性水平都接近 0.000；其次是性别、受教育程度、安全认证标志、价格、口感香味和家人的饮食偏好这六个自变量，它们所对应的 Wald 统计值分别为 4.317、4.528、3.958、7.517、5.769、4.442，显著性概率都小于 0.05；另外婚姻、营养价值、购买地的信誉和家庭茶油消费比重这四个自变量皆在 10% 水平下显著；其余六个自变量影响作用不显著。

（五）计量结果分析

1. 个体特征因素

（1）性别

由回归系数表 8-11 可知，性别的回归系数为负，且 Sig. 值是 0.038、小于 0.05。再看变量赋值，用"0"表示女性，用"1"表示男性，说明女性愿意购买绿色茶油的可能性更大。这验证了前文的假设，性别是影响绿色茶油购买意愿的显著性因素之一。这与被调查者的人数比例（男女比例为 4∶6）有关，也有可能因为家庭食品购买的主要角色是女性，她们拥有家庭消费的支配权，比男性更关心家庭其他成员的健康状况，所以对于绿色茶油的购买意愿更强烈。

（2）年龄

表 8-11 显示，年龄所对应的 Wald 值为 0.568，Sig. 值为 0.451，说明年龄对绿色茶油购买意愿的影响作用不显著，与前文中的研究假设 2 不符合。这可能因为样本年龄比例不合理，如表 8-1 所示，55 岁以上的年龄人数仅为 8%，五个年龄阶段的人数比例为 2∶2∶3.2∶2∶0.8，这会影响最后的研究结果。

（3）婚姻

回归系数表 8-11 显示，婚姻因素对应 B 系数为 0.629，Sig. 值为 0.077，这表明婚姻的影响作用为正面的，在 10% 的显著性水平下有意义，已婚消费者愿意购买绿色茶油的可能性更大。主要原因是，已婚消费者的购买行为关系到全家人食品消费问题，他们的责任感更强、更倾向于购买有安全保障的营养健康食品。

（4）受教育程度

从表 8-11 可见，Wald 值为 4.528，B 系数为正，Sig. 值为

0.033，说明受教育程度对绿色茶油购买意愿存在正面的显著影响作用。消费者的文化程度越高，对绿色茶油的购买意愿越强烈。相对而言，受教育程度较高的消费者的综合素质相对较高，能够主动自觉地去了解有关绿色消费信息，对自身的保护意识和环境保护意识也就越强，能较快地接受新的消费观念并付诸行动。

2. 家庭情况因素

（1）家庭年均收入

从表8-11可以看到，家庭年收入的回归系数为正，且Sig.值小于0.05，这表明收入是一个重要的影响因素，对绿色茶油的消费意愿起着正面的显著影响作用，即家庭年均收入越高的消费者愿意购买绿色茶油的可能性越大，反之，年均收入越低的消费者倾向于购买普通茶油或是其他类型的食用油。高收入家庭不再仅仅追求满足基本生存需求，对生活品质提出了更高要求，更愿意购买营养和安全等级更高的食品；而那些低收入家庭的消费者对食用油的安全、营养不太在乎，或者即使在乎，但囿于有限的收入水平，仍无力支付高价的安全优质的茶油。

（2）家人的饮食偏好

从表8-11不难看到家人饮食偏好（preference）因素对应的B系数为0.324、Wald值为4.442、Sig.值为0.035，这验证了之前的假设。消费者家人对茶油的饮食偏好会正面影响绿色茶油的消费意愿，这主要是因为食用油属于日常消费品，购买后为家人共同食用，所以在购买之前会考虑家人的饮食情况。

3. 茶油的消费因素

（1）茶油的购买次数

观察表8-11，茶油购买次数变量（freofCO）所对应的系数为0.45，Sig.值为0.000，说明茶油购买次数越多，愿意购买绿色茶油的可能性更大；反之，那些购买次数少、甚至没有购买过茶油的消费者则较难以接受绿色茶油。我们的研究结果验证了之前的假设。茶油购买次数对绿色茶油购买意愿存在正面的影响作用。

我们也可类推出绿色食品的其他产品种类也会存在类似影响。

(2) 茶油的消费比重

我们再从家庭茶油的实际消费占比来研究其对绿色茶油购买意愿的影响。考虑到现实中存在的情况，家庭茶油购买次数少并不代表茶油消费比例就少。由表8-11可看到，家庭茶油的消费比重（perofCO）所对应的回归系数为0.200，Sig.值为0.079，表明该自变量在0.1水平上显著，但是没有自变量"茶油购买次数"的影响显著。这不难理解，如前文描述分析，家庭茶油来源有很多渠道，如送礼、单位发放等情况，这就出现一些家庭即使购买茶油的次数极少，但其茶油消费量却不少，那么该类消费者对茶油的认知必然会较高。

4. 企业营销组合因素

(1) 绿色食品的价格

由表8-11可知，价格（price）所对应的B系数为-0.331，显著性Sig.值为0.006，表明价格与绿色茶油购买意愿呈现显著的负相关，即越看重价格的消费者愿意购买绿色茶油的可能性越低。这验证了前文的假设，价格因素的影响作用较为显著，成为制约绿色茶油消费的关键因素之一。

普通茶油较其他类别如花生油、菜油价格要高几倍，市场上的绿色食品的价格普遍高于常规食品，绿色食品的价格是影响绿色食品消费者行为的主要因素。对于绿色茶油的购买意愿也同样如此。一般消费者，特别是那些对价格敏感的消费对绿色食品价格的接受程度有限，更倾向购买常规茶油或其他类型的食用油，过高的价格必然会影响消费者对绿色食品的购买意愿。

(2) 购买地点的信誉度

从表8-11可看到，购买地信誉所对应的Sig.值为0.092，小于0.1，表明该变量在10%水平下显著，也就是说，越是认为购买地信誉很重要的消费者愿意购买绿色茶油的可能性更强；反之，对购买地信誉不看重的消费者购买绿色茶油的可能性较弱，两者存在较为显著的正向关联性。

（3）绿色食品的产品特征

对于产品本身特点因素，主要从产品营养、口感、色泽等方面进行研究。从表8-11看到，营养和口感所对应的Sig.值分别为0.080和0.016，说明二者分别在置信区间90%和95%水平下显著。这说明对食用油的营养和口感较为看重的消费者选择绿色茶油意愿更强。主要因为绿色茶油产品更为纯正，具有丰富的营养价值和香醇的口感，能够满足这些消费者对产品的高要求。

（4）安全标志和品牌

从表8-11可以看到，产品的安全标志（label）和品牌（brand）所对应的回归系数为0.249和0.464，Sig.值分别为0.047和0.000，说明二者都在置信区间95%水平下对绿色茶油购买意愿有显著影响。也就是说，对安全认知标志和品牌越是看重的消费者，其购买绿色茶油的可能性越大。其中主要原因有：首先，二者都为可信度较高的易于识别的标志，不同的是前者属政府职能部门主导认证的，后者是企业自主创建的；其次，由于这些消费者一贯的谨慎购买行为倾向，他们会认同有认证比没有认证好，购买听说的品牌胜过未听说的品牌。由此，消费心理和认知影响到绿色茶油的购买，乃至绿色食品之其他品类的购买。

根据上述分析，我们在回归系数表8-11中找到较为显著性自变量所对应的回归系数，它们分别为：-0.507、0.629、0.367、0.344、0.249、0.464、-0.385、0.316、0.444、0.235、0.324、0.450和0.200，模型回归常数为1.398。由此我们可以建立这13个自变量对绿色茶油购买意愿的回归方程。

$$\ln\left(\frac{P}{1-P}\right) = 1.398 - 0.507 gender + 0.629 mar + 0.367 edu + 0.344 income +$$
$$0.249 label + 0.464 brand - 0.385 price + 0.316 nutrition +$$
$$0.444 taste + 0.235 reputation + 0.324 prefer + 0.450 freofCO +$$
$$0.200 preofCO$$

（六）结论与建议

通过实际调查和数据分析，得出以下结论：①影响绿色茶油购买意愿的主要因素有13个因子，它们分别为消费者的个体特征方面，如性别、婚姻、受教育程度；家庭相关情况，如家庭税后年收入、家人的饮食偏好；企业的营销组合要素，如产品价格、产品的口感和营养特征、产品品牌、安全认证标志、购买地的信誉；茶油的消费情况，如茶油的购买频率、茶油的消费比重等。②消费者的家庭年收入、产品品牌、购买经验等因素对于绿色食品的消费意愿的影响最为显著。家庭收入高、品牌意识强、具有购买绿色茶油经验的消费者更愿意购买绿色食品。其次，性别、受教育程度、价格、安全认证标志、价格、口感香味和家人的饮食偏好这六个自变量的影响作用在0.05水平下显著。婚姻状况、营养价值、购买地信誉和家庭茶油消费比重这4个自变量皆在10%水平下显著。

从政府来说，首先应加大政府监管力度，保障绿色食品的质量，建立健全适应绿色市场环境的法规保障体系，完善绿色食品企业认证标准体系；其次，扶持绿色食品企业，促进绿色食品行业的发展，加强与绿色食品企业在生态环境保护方面的合作，制定予以绿色食品企业的财政补贴政策；再次，积极宣传绿色食品，提高消费者的认知水平，培植绿色文化，引导绿色消费，加大宣传力度，扩大宣传范围。

从企业层面说，第一，建设层级少、范围广、信誉高的渠道网络。扩大营销渠道，提高绿色食品的购买便利性，调整营销渠道结构，形成扁平高效的渠道模式，建设可靠的渠道，提升渠道终端的信誉度。第二，制定合理适中的价格策略。以竞争和需求为导向，采取薄利多销的定价策略；降低生产与流通成本，获取低成本价格优势。第三，制定质量可靠的品牌化产品策略。优质取胜策略，确保绿色食品品牌的质量；品牌领先策略，便于正确识别绿色食品。第四，制定形式多样的促销策略。增强宣传的针对性，提高绿色食品宣传效果；开展营业推广活动，培育对绿色食品的认同感；投资绿色公关活动，展示企业的社会责任感。

三 本章小结

基于消费者在农产品绿色供应链中的重要地位，首先，对消费者的绿色食品认知及其评价进行实证研究，包括消费者对绿色食品的认知程度、消费者对绿色食品的信任度、消费者对绿色食品价格的评价及影响因素、消费者对绿色食品供求评价及建议。其次，从绿色食品生产商角度，就如何面向消费者对绿色产品合理定价进行定量分析，通过利益机制，即价格来实现利益的分配以保证消费者从效应最大化与消费理性的角度出发，选择绿色产品作为其消费的对象，使得生产系统与消费者之间的利润实现公平与效率的分配，实现生产者、消费者双方共赢，使绿色食品产业实现可持续发展。最后，从消费者行为学的角度，以湖南省茶油消费为切入点，探究影响绿色茶油消费意愿的主要因素。研究发现影响绿色茶油购买意愿的主要因素有13个，它们分别是消费者的个人因素，如性别、婚姻、受教育程度；家庭相关因素，如家庭年收入和家人的饮食偏好；企业的营销组合因素，如产品价格、产品口感和营养特征、产品品牌、安全认证标志、购买地的信誉；茶油的购买和消费情况因素，如茶油的购买频率、茶油的消费比重等。根据研究结论，就绿色食品的行业发展提出相关对策建议。

第九章
农产品绿色供应链耦合的外在动力：政府监督与政府激励

社会系统主要是通过政府规制、社会文化和伦理等对绿色供应链运行起到引导、激励和规范的作用。政府是社会系统的集中代表，通过政府制定切实可行的宏观经济政策、健全完善相关的法律法规，可以有效地规范和约束企业的生产经营行为，建立良好的市场竞争秩序，引导公众树立正确的消费理念，促使更多的企业实施绿色供应链管理，实现经济发展、社会进步和环境保护的和谐统一。

要使农产品绿色供应链运营成为企业的自觉行动，农产品绿色供应链中的原料供应商、加工生产商、经销商、消费者存在动机去实现与环境相容的活动来进行生产与消费，关键在于社会子系统要提供相应的制度、文化与价值观、伦理道德的支持，制度要为绿色供应链内的成员提供激励。换言之，道德的自律力量与经济的强制力量并行，在工业化的初级、中级阶段，经济强制力应作为主要手段。政府通过政策导向和政策调控，以保证供应链主体在其活动过程中与环境相容。

第一节 政府规制：食品质量控制的重要手段

绿色食品质量问题是一个市场秩序问题。在现代市场经济中，市场秩序的建立与维护有赖于两种力量：政府的强制规范和市场规则的约束。政府所具有的公共管理能力，尤其是其中的监督保障、协调服务职能，可以弥补市场在解决公共物品、信息不对称、负外部性等影响食品质量安全的问题上的失效。政府规制是解决食品质量安全问题不可缺少的重要手段。

一 市场失效：绿色食品供给全过程监管

绿色食品供给是一个多环节的系统，涵盖从原料供给、加工生产到包装、储存运输、销售等食品供给的全过程。这个系统的任何一个环节出现问题，将引起连锁反应。对绿色食品供给的全过程实行有效控制，靠市场的力量是难以做到的。原因包括以下三点。

（1）市场经济遵循利益法则。在生产商无须为其行为过错付出代价的情况下，绿色食品质量问题就难以由市场去制止。如作为加工原料的农产品中有害化学物质含量过高问题，与水源水质和土壤环境有很大关系，但在现实经济活动当中，受损失的最终产品是农产品，相关责任企业不会把对水质污染的危害考虑到其边际成本中去，从而产生主动加以消除的动机。

（2）绿色食品供给系统中各方之间相对独立的关系，使这个系统中的任何微观个体都不具备控制食品供给全过程的能力。一个企业可以拒绝与产品质量有问题的上下游企业合作以保证自身的质量，但是作为这个多环节系统中的一个环节，它无法对所有的环节、更长的生产链条加以控制。

（3）市场交易者不同的食品质量标准，增加了交易的成本，影响了正常的商品交易，其结果是食品质量安全无法得到保证。为了保护自身的经济利益，食品生产商和销售商会制定自己的质量标准，但它无法强制他人接受自己的标准，其结果是标准很多，但却缺乏一个能够保证整个绿色食品供应链条安全的标准。

第九章 农产品绿色供应链耦合的外在动力：政府监督与政府激励

二 政府介入：绿色食品质量监管

市场在解决这些问题上的失效，导致了政府介入的必要：①政府作为对经济进行宏观管理的行政机构，具有对整个食品供给系统实行管理的权利，因而能对绿色食品供给的全过程加以监控。②政府是具有执法权力的权力机构，可以通过法律的强制力保证绿色食品供应各个环节的质量安全。维护食品质量安全，可以运用法规、标准、检验与检疫制度、合格评定认可制度等手段，其中有些手段如标准制定、合格评定认可等，可以是非政府行为，通过企业或行业去制定实施，起到行业自律的作用，但不具有法律的约束力，对企业的行为只能是软约束。政府则可以通过国家立法机关采用立法形式或行政机关采用行政规章形式，制定带有强制性要求的绿色食品法规，并按照法规对违规行为加以惩罚，从而有效地抑制负外部性经济现象，防止违规行为的发生。③政府作为履行公共管理职能的行政机构和具有执法权力的权力机构，能够为整个食品供应链条的不同环节提供一个统一的标准，从而改变标准纷生、各自为政的现象，堵塞某个环节出现的食品质量漏洞，从整体上达到绿色食品质量的要求。

第二节 农产品绿色供应链政府与企业博弈分析

一 政府与企业博弈模型

（一）假设

为了说明相关变量之间的本质关系，我们对一些复杂的条件加以简化，作出如下假设。

（1）不区分中央与地方政府，政府代表公众利益；

（2）企业生产绿色农产品，一方面会增加成本投入，另一方面会获得高的售价；

(3) 企业生产绿色农产品，如果政府查实将会给予企业诸如信贷优惠、税收减免等扶持；

(4) 政府与企业之间具有相互的完全信息，彼此都知道对方的策略空间和效用。

企业是追求自己利益最大化的经济人，当生产绿色食品的收益要高于生产普通食品时，企业会选择生产绿色食品，反之则选择生产普通食品。对市场上质量安全控制水平不同的各个食品生产企业，代表公共利益的政府对企业行使监督的职责，由于政府是追逐自身利益的经纪人，其目标是政治收益最大化，而政治收益由声誉和经济绩效组成，政府检查会获得政治声誉但同时要支付检查成本，这种成本反过来会影响政府其他方面的经济绩效。市场中政府是否进行检查监督取决于其成本和收益的比较。若检查收益大于检查成本，那么政府将进行严格检查；若检查成本大于检查收益，政府就有不进行检查的动机，因此政府有两种策略可以选择：不检查和检查。政府与企业博弈的策略组合如图9-1所示。

表9-1　政府与企业博弈策略组合

		企　业	
		绿色食品	非绿色食品
政府	检　查	检查，绿色	检查，非绿色
	不检查	不检查，绿色	不检查，绿色

第一种策略组合是（检查，绿色），即政府对企业实施严格检查策略，政府质量监督部门或委托相关专业机构对企业生产的食品进行检查。而企业的策略选择是采取生产绿色食品的策略，包括不仅开展内部严格的质量控制，同时还积极影响上游原料提供者，共同努力来生产高质量的绿色食品。

第二种策略组合是（检查，非绿色），即政府对企业实施检查策略。但企业的策略选择是采取生产非绿色食品的策略，即企业在生产加工过程中仍使用禁用的食品添加剂,使用廉价的、没有经过严格质量检查的原料。

第三种策略组合是(不检查,非绿色),即政府的策略选择是不检查,主要表现是对食品的产品质量不予重视,对取得绿色食品认证的企业不进行常规性的质量跟踪。企业的策略选择是生产非绿色食品。

第四种策略是(不检查,绿色),即政府策略选择是不检查,企业的策略选择是生产绿色食品。

(二) 参量定义

S:政府保证了食品市场的秩序获得的声誉收益;C_G:政府检查的成本;V_G:政府给予绿色食品企业的优惠补贴(如低利贷款等);F:政府对生产假冒绿色食品企业的罚金;U_G:政府对假冒绿色食品事件处理的费用;C_E:企业生产绿色食品付出的成本;B:企业生产绿色食品所增加的收益。

(三) 政府与企业博弈模型

四种策略组合下的政企双方的不同收益组合。

(1) 第一种策略组合(检查,绿色)下政企双方收益情况。

政府:$S-C_G-V_G$,政府获得的声誉收入减去政府付出的检查成本和对采取绿色策略企业的奖金。

企业:$-C_E+V_G+B$,企业得到政府的奖金加上实施绿色策略而带来的产品收入的增加,再减去企业为此付出的绿色成本。

(2) 第二种策略组合(检查,非绿色)下政企双方收益情况。

政府:$S+F-C_G-U_G$,即政府付出对假冒绿色食品事件的处理费用和检查成本,同时得到了声誉收入和企业的罚金。

企业:$-F$,即企业被处以罚金F。

(3) 第三种策略组合(不检查,绿色)下政企双方收益情况。

政府:S,政府因为企业生产绿色产品获得声誉收入。

企业：$-C_E+B$，即企业付出生产绿色产品的成本，同时得到由于实施绿色策略而带来的产品收入的增加。

(4) 第四种策略组合（不检查，非绿色）下的政企双方收益情况。

政府：$-S-U_G$，政府损失声誉，同时付出对假冒绿色食品事件处置费用。

企业：0，企业无绿色成本，收益为0。

政府企业博弈的收益矩阵如表9-2所示。

表9-2 政府与企业博弈的收益矩阵

		企　　业	
		绿色食品	非绿色食品
政府	检查	$S-C_G-V_G$, $-C_E+V_G+B$	$S-C_G+F-V_G$, $-F$
	不检查	S, $-C_E+B$	$-S-U_G$, 0

该收益矩阵比较适合解释目前中国的食品市场情况，即政府开始加强对食品企业的质量安全监督，此时社会上大多数食品企业质量安全意识不是很强，政府就要对食品生产企业给予一定的政策倾斜以示鼓励。若发现食品企业出现使用食品添加剂、低质量原料等现象，政府一般不直接关停该企业，而是对这些企业处以罚金。食品企业违背了社会责任原则，面对政府的权威、公众的压力，因此会接受处罚。

二　政府与企业博弈的均衡分析

1. 食品企业生产绿色食品而增加的收益大于企业付出的成本（$B>C_E$）

当$B-C_E>0$，此时存在唯一的纳什均衡（不检查，绿色）。结合现实情况，一些质量安全意识很强的企业，通过积极采取绿色策略，获得的实际收益超过了企业由此付出的成本。发达国家的政府和其领先食品企业之间的博弈基本上达到该均衡。

2. 食品企业生产绿色食品而增加的收益小于企业付出的成本 $B < C_E$

当 $B - C_E < 0$，即食品企业生产绿色食品而增加的收益小于企业付出的成本时，如果：

（1）$S - C_G + F - U_G < -S - U_G$，则政府与企业博弈的唯一纳什均衡为：(不检查，非绿色)。

（2）$S - C_G + F - U_G > -S - U_G$，而且，

① $-F > -C_E + V_G + B$，即 $C_E - V_G - B > F$，也就是企业生产绿色食品花费的成本，减去由于生产绿色食品而增加的收益与政府对企业的优惠补贴之和，结果其值大于企业生产假冒绿色食品时政府的罚金，此时唯一的纳什均衡是（检查，非绿色）。

②若 $-F < -C_E + V_G + B$，此时对生产企业而言，这一博弈无纯策略纳什均衡的稳定解，政府和企业应该考虑混合策略。

假设企业选择生产绿色食品策略的概率是 $1-\gamma$，选择生产非绿色食品策略的概率是 γ。政府选择检查策略的概率是 θ，选择不检查策略的概率是 $1-\theta$。则企业的期望效应函数为：

$$U(\gamma, 1-\gamma) = \gamma[\theta \times (-C_E + V_G + B) + (1-\theta) \times (-C_E + B)] + (1-\gamma)[\theta \times (-F)]$$

令 $\dfrac{\partial U(\gamma, 1-\gamma)}{\partial \gamma} = 0$，有：

$$\theta = \frac{C_E - B}{V_G + F} \qquad (9-1)$$

政府的期望效用函数为：

$$U(\theta, 1-\theta) = \theta \times [(1-\gamma)(S - C_E - V_G) + \gamma \times (S - C_G - U_G + F)] + (1-\theta) \times [(1-\gamma)S + \gamma(-S - U_G)]$$

令 $\dfrac{\partial U(\theta, 1-\theta)}{\partial \theta} = 0$，有：

$$\gamma = \frac{C_G + V_G}{2S + F + V_G} \quad (9-2)$$

由 (9-1) 式可知：

①θ 是 $B - C_E$ 的减函数，即企业生产绿色食品所获得的效用越大，政府检查的概率就越小。反之，政府检查的概率就越大。

②θ 是 $V_G + F$ 的减函数，即企业生产绿色食品而受到政府的优惠越多、企业生产假冒绿色食品所受政府的罚金越多，政府检查的概率就会越小。

③政府最优策略必须考虑生产商生产绿色食品的收益、成本、政府给予企业的补贴，以及政府的惩罚水平。企业生产绿色食品所获得的效用越大，则政府检查的概率就越小；企业生产绿色食品而受到政府的优惠越多、企业生产假冒绿色食品所受政府的罚金越多，政府检查的概率就会越小。

由 (9-2) 式可知：

①当对生产假冒绿色食品的企业处罚 (F) 一定，γ 与 V_G 的关系较为复杂，表现在：若 V_G 过高，政府对生产绿色食品的企业优惠过高，企业会认为政府检查的概率很小，因为政府一旦检查，发现企业生产绿色食品而必须兑现自己承诺给企业的优惠待遇；若 V_G 过低，又起不到鼓励企业生产绿色食品的作用，企业生产假冒绿色食品的概率会增大，所以政府对绿色食品企业的优惠要适度。

②当 F 一定时，γ 与 C_G 呈正向关系，即政府对生产假冒绿色食品的企业处罚一定的时候，政府检查成本越高，企业生产假冒绿色食品的概率会越大，因为企业一般认为政府因检查成本过高会减小检查。

③当 V_G 一定时，γ 与 C_G 呈正向关系，与 F 呈反向关系。即政府对生产假冒绿色食品的企业处以的罚款越高、处罚越重，企业生产假冒绿色食品的概率就越小。

④当 F 一定时，γ 与 S 呈反向关系，即政府的声誉收益越大，

第九章 农产品绿色供应链耦合的外在动力：政府监督与政府激励

企业生产假冒绿色产品的概率就越小。

⑤对生产商而言，如果政府的检查成本越低，则其生产非绿色产品的概率也越低；如果政府对绿色产品生产商给予适度的优惠支持，则其生产非绿色产品的概率会相对低；如果政府的声誉收益越高，企业生产非绿色产品的概率也越低；如果政府对生产非绿色产品的企业的处罚越重，企业生产非绿色产品的概率也就越低。

政府与企业博弈模型可以解释现实生活中食品质量安全不同发展阶段政府与企业间的博弈过程，如表9-3所示。

表9-3 政府与企业博弈模型解释现实情况

前提			解释	均衡	现实情况对应
$B - C_B > 0$			企业生产绿色食品而增加的收益大于企业付出的成本	（不检查，绿色）	发达国家的政府和其领先知名的食品企业间博弈达到了该均衡
$B - C_B < 0$	$-S - U_G - C_G + F < -S - U_G$		政府检查企业且发现企业生产非绿色食品，政府对企业处以的罚金数额小于政府的检查成本	（不检查，非绿色）	对小规模食品企业规制不足
	$S - U_G - C_G + F > -S - U_G$	$-F > -C_E + V_G + B$	企业的绿色生产成本减去由于生产绿色食品增加的收益与政府对绿色食品企业的优惠之和，结果其值仍大于企业生产非绿色食品时政府处以的罚款	（检查，非绿色）	——
		$-F < -C_E + V_G + B$	与上面情况相反	无纯策略纳什均衡	——

277

三　结论

在政企完全信息静态博弈模型中，有 3 个纯战略均衡结果：（不检查，绿色），（不检查，非绿色），（检查，非绿色）。对三个均衡结果进行比较，可以得出以下结论。

（1）只有（不检查，绿色）符合可持续发展要求，是政企双方博弈最好的均衡结果。但要实现这个均衡，前提是企业实施绿色供应链管理的收益必须大于其付出的成本。要满足这个条件，企业需要进一步有效开展供应链管理，熟悉相应的工具与方法，不断提高绿色供应链管理带来的收益。同时，政府也可以通过对绿色产品生产企业的税收减免等优惠政策，使得企业采取绿色策略时的收益增加或成本减少更为明显。

（2）（检查，非绿色）、（不检查，非绿色）这两个均衡中企业均选择的是非绿色策略，尤其是（检查，非绿色）表明政府管理的失灵。政府应该对政策进行调整，可以加强政府对绿色企业的补贴力度、增加对假冒绿色食品企业的处罚力度。使得 $C_E - V_G - B > F$ 不能成立，（检查，非绿色）的均衡结果不能达到。

目前，我国很多情况下因为奖惩力度不够，导致无论政府是否检查，很多食品企业却没有积极性实施绿色策略。

（3）从长远的观点来看，如果企业采取绿色策略是企业的占优策略，这时整个社会将是最好的。要达到这个最好结果，就需要政府和企业双方共同努力，不断增加 B 和减少 C_E，即使企业采取绿色策略后增加的收益越多越好，同时付出的成本越少越好。相应的措施还有：政府主管部门与企业合作引进合适的绿色技术与管理工具，政府进行宏观调控、培育绿色产业，尽量降低企业的绿色成本，同时也使得绿色企业的产品更具有竞争力。

因此，食品加工业实施有效的绿色供应链管理，一方面需要政府的宏观监控，更重要的一方面是作为核心的加工企业首先实

第九章 农产品绿色供应链耦合的外在动力：政府监督与政府激励

施绿色管理，并进一步影响其上下游的企业，这才是企业实现可持续发展的必经之路。

政府监控，一方面是政府对市场的监管，加大对假冒绿色产品的处罚力度；另一方面是对绿色产品生产的调控引导，对绿色产品的生产商给予优惠支持、鼓励绿色产品生产。

笔者认为政府可以考虑相机采用这一策略，即通过制定适宜的法规、采取相应的奖惩措施，鼓励农产品绿色供应链上的加工企业首先采取绿色技术标准。作为农产品绿色供应链核心的加工企业是"先知先觉者"，首先采取绿色技术，其上下游企业受到来自核心企业这个大客户要求绿色的压力，也会逐渐的开始采取绿色策略。这样就会逐步带动整条供应链绿化的实现。政府将核心企业作为监管重点，而供应链其他上下游企业由核心企业进行"代管"，既能节约政府的监管成本，在实践可操作性方面也较为可行。

第三节　政府激励绿色农产品生产

一　市场失灵与补贴

从现代经济学角度理解，政府之所以要干预经济活动，是因为存在市场失灵，因此，补贴成为政府主要经济政策手段的原因就可以从市场失灵理论中寻找答案。从亚当·斯密到阿·马歇尔近一个半世纪的历史，西方学者大多认为：自由经营、自由竞争和自由放任的市场经济有无可比拟的优越性，它主要通过"看不见的手"的自发调节作用即价格机制传递信息，使资源得到合理配置；它能提供一种刺激，促进经济增长；它能使企业和劳动者的积极性得到充分发挥，是有效率的，以至被人们称为"市场神话"。然而，20世纪20年代末30年代初爆发的资本主义经济大危机，宣告"市场神话"的破灭。这时，人们意识到市场不是万能的，是有局限性的，"市场失灵"一词广为流行。市场失灵是指市场本身所具有的价格调节机制不能发挥作用，也就是说价格的形成既不等于该商品的边际社会收益，也不等于该商品的边际社会成本，与市场的价格形成规律相违背。在市场竞争处于正常状态下，市场价格能发挥其调节作用时，均衡价格不但使市场需求量等于供给量，而且使一件商品的边际价格等于边际成本。这一特点的作用是引导生产者和消费者两大主体在不同的行业或产业间进行选择，从而达到资源的最佳配置。然而在某些领域，这一调节机制失去作用，即市场失灵致使市场调节机制无法实现自然平衡，从而使市场机制对某些领域表现出无能为力。

如图9-1所示，按照经济学原理，在有效的市场上，当价格等于边际私人成本，即价格在P_p时，私人福利最大化，任何偏离这一理想水平的情况都导致非效率，出现市场失灵。政府可以有两种选择：其一是由政府干预而形成一个较低的价格P_c，需求将扩大，消费增加，可能导致潜在的短缺。从经济学意义上讲，这里的实际价格与市场均衡价格的差值可以被认为是由政府干预而形成的对消费者的补贴，可用R-C之间的距离来表示，即生产者成本与消费者价格的差额；其二是政府干预市场而形成一个高于

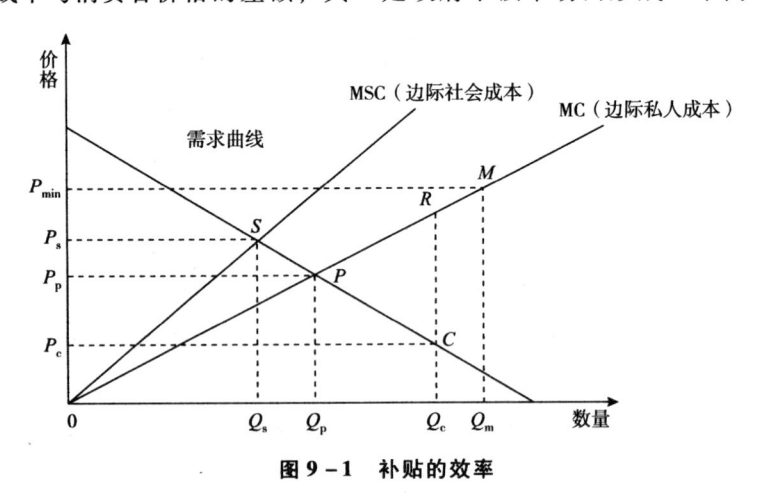

图9-1 补贴的效率

第九章　农产品绿色供应链耦合的外在动力：政府监督与政府激励

市场均衡价格的价格 P_{min}，由此，生产者将受到激励而扩大供给至 M，即生产者受到经济激励而加大资源的使用，形成较高的生产量 Q_m，并导致生产过剩。实际经济生活中，政府的两种干预可能同时存在，从而使政策效果错综复杂，以至形成各种经济扭曲。

需要说明的是，绿色产品的生产和消费都会产生外部性。所谓外部性，是指某个经济主体生产和消费的物品以及服务的行为不以市场为媒介，但对其他经济主体产生附加效应的现象。它分为正外部性和负外部性，正外部性也即外部经济，是指个人消费特定的物品时，社会也会得到外部效益，社会边际效益高于个人边际效益。负外部性也即外部不经济，是指企业不仅要支付个人边际成本，而且要使社会支付外部成本，社会边际成本大于个人边际成本。根据福利经济学原理，如果私人在物品的生产或消费中引起负面效应，那么，这些外部成本就应该"内在化"到生产者或消费者的账单里，实施负向补贴，并反映在物品的价格上，即外部成本应追加到私人成本之上以获得社会成本。按照经济学定律，当价格等于边际社会成本时，社会福利最大化，此时，消费量将减少至社会最优水平 Q_s。当然，如果反过来，生产者或消费者的活动存在正的外部性，那么，就应该对生产者或消费者给予补贴，即实施正向补贴。

按照 WTO 规则的定义，补贴是政府通过调整价格与边际成本之差、边际私人成本与边际社会成本之差，而直接或间接地给予生产者或消费者以财政支持的各种干预措施的总称，这些措施反映在财政账户上，就是政府的各种转移性支付。

绿色农产品生产和消费的正外部性决定了政府补贴的必要性。笔者认为，对于绿色农产品生产可以借鉴发达国家的做法，实施绿色农业补贴。绿色农业补贴是指国家按照环保标准来核定补贴数额的农业补贴，包括政府给予绿色产品（有机产品）生产者各种补贴等。农业绿色补贴起源于美国，是对原有农业补贴的改革。农业绿色补贴将农业的发展与农业环境保护紧密结合起来，对促进农业生态环境的良性循环起着重要作用。

从传统农业的发展模式到可持续农业的发展模式,是一个利益再分配的过程,在这个过程中,新制度的建立和实施会打破原有的利益平衡格局,进而产生社会冲突。例如,要求农民改变生产方式以达到保护生态环境的目的,实现社会公共利益的优化,但是却是以降低农民收入、增加农产品生产成本为代价的。当社会公共利益与农民的个人利益发生冲突时,农民往往会以牺牲公共利益为代价而维护其个人利益,而以这种方式保护环境是脆弱的、暂时的,是不可能长期维持的。因此,要解决这一冲突,必须建立利益平衡机制,即制度的变革应有相应的配套措施,如退耕还林补贴政策,政府应考虑将这种补贴政策扩展到整个类似的情形中去,为保护生态环境、发展可持续的绿色生产模式,给农民以经济上的补贴,使农民切实感受到保护环境不仅有利于其个人的长远利益,而且有利于其当前利益,进而调动其保护环境、发展绿色生产模式的主动性、积极性。

我国绿色食品生产的主体是以家庭为基本生产经营单位的农民,其抗击市场风险的能力弱、产品开发能力不强、经营管理水平有限。考虑到绿色食品的正外部性,即社会公益性,政府制定相关补贴政策、健全科技服务体系、扶持绿色食品生产显得尤为必要。

本书认为政府建立一个规范、稳定、透明、公开的绿色产品生产财政直补政策,对于充分调动生产者积极性、调整绿色产品价格溢出、弥合生产者与消费者对价格溢出的期望差,都具有积极作用。政府对绿色农产品给予生产直补的理由有以下两点。

(1) 绿色农产品的价格溢出包含了良好资源环境投入的价值转移。新古典经济学认为,资源环境具有生产的经济属性,如果资源环境使用的边际成本大于零,就意味着其具有稀缺性。稀缺导致竞争,随之产生供求矛盾和价值。一个良好的资源环境是人为有效保护的结果。在绿色农产品生产过程中,资源环境中已投

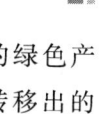

第九章　农产品绿色供应链耦合的外在动力：政府监督与政府激励

入了生产者的劳动和其他物质，从这个环境中生产出来的绿色产品，既包含了常规产品的生产价值，又包含了良好环境转移出的附加价值。由于资源环境具有公共产品的性质，为了维持良好环境而多支付的成本——至少其中一部分成本，就应该由政府公共财政承担。良好环境通过绿色产品转移出的附加价值，即绿色产品价格溢出或溢出之一部分，也应该由政府的财政补贴所补偿。

（2）消费者福利是一种公共福利。从社会学意义上讲，消费绿色产品有利于公众健康；从经济学意义上讲，消除资源环境污染是公众社会的共同需求。因此，通过生产补贴降低绿色产品销售价格以扩大消费需求、激励生产扩张，进而更好地保护环境、生产更多的绿色产品，就成为一种公益事业。特别是在消费者可以接受的绿色产品价格与生产者希望的价格存在较大差异、市场调节效率低下的情况下，通过生产补贴可以更好地启动市场，这种带有公共产品性质的市场启动行为只有由政府来承担。当经济和社会发展到消费者的支付意愿可以支撑绿色产品生产良性增长时，政府补贴再逐步退出。至于补贴的环节，笔者认同有关学者提出的：应该首先在产地环境认证和产品认证以及相关的环境监测、产品检测环节取消对企业的各种收费，转而由各级政府纳入财政预算，划转相关机构有计划的使用。这样，既有利于降低生产者成本，又体现了政府对于公共产品性质的良好生产环境的投入。

二　绿色农产品补贴的效应分析

农业绿色补贴可以促进农业生产者减少化肥、农药等的使用，促进绿色农产品的生产，减少有污染的低质的农产品生产。以绿色农产品生产为例分析，见图9-2。

图9-2中，P表示市场价格，Q表示行业的产量，q表示绿色农产品的产量，MR、MC分别表示边际收益与边际成本，PMR、SMR、PMC、SMC分别表示私人边际收益、社会边际收益、私人

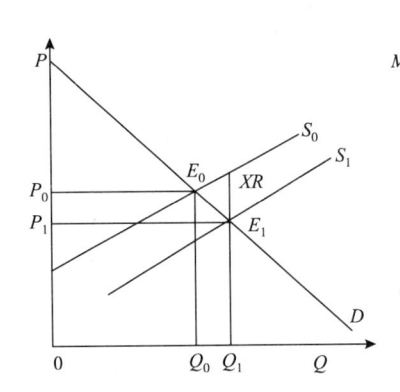

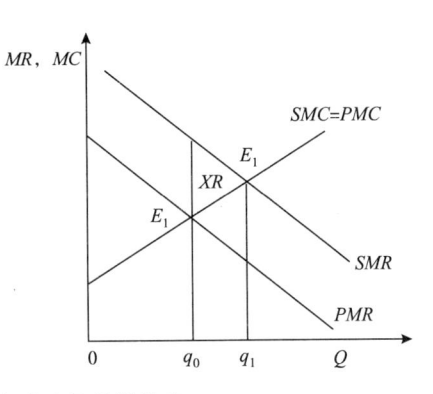

图 9-2 绿色农产品补贴效应

边际成本、社会边际成本，XR 表示外部收益。

在图 9-2 右中，追求利润最大化的农业生产者会把产量定在 q_0 处（按 PMR=PMC 的原则），而社会最优的产量应在 q_1 处（按 SMR=SMC 的原则）。如果仅仅依靠市场机制，这个农业生产者没有动力把产量扩大到 q_1。现假定政府向绿色农产品生产者支付数额为 XR 的补贴，生产者就会将产量由 q_0 扩大到 q_1。

产量的扩大使整个行业的供给增加，图 9-2 左中的供给曲线由原来的 s_0 移向 s_1，均衡价格由 p_0 下降为 p_1，均衡数由 Q_0 扩大到 Q_1。$Q_0 = \sum_{i=0}^{n} q_{0i}$，$Q_1 = \sum_{i=0}^{n} q_{1i}$（i = 0，1，2，…，n）。这就是说，政府提供补贴后，刺激绿色农产品生产者扩大产量，让更多的资源从其他用途中转移过来，用来增加这种产品的生产。

那么，补贴的具体效应又是怎样的呢？如图 9-2 左所示，政府给绿色农产品生产者的补贴等于外部收益 XR 的数量。这一数量，在图 9-3 中也就是 $P_2 - P_1$。这一补贴对不同经济主体的影响是不同的。

如图 9-3，补贴后的社会净收益（NR）是生产者剩余加上消费者剩余，再加上环境收益，再减去政府补贴，即：

$$NR = P_1E_1BP_3 + P_0E_0E_1P_1 + AE_0BE_1 - P_1E_1AP_2 = E_0E_1B$$

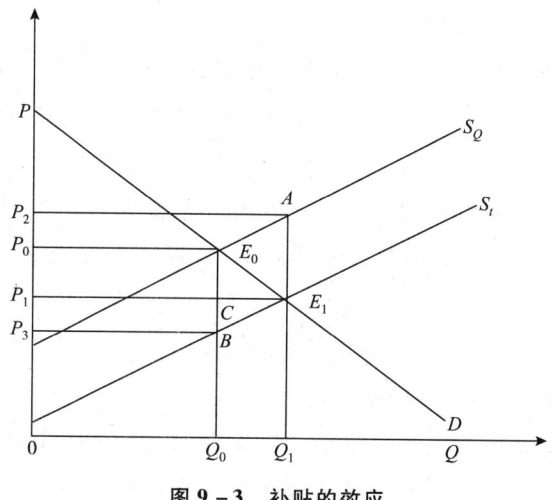

第九章 农产品绿色供应链耦合的外在动力：政府监督与政府激励

图 9-3 补贴的效应

可见，对绿色农产品生产者给予补贴，从整个社会来看可以获得三角形 E_0E_1B 面积的净收益。显然，这种补贴是可取的。

（1）政府应借鉴世界发达国家对本国农业发展和绿色食品生产给予经济上扶持的经验，用好绿箱政策。绿色食品开发仅靠农业企业和农民等农业生产经营主体的经济实力难以达到目的，发达国家有制定绿箱政策对本国农业发展和绿色食品生产给予经济上扶持的经验，如欧盟农业环保法规 2078/92 要求政府对农民转向绿色农业经营提供鼓励，通过为他们提供财政支持来弥补由此转变而带来的损失；对绿色营销的企业，政府在开张营业时也予以适当补贴；对各类绿色农业协会开展专业咨询活动的，政府按活动经费的 50% 予以补贴。政府应借鉴发达国家的经验做法，用好绿箱政策。

（2）设立专项基金，加快基地建设。设立绿色食品开发专项基金，重点扶持现有的生态农业示范县、生态农业示范园区及农业产业化龙头企业等建设绿色食品生产基地，以名、特、优经济作物为主，逐步扩大绿色食品生产的种类和规模，并以"品牌＋龙头企业（公司）＋农户"等形式，以点带面加快发展。培育配套产业，保障绿色供给。

（3）加大宣传力度，倡导绿色消费。充分启动广播、电视、报刊、杂志、网络等各类大众传媒新闻载体系统，从保护生态环境、维护人体健康、保证食物安全的角度广泛宣传开发绿色食品的重要性和必要性，使绿色食品家喻户晓。通过广告宣传，帮助消费者认识绿色食品的两大分类，即 AA 级和 A 级绿色食品；帮助消费者走出诸如"绿颜色食品、天然野生食品、无污染食品就是绿色食品"等误区；结合我国的饮食习惯，倡导健康消费理念，让公众理解绿色食品产业化可保护生态环境、实现可持续发展，改变公众不良消费需求、愿望、态度和兴趣，激发消费者对无污染、安全、优质、营养类绿色食品的潜在需求，使消费者产生购买行为，推动并激活绿色食品消费市场。

第四节　政府对绿色农产品市场实施监管

一　生产商行为博弈与政府市场监管

政府严格绿色食品认证制度，加强对通过绿色认证的食品企业的监督和市场管理，规范绿色食品市场秩序，制定严格的市场准入机制与章法，保护消费者主权，提高消费者对绿色食品的信任程度。对市场上假冒、超期等违规使用绿色食品标识的企业要坚决查处和清理，提倡、鼓励诚信促销，改善绿色食品的市场环境，从而消除消费者对消费绿色食品的忧虑、放心购买绿色食品。

目前，绿色农产品市场上仍有少数不法生产商生产伪劣产品、损害绿色农产品的信誉，因此，政府主管部门必须从生产和流通两个环节入手，搞好监管工作。在生产领域，管理部门应采取企业年检、质量抽检等方式加强监管工作，确保产品的质量。流通领域的监管是消费者更加关注的方面，管理部门应建立完善的市场监督体系，严厉打击假冒绿色农产品标志的不法行为，维护绿

第九章 农产品绿色供应链耦合的外在动力：政府监督与政府激励

色农产品市场正常的生产经营秩序。

食品市场准入制度是在以往对市场主体实行准入管理的基础上，强化对食品的市场准入管理的制度体系。绿色产品市场准入是指借助一定行政、技术措施，只允许符合绿色质量标准的绿色产品进入消费市场，而把不符合绿色质量标准的产品排斥在市场之外的一种市场管理制度。

绿色技术规程与质量标准确定了绿色农产品生产规范，但决定绿色农产品产业发展的是成本与利益。若绿色农产品与普通农产品的成本相同且单位产出水平相同，在绿色产品价格高于普通产品价格的情况下，生产绿色产品可以获得较高收益，因此生产者会全部生产绿色产品。但是，如果绿色农产品的平均成本高于普通农产品，在单位产出水平一致的情况下，即使绿色农产品价格高于普通农产品价格，从而生产绿色农产品可以获得较高的收益，那么能否保证生产者一定按绿色技术规程生产绿色农产品呢？现实经济生活中，由于信息不完全，生产者具有实施道德风险、降低技术标准、减少生产成本的倾向，在这种情况下，绿色农产品的市场准入就成为管理体系中重要的一环。下面对完全信息条件下生产者行为选择静态博弈进行分析。

1. 基本假定

（1）某一农产品有绿色和普通两种类型，生产者自主决定生产哪一种农产品，且每种生产都有盈利；

（2）生产者为有限理性的经济人，追求个人利益最大化；

（3）生产绿色农产品的平均成本为 C_g，生产普通农产品的平均成本为 C_n，$C_g > C_n$；生产假冒绿色农产品的平均成本为 $C_n + F$，其中 F 为生产假冒绿色产品被查出后的罚金；

（4）绿色农产品的单价为 P_g，普通农产品的单价为 P_n，且 $P_g > P_n$；

（5）政府与生产者之间具有相互的完全信息。

在本部分分析中，普通农产品视为非（或假）绿色产品，因为生产者对外宣称其产品为绿色产品。

2. 缺乏市场准入条件时生产者行为选择

在绿色农产品与普通农产品产出水平相当的前提下,绿色产品生产者可获得的单位产品收益为 $P_g - C_g$,普通农产品生产者可获得的单位产品收益为 $P_n - C_n$。如果生产者甲、生产者乙都是诚信的经济人,在 $P_g - C_g > P_n - C_n$ 时,生产者会选择生产绿色农产品。但是,并不是每个生产者都是诚信的经济人,由于 $C_g > C_n$,自利的经济人出于经济利益的考虑,具有不按绿色规范标准生产、降低生产成本以获得更大利益的动机倾向,因为在这种情况下,如果他实施道德风险成功,便可获及 $P_g - C_n$ 的利益。由于 $C_g > C_n$,所以 $P_g - C_n > P_g - C_g$,具有机会主义行为的生产者可以获得比诚信规范生产者更高的收益。在这种情况下,绿色农产品的市场准入对生产者博弈结果会产生重大影响。

表 9-4 揭示了当缺乏市场准入条件时的博弈结果,在这个博弈中,如果生产者甲、乙都按绿色技术规范生产,则可获得 $P_g - C_g$ 的盈利;如果其中一人按绿色规范生产,另一人不按绿色规范生产,在政府缺乏对取得绿色食品认证的企业进行常规性的质量跟踪等市场准入条件的情况下,不按绿色标准规程生产的生产者在付出 C_n 单位成本的情况下仍以 P_g 价格出售产品,并获得 $P_n - C_n$ 的单位产品收益;如果甲、乙两个生产者都不按绿色标准规程生产,在缺乏产品质量跟踪检测等市场准入的条件下,则都可以获得 $P_g - C_n$ 的单位产品收益。在不完全信息的消费市场中,如果消费者对所有声称绿色的农产品一律接受 P_g 的价格,则不按绿色规范生产成为两个生产者行为博弈的占优策略,(普通、普通)成为这个博弈的累次严优解,也是唯一的纯策略纳什均衡。一旦消费者知道市场上的产品均为不符合绿色标准的产品,则价格又回落到普通产品水平,这实际上导致了绿色生产技术规程的失败。

表9-4　缺乏市场准入条件下生产者行为博弈

		生产者乙	
		绿色	普通
生产者甲	绿色	(P_g-C_g, P_g-C_g)	(P_g-C_g, P_g-P_n)
	普通	(P_g-C_n, P_g-C_g)	(P_g-C_n, P_g-C_n)

3. 严格市场准入条件下生产者行为选择

如果政府严格执行市场准入制度，对绿色农产品实行普遍的质量检测，对取得绿色食品认证的企业进行常规性的质量跟踪，凡质量不合格者一经查出，以普通产品价格 P_n 出售并处以罚款，从而使被检出的假冒绿色产品生产者为此支付的成本为 C_n+F，由此获得的单位产品收益为 $P_n-(C_n+F)$，且 $P_s-C_s>P_n-(C_n+F)$。此时的生产者博弈模型如图9-5所示。

表9-5　严格市场准入条件下的生产者博弈

		生产者乙	
		绿色	非绿色
生产者甲	绿色	(P_g-C_g, P_g-C_g)	$\{P_g-C_g, P_n-(C_n+F)\}$
	非绿色	$\{P_n-(C_n+F), P_g-C_g\}$	$\{P_n-(C_n+F), P_n-(C_n+F)\}$

在这个博弈中，生产绿色产品是两个生产者共同的占优策略，假冒绿色产品是他们共同的严劣策略，（绿色，绿色）是严格市场准入条件下生产者博弈的累次严优解，也是唯一纯策略的纳什均衡。特别是对假冒绿色产品予以严重处罚和 $F>C_s$ 时，所有生产者都将选择绿色规范生产的策略。由此可见，严格的市场准入制度是确保绿色产品规范生产的关键。

二　逆向选择与绿色农产品生产投入物监管

绿色农产品生产资料的市场监管是绿色农产品质量管理体系的重要内容。绿色农产品的质量最终取决于生产环境和生产加工过程控制，因此，在生产环境条件符合绿色标准规范的前提下，绿色农产品生产与加工过程中的投入品使用,尤其是农用生产资料的市场监管成为绿色农产品市场准入必然要涉及的问题,是绿色产品市场准入的延伸,其目的在于把不符合绿色生产要求的投入物从生产资料市场中清除,从源头上抓起,确保绿色农产品生产质量可靠。由于违禁劣质投入品市场存在严重的信息不对称现象,导致作为原料提供者的农业生产者在购买行为中的逆向选择,因此政府应通过严格的市场监管阻止违禁的劣质农业生产投入品进入生产资料市场。

如图9-4,当劣质投入品在生产资料市场存在时,卖主比买者掌握更多的真实信息,而买者不能准确判断出何为正品、何为劣品,这就是信息不对称。在买者不能完全准确掌握投入品质量信息的情况下,就会降低对投入品技术含量的预期,相应地就会降低对这类投入品的需求,从而使高质量的正品需求下降,由DH降至DM(图9-4左),低质量的劣品需求由DL上升到DM(图9-4右),高质量投入品的市场交易量由信息充分条件下的Q_1减少到Q_2(图9-4左),低质量的投入品交易量由信息充分条件下的Q_3上升到Q_4(图9-4右)。低质量的投入品交易量的增加,会使买者对市场的预期进一步降低,从而导致DH的进一步下降和DL的进一步上升,如此往复,直到市场上低质量投入品全部出售完。在均衡点上,买者接受的市场价格高于劣质投入品提供者的预期价格、低于正品提供者的预期价格,因此,劣质投入品全部售出,正品被排斥在市场之外。特别是在市场经济不健全,道德、法制建设滞后的条件下,作为"小生产者"的农民"贪贱"心理强,唯利是图,最终导致"劣币"驱逐"良币",造成买者的逆向选择行为。因此,要避免交易的逆向选择、避免劣品驱逐良品,就必须从市场上彻底清除劣品。政府主管部门对农业生产资料市场进行管制,凡是不符合质量安全要求的生产资料一律不准进入生产资料市场,否则,一经发现,加重惩罚,从而彻底根除劣品对正品市场的干扰,保障生产资料市场的有效性和绿色原料农产品的质量。

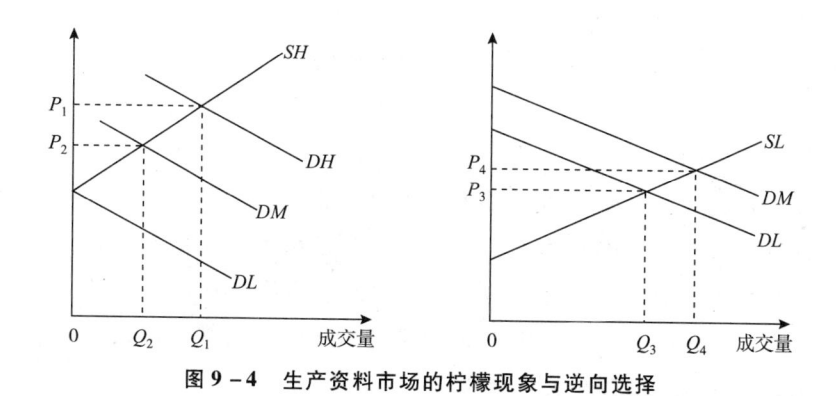

第九章 农产品绿色供应链耦合的外在动力：政府监督与政府激励

图 9-4 生产资料市场的柠檬现象与逆向选择

三 政府介入矫正信息不对称

信息的不对称导致消费者在购买产品时有必要对产品的绿色度、价格等信息进行搜询，由于信息的搜寻存在成本，因此消费者在购买产品时所依赖的信息量不够充分，导致提供绿色产品的生产系统在市场的竞争中处于劣势，最后，由于"柠檬效应"导致生产商不存在动机去生产和提供绿色产品，使绿色供应链运行受阻。

对于信息不对称而产生的各种经济现象，其解决的思路有市场与政府两种。基于市场的方法是信息传递和信息识别，信息传递主要是通过广告、产品质量担保、建立信誉及重复交易等；对于消费者而言，要识别绿色产品，由于受到识别成本和相应的识别能力的限制，使得完全依靠市场机制去解决问题不可行。笔者认为，要解决农产品绿色供应链运行中的信息不对称问题，政府的介入是十分必要的，具体包括公共信息的提供和对虚假信息的管制。

1. 政府提供公共信息

消费者、生产商及销售商对产品相关信息的拥有量存在不对称情况，通过单个消费者对信息的搜索行为不能解决消费者完全区分产品的绿色度、产品的价格等问题。从这一点来说，信息的不对称不能由消费者与生产商、销售商之间的私人谈判来解决。依照阿罗的观点，在私人获取信息的成本过于高昂时，应该由政府通过公共信息的方式来提供。具体来说，信息的内容包括产品进入市场的标准、产品的价格等内容。政府在提供公共信息时的主要措施包括：制定市场准入标准、宣传产品相关知识。对于政府提供公共信息的行为而言，首先要制定绿色产品标准，并将标准向市场和消费者进行宣传；其次要对获得绿色认证的产品进行制度性的跟踪检查，对没有达到绿色标准的产品进行惩罚，同时通过新闻媒体公开相关生产商与销售商。

2. 政府规制企业信息行为

现实中生产商及销售商会对消费者提供相关的信息，包括产品的绿色度、质量和价格等信息，生产商和销售商在宣传其产品时往往强调其产品的绿色度，如绿色产品、纯天然产品，强调其产品的环保性和对消费者的好处等。为了谋取最大化利益，自利的生产商及销售商有夸大其词、进行虚假宣传的机会主义动机。因此，政府应该规制企业的信息行为，一方面是加强监管力度，另一方面是加大处罚力度。政府一旦发现生产商和销售商发布虚假信息，应对该生产商或销售商进行严格的管制并通过官方的信息发布来加以处罚。

四　本章小结

绿色供应链因其具有的正外部性，政府有必要介入农产品绿色供应链的运作。政府所具有的公共管理能力，尤其是其中的监督保障、协调服务职能，可以弥补市场在解决公共物品、信息不对称、负外部性等影响绿色供应链运行中的问题上的失效。本章提出了政府对绿色食品实行规制、对绿色农产品生产给予补贴、对绿色农产品市场实行监管有其必要性；同时，对农产品绿色供应链政府与企业行为进行了博弈分析，为政府和企业的管理层如何激发供应链管理提供决策依据。

第十章
案例：加工生产商与原料生产者和贸易商耦合

第一节 案例背景

一 案例形成过程

从2007年12月到2010年2月，本人围绕课题研究开展了比较长时间的调查研究，案例形成过程大致为以下四个步骤。

第一，向22家加工企业的主要负责人发放调查问卷，同时对每一企业确定5~10户基地农户进行问卷调查，对返回的问卷进行逐一分析整理，挑选出湖南××米业有限公司（LQ公司）、湖南××米业有限公司（WY公司）、湖南××股份有限公司（JH公司）、湖南××科技公司（SR公司）。对4家企业进行第二次实地走访，就企业的发展历程、生产经营情况、产品供应链的模式、与上游原料生产者（农户）合作等问题进行开放式访谈。

第二，通过对开放式访谈内容的整理，考虑进一步的深度访谈可能性、企业发展潜力、本人调查的便利性以及我省绿色食品产业发展的代表性，最后确定2家重点企业进行较为深入的跟踪调查。对JH公司先后进行了四次调查，时间分别为2008年1月、

2008年6月、2009年12月、2010年1月；对SR公司先后进行了两次调查，时间是2008年7月、2010年1月，同时，在2008年7月的调查行程中，随机对SR企业基地的4户种植户进行了访谈和问卷调查，再从这4户中选择了两个典型户。

第三，由于这2家重点调研企业均属民营企业，获取有关企业生产经营情况的准确数据存在现实困难，本人在2010年1月又多次走访2家企业的行业主管部门和机构：湖南省林业厅、湖南省油茶产业办公室和行业管理办公室，对该行业的发展情况、行业的主要经济技术状况、企业上报的主要经济数据进行了调查，发现不同来源数据有出入。

第四，结合调查数据，请教行业内技术、财务管理人员，将数据进行适当调整，进行推算。

案例研究主要是想探讨绿色农产品价格的形成、供应链利益的分配，期待为政府的政策调控提供参考建议，以促进绿色农产品供应链的平滑运行。

二　行业概况

（一）油茶行业概况

油茶树属山茶科野生木本油料植物，是我国南方丘陵岗地特有的经济林树种，与油棕、油橄榄和椰子并称为世界四大木本油料树种，是我国在国际市场具有竞争优势和发展潜力的特色农产品。油茶具有适生范围广、经济价值高、生态功能强、综合开发利用潜力大、一次种植多年受益的特点。利用油茶树结出的果实所提炼的茶籽油，是一种绿色、生态和高营养的保健食用油，为食用油中的珍品，其不饱和脂肪酸含量达92%左右，远远高于菜油和花生油，比橄榄油还高出7个百分点，维生素E的含量也比橄榄油高出一倍。食用茶油不会使人体血清中的胆固醇增加，其胆固醇含量仅为猪油的1/30，不同于菜子油芥酸的含量高达50%而伤害肝脏，也不同于花生油易受黄曲酶毒B1（致癌物质）的污染。茶油不仅对于高血压、心脏病、动脉粥样硬化、高血脂等心脑血管疾病具有很好的医疗保健作用，而且还具有清热化湿杀虫解毒的作用[98]。美国卫生研究院（NIH）营养平衡委员会主席A·P·西姆普勒斯把茶油排在橄榄油的前面。中国疾病控制中心检验确认，山茶油中含有橄榄油所没有的特定生理活性物质茶多酚和山茶甙，茶油的品质甚于橄榄油。联合国粮农组织已将其作为重点推广的健康型高级食用植物油。

随着经济的高速发展和城市化的迅速推进，人民生活水平得到大幅度提高，拉动了生活必需品质量的全面提升，促进了人们的消费观念及方式的转变，最终引导食用油市场向安全、卫生、健康、营养的方向发展。保健型食用植物油越来越受到广大消费者特别是城市中高级消费群体、中老年消费群体的追捧，若按我国城市人口人均年消费10公斤茶油测算，全国对茶油的年需求量就达到600万吨，目前生产供给能力不到1/3，茶油消费市场前景极为广阔。

据权威统计，全球茶油产量的90%以上来自中国，而我国茶油产量的近50%来自湖南。湖南省有着悠久的油茶栽培与加工利用历史，全省油茶林面积1778万亩，占全国5000万亩油茶林面积的1/3；油茶籽产量为38.62万吨，年产茶油10万吨，无论面积还是产量均居全国首位。全省122个县市区，除安乡、南县两个纯湖区（洞庭湖）县外，其余县（市、区）都有集中成片分布的油茶林，其中，10万～20万亩的县17个，20万～30万亩的县12个，30万亩以上的县20个。面积最大的耒阳市油茶林达到116万亩，居全国县（市）栽培的首位。在资源分布上，主要集中在衡阳、怀化、永州、株洲、郴州、常德、湘西7个州市，资源集中度高。表10-1是湖南省油茶分布情况。

表 10-1　湖南省油茶分布情况

单位：万亩，%

市　州	面　积	占全国油茶标比重
衡阳市	310.99	17.5
怀化市	244.56	13.8
永州市	226.01	12.7
株洲市	199.02	11.2
郴州市	175.97	9.9
常德市	168.68	9.5
湘西州	109.20	6.1

资料来源：湖南省农业统计年鉴（2008年）。

据统计，全省油茶林平均每公顷产油量只有84公斤，单位产量和效益都不高。老龄油茶林产量低，但增产潜力大。据湖南省林业专家李昌珠研究，老龄油茶林只要经过垦复施肥，单产即可翻一番；通过高接换冠的低产改造，1公顷可产油300公斤以上，等于单产翻两番。新造1公顷良种油茶林，单产最高可产1125公斤茶油，即在现有基础上提高10倍以上，大面积采用良种造林，每公顷产茶油高达750公斤以上，可获毛收入3.75万元以上，远远高于种植水稻的收益。

（二）湖南发展油茶产业的现实意义

油茶是我国独有的具有极高营养、健康及经济、社会价值的国家级特色资源，油茶产业具有不可限量的发展前景。做大做强湖南油茶产业，一方面，对于调整农村产业结构、发展农村经济、促进农民就业增收、加快社会主义新农村建设、构建资源节约型和环境友好型社会、建设生态文明，具有十分重要的意义；另一方面，对于发展区域经济以及提升我省农业的产业竞争力起到不可低估的作用。此外，大力发展油茶产业，逐步提高油茶等木本油料的比重，改善我国食用植物油的生产和消费结构，对维护国家油料安全具有举足轻重的作用。

2007年9月,国务院出台《关于促进油料生产发展的意见》,着眼国家食用油安全战略,明确提出要大力发展油茶等特色油料生产。从湖南省看,油茶和油菜是两大主要油料作物,从品质、效益和发展潜力对比,油茶更具有优势,湖南应该在抓好油菜产业的同时,把眼光从田间转向山丘,大力发展油茶产业,把资源优势转变为产业优势。为贯彻落实国务院文件精神,把油茶产业打造成我省具有区域特色的优势产业和富民强省的支柱产业,省政府出台了《关于加快油茶产业发展的意见》,明确提出:突出优势,确保油料安全,以油茶林为发展重心,以油茶产业为支柱,在科学发展观的统领下,明确指导思想,遵循现代大林业的发展理念,以市场经济机制为导向,以建设现代化、集约化油茶种植基地、大力增加高产优良油茶资源总量为基础,以"产供销"一体的产业化经营为途径,以农民增收、企业增效和改善生态环境为原则,大力提高茶油供给能力,为国家粮油安全作出积极贡献。湖南省政府规划,到2015年,力争全省建成高产油茶林面积66.7万公顷以上、茶油年总产量30万吨、油茶产业年产达到150亿元,打造全国木本油料产业高地。

三 湖南JH股份有限公司和湖南SR油茶科技公司简介

(一) 湖南JH股份有限公司

JH公司是一家集种植、研发、生产、销售茶籽系列高档食用植物油的现代民营企业。现有注册资本5600万元,总资产4.56亿元,是全国农业产业化龙头企业、经济林产业化龙头企业、湖南省林业产业龙头企业。公司坚持科学发展观,实施产业发展与生态建设相互促进、良性互动的战略,强力抓好油茶基地建设和压榨法、浸提法精炼茶油、茶皂素、茶粕、糠醛和茶壳活性炭等产品的深度开发。公司创建于20世纪90年代初，依托湖南丰富的油茶资源，坚持走"公司+基地+农户"的产业化发展道路，为调动林农的积极性，先后在省内祁阳、益阳、常德、郴州、衡阳及江西萍乡建设了6大种植基地，通过与各油茶基地所属的村组签订油茶籽保护价收购合同，促进了油茶种植区域优良新品种种植推广和低产林改造，直接或间接带动近1000万农民增收致富。公司相继在湖南、湖北、上海、北京、广东、江西6地成立了销售分公司，建立了由经销商、连锁专卖店等卖场和团购销售队伍组成的多层次销售网络，一个以"湖南为大本营，京广线为轴心，京沪为战略制高点，辐射周边城市"的营销网络已初步形成。2008年，公司销售收入突破8亿元，并计划在近两年整合上市。面对经济全球化的潮流，公司制定了"合纵连横，打造茶油湘军"的发展战略，即通过实施产业化经营和资本运作，整合油茶产业上下游资源，力争用3~5年时间成为中国小包装高档食用油第一品牌。

（二）湖南SR油茶科技发展有限公司

SR公司是一家集油茶树种植、油茶籽低温压榨和精深加工于一体的专业化民营企业，以"依靠科技振兴油茶产业，建设基地带的农民致富"作为企业使命。公司位于著名将军之乡——湖南岳阳平江工业园区，傍湘江和洞庭湖、依京广铁路、毗邻京珠高速公路和107国道，交通十分便捷。公司组建于2001年5月，注册资金728万元，公司占地14338平方米，新厂房占地面积35000平方米，形成"公司连农户建基地"的运作模式，拥有自营和联营高产油茶基地近30000亩，还与地处湘赣鄂三省交界的革命老区、全国油茶标准化示范县——平江县平江油茶主产区的2000多户农民，建立了有机油茶籽收购合作联盟关系。

公司以山水滋润的优质深山原生态油茶籽为原料，坚持"产品人品，品品求精"的经营理念和"自然天成，至纯至真"的产品理念，视企业信誉为第一生产力，经营规模不断扩大，已从传统的民间茶油作坊发展为现代化油茶科技加工和品牌化经营企业，年产值达1.8亿元。公司长期以来注重加强企业内部管理，不断提升产品内在质量，以务实和负责的工作作风，努力开拓中国高档食用油市场，主导产品"SR"牌油茶籽油先后于2003年荣获中国湖南（国际）农博会金奖、2004年通过中国农业部无公害农产品认证、2006年被评为湖南省著名商标、2008年通过绿色食品与有机食品认证，产品以至纯至真和原汁原味原生态的品质，赢得广大消费者青睐。

公司聘请从事油脂工学领域研究开发及工程近37年的周伯川先生为首席专家。周伯川先生曾为中国粮油学会常务理事、中国粮食行业协会粮食建设工程专业委员常务理事、中国粮油学会油脂专业分会常务副会长，是一位学术造诣高深、为我国油脂科技和油脂工业的发展和进步作出积极贡献的优秀油脂工程专家。

公司董事长自勉：以天地日月的精华去默默地滋润中国人，解决富裕起来的中国人所面临的新的食用油健康问题；以天然纯真和健康营养的品质，将其打造成为中国高档食用油的一流品牌。

第二节　茶油供应链模式

案例以绿色食品——茶油为主要线索，通过调查为加工生产企业提供主要原料的油茶种植户、加工生产企业、经销产品的零售商——JLF超市，走访相关行业主管部门，深入研究了茶油价格的形成、利益的分配，分别从农户、加工企业、超市、政府等不同层面进行经济分析。

整个茶油产品的供应链就是，通过原材料收购、压榨加工和精深加工、分销等环节，完成茶油产品的供应过程。茶油产品的供应链模式为"油茶种植户+油茶加工企业+市场+消费者"(见图10-1)。

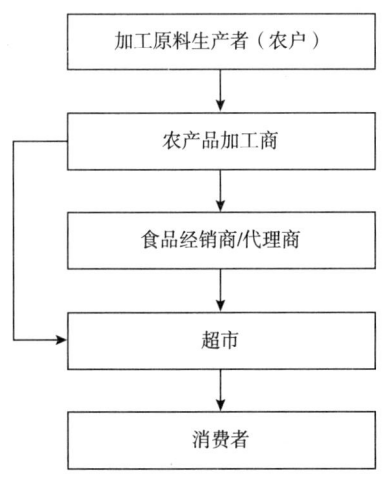

```
加工原料生产者(农户)
    ↓
农产品加工商
    ↓
食品经销商/代理商
    ↓
超市
    ↓
消费者
```

图10-1 茶油供应链结构

一 农户-加工生产商合作

JH公司生产茶油使用的原料——油茶籽,75%来源于公司与农户合作建立的基地,25%来源于市场收购的茶饼、茶籽、毛油;SR公司的原料来源于自营和联营的油茶基地、市场收购的毛油和油籽,其中基地收购占70%。

油茶加工企业为了保障原料的稳定供应,基本都建立有生产基地,生产基地的性质有自营和联营两种。从笔者典型调查的JH公司、SR公司两家企业情况看,JH公司的生产基地以联营性质为主,为了满足和保证企业生产加工能力扩张的需要,从2008年开始,着手租赁山林,进行自有基地建设,计划到2020年建成自有基地100万亩。SR公司已拥有3万多亩自营和联营高产油茶基地,与2000多户农户建立了有机油茶籽收购合作联盟关系。

合同安排:从典型调查的JH公司、SR公司两家企业看,企业与农户签订合同，收购原料茶籽。从企业与农户签订合同的组织形式看，JH公司主要采取的是与大户签订合同，企业认为这是一种理想组织形式；SR公司主要采取的是"公司+贩销大户+农户"的组织形式，但他们认为理想的组织形式还是"公司+农民合作经济组织+农产"，见表10-2。

表10-2 JH公司、SR公司与农户签订合同的主要组织形式

		公司+大农户	公司+村经济组织+农户	公司+农民合作经济组织+农户	公司+贩销大户+农户	公司+多地政府+农户	其他形式
JH公司	现实选择	√					
	理想选择	√					
SR公司	现实选择				√		
	理想选择			√			

资料来源：本人调查整理。

从合同类型看，JH公司签订的是产品销售合同，SR公司签订的是生产合同，见表10-3。这其中可能的原因是，SR公司主要将产品定位于高档茶籽油，对原料要求更高，因此，企业与农户签订的是关系相对紧密的生产合同；JH公司生产的高档茶油在其整个产品数量份额中比例不大，因此，与农户签订的主要还是关系相对松散的产品销售合同。从合同形式看，书面协议是企业与农户签订订单的主要形式；从合同条款的选择看，合同条款都是由双方协商制定。JH公司、SR公司两加工企业收购基地农户的茶籽价格，均采取最低保护价格，若市场价格高于保护价格时就随行就市。据笔者2010年1月再次走访SR公司调查的情况显示，最近两年茶籽供应紧张、原料市场供不应求，企业以高于市场价10%的水平收购茶籽，以吸引和稳定原料供应户，正因为SR公司相对JH公司的收购价格更灵活，使SR公司与农户的

合同履约率达到75%以上，要高于JH公司，JH公司的合同履约率为50%～70%。

表10-3 合同类型的选择

企　业	订单类型	
	销售合同	生产合同
JH公司	√	
SR公司		√

资料来源：本人调查整理。

二 油茶供应链经济效益分析

（一）基地农户情况与种植油茶收益

2008年7月，笔者随机对SR公司原料基地两农户进行了调查，基本情况见表10-4。

表10-4 SR公司原料基地两农户基本情况

户主姓名	张任生	罗友斌
年龄（性别）	56（男）	42（男）
文化程度	初中	初中
家庭人口（劳动力）	5人（4人）	4人（3人）
种植面积（租入面积）	300亩（240亩）	153亩（110亩）
家庭年总收入	6万	3.5万
其中农业收入比例	95%	90%

注：作者调查获得。

依据SR公司原料基地的种植户的生产经营情况，他们的收成水平为：1亩收获茶籽20公斤，茶籽产油率25%，亩产油5公斤多（茶籽收购价10元/公斤）。

结合我省油茶产业发展规划草案中对我省油茶产出水平计划

第十章 案例：加工生产商与原料生产者和贸易商耦合

目标，对种植户种植油茶的收益情况进行测算[99]。

（1）产量与价格：籽亩产现有水平20公斤，经更新改造后可能达到80公斤/亩茶籽水平，茶籽收购价为9000元/吨。

（2）亩产收入与净收入：种植1亩油茶的现有收入水平为180元，净收入60元；将来收入可能达到720元，净收入540元。

（3）亩产成本及构成：主要考虑现金成本支出。现有成本支出结构中：劳务74%，材料18%，附属设施6.67%，间接费5.83%，资金成本9.50%；今后可能的成本结构是：劳务74.4%，材料12.22%，附属设施4.44%，间接费3.89%，资金5%。油茶属于典型的劳动密集型产品，优良品种是高产的基础，而精细的抚育管理是高产的保证。茶籽生产成本构成的百分比顺序分别是劳务（74%）、肥料（9%）、种苗（7.6%）、资金（7.5%）、附属设施（6.67%）、间接费（5.83%），农药所占比重最小，仅为0.5%。

（4）吨油农户收入：即农户提供生产1吨茶油的原料可获得的收入。

表10-5　1亩山茶树产油（产籽）

单位：公斤/亩

现有水平	可能水平	理想水平
5（20）	20（80）	35（140）

注：作者依据相关资料推算，括号内为产籽量。

以现有水平测算，吨油农户可收入：3.6万元-0.4万元-2万元=1.2万元。其中：3.6万元是4吨茶籽销售收入（茶籽单价以0.9万元/吨计算）；0.4万元是采摘工价支出（采摘工价以1元/公斤计算）；2万元是200亩油茶种植的投入（以每亩投入100元计算）。

油茶种植投入是根据《湖南省油茶产业发展规划草案》中提供的更新造林、新造林、抚育改造、嫁接改造四种模型的油茶产业基地建设单位面积营造林投资测算（见表10-6），更新造林是我省未来10年主要的油茶林建设方式，以更新改造方式，每亩需投资1793元，加上资金贷款10%的利率，按20年分摊，每亩需投入98元，我们以100元计算。

表10-6 湖南省油茶产业基地建设单位面积营造林投资测算表

单位：元/亩

模型号		直接费					间接费
		单位成本	合计	劳务投入	材料	附属设施	
模型1	更新造林	1793	1648	1050	441	157	145
模型2	新造林	1793	1648	1050	441	157	145
模型3	抚育改造	837	765	350	258	157	72
模型4	嫁接改造	2395	2205	1540	508	157	190

资料来源：《湖南省油菜产业发展规划（草案）》。

若以可能生产水平测算，吨油农户可收入：3.6万元-0.4万元-0.5万元=2.7万元。

0.5万元是50亩油茶料种植投入。优良的品种配先进的栽培管理技术，进行集约化生产，增加现代技术要素投入，可大大提高单位产出水平，增加农民收益。

表10-7是现有生产水平和将来可能生产水平条件下茶籽种植户亩产成本效益。

表10-7 茶籽种植户亩产成本效益

单位：元

	收入	成本	毛利	净利（扣除收摘工价）
现有水平	180	100	80	60
可能水平	720	100	620	540

注：作者依据相关资料推算。

表10-8是茶籽种植户亩成本效益分析。

第十章 案例：加工生产商与原料生产者和贸易商耦合

表10-8 茶籽种植户亩成本效益分析

		油籽产量（公斤）	油籽价格（元）	收入	成本	劳务	材料	附属设施	间接费	资金成本	采摘成本
现有水平	绝对数	20	9.00	180	120	54	22	8	7	9	20
	相对数（%）					45	18	6.67	5.83	7.50	16.67
可能水平	绝对数	80	9.00	720	180	54	22	8	7	9	80
	相对数（%）					30	12.22	4.44	3.89	5	44.44

注：1. 成本 = 劳务（林地清理、整地、栽培、抚育）+ 材料（种苗、肥料、农药）+ 附属设施（蓄水池、管护棚、林道）+ 间接费（规划设计、工程监理、科技支出、管理费、不可预见费）+ 采摘工本。材料中肥料占55%、种苗占42%、农药占3%。

2. 作者依据相关数据推算。

（二）加工企业经济效益分析

JH公司、SR公司两家企业都是本省该细分产品市场的知名民营企业，名列前三甲，基本情况见表10-9。

表10-9 JH公司、SR公司两企业基本情况

	JH企业	SR企业
企业固定资产总值（原值）	9800	5620
固定资产净值（万元）	2949	2639
企业销售收入（亿元）	1.68（2006年）	1.83（2007年）
企业利税（万元）	825（2006年）	268（2007年）
企业员工（人）	556	50
企业类型	省级龙头企业	市级龙头企业

注：作者调查获得。

本人对企业主要负责人的直接问卷调查，结合笔者走访行业主管部门获及JH公司、SR公司两企业向行业主管部门的申报数

据以及请教行业内业务技术、财务专业技术人员，将两企业的数据进行合理校正，测算两企业的成本效益。

表10-10 JH公司吨油成本构成表

	单耗/吨产品	单价（元）	单位成本（元/吨）
原 料	4000kg/T	9.00	36000
加工成本			368.07
包 装			763.44
工 资	500人, 1200元/月		2378.59
折 旧	2949万元固定资产，按5%折旧率		487.12
维 修	30万		99.10
利 息	3000万贷款，10%利率		991.08
管理费	按销售收入2%计算		1110.01
销售费	按销售收入2%计算		1110.01
小 计	—	—	43307.42

注：作者调查获得。

以JH企业2006年销售收入1.68亿元推算，需要原料茶籽12108.11万吨。其中，加工生产茶油收入15135.14万元，加工茶饼收入1664.86万元（注：茶油单价5万元/吨，茶饼单价0.25万元/吨，茶籽、茶油、茶籽的比例关系为4：1：1.82），茶油产量为3027.03吨。

企业总成本 = 43307.42 × 3027.03 = 13109.29 万元

利税总额 = 16800 - 13109.29 = 3690.71 万元

增值税 = 销项税 - 进项税

= (16800万×13%) - [(3027×3.6万×13%) + (3027×0.113万×13%)]

= 2184万元 - 1416.64万元 - 44.47万元 = 722.89万元

教育附加费：722.89×3% = 21.69万元

城市维护建设税：722.89×5% = 36.14万元

第十章 案例：加工生产商与原料生产者和贸易商耦合

合计税金 = 722.89 + 21.69 + 36.14 = 780.72 万

年税后净利 = 3690.71 - 1508.22 = 2909.99 万元

企业吨油净利：2182.49 ÷ 3027 = 0.96 万元/吨

中央政府从吨油中获得收入：（722.89 × 75%） ÷ 3027 = 0.17 万元

地方政府从吨油中获得收入：（780.72 - 542.177） ÷ 3027 = 0.0788 万元

表 10-11　SR 公司吨油成本构成

	单耗/吨产品	单价（元）	单位成本（元/吨）
原　料	4000kg/T	1 万/吨	40000
加工成本			368.07
包　装			3000
工　资	50 人，1800 元/月		589.50
折　旧	2500 万固定资产，按 5% 折旧率		682.29
维　修	30 万		163.75
利　息	2000 万贷款，利率 10%		1091.66
管理费	按销售收入的 2% 计算		1310.00
销售费	按销售收入的 5% 计算		3275.00
小　计			50480.27

注：作者调查获得。

企业总成本 = 50480.27 × 1832.06 = 9248.29 万元

利税总额 = 12000 万 - 9248.29 万 = 2751.71 万元

增值税 = 12000 × 13% 1832 × 4 × 13% - 1832 × 0.3368 × 13%

　　　= 1560 - 952.64 - 80.21 = 527.15 万元

教育附加费：527.15 × 3% = 15.81 万元

城市维护建设税：527.15 × 5% = 26.36 万元

合计税金：527.15 + 15.81 + 26.36 = 569.32 万元

年税后净利：2751.71 - 569.32 = 2182.39 万元

企业吨油获净利：16366.79÷1832=1.19万元

中央从吨油生产中获得收入：（527.15×75%）÷1832=527.15×75%=0.22万元

地方从吨油生产中获得收入：（569.32-395.36）÷1832=0.095万元

表10-12　JH、SR公司吨油的成本效益

	出油率（%）	吨油原料茶籽（吨）	茶籽收购价格（元/吨）	吨油原料成本（元/吨）	精油批发价（元/吨）	利润（元/吨）	税收（元/吨）
JH企业	25	4	9000	36000	59600	7200	2480
SR企业	25	4	10000	40000	59400	8930	3150

注：作者调查计算得出。

（三）零售企业利润分析

通过本人对两企业的实地调查得知，KA是两家企业的主要渠道，表10-13是JH公司的营销渠道构成情况。

表10-13　JH公司营销渠道情况

单位：亿元

渠道	出口	代理	卖场	团购	专卖店	合计
2005年		0.762	1.632	0.353	0.013	2.76
2006年	0.076	0.962	1.987（57%）	0.475		3.5

注：作者调查计算得出。

表10-14　JLF超市价格形成

	5L/瓶进价（元）	折成吨油进价（万元/吨）	5L/瓶零售价	折成超市零售价（万元/吨）
来自JH企业	275	5.96	299	6.48
来自SR企业	274	5.96	298	6.46

注：作者调查计算得出。

第十章 案例：加工生产商与原料生产者和贸易商耦合

××超市应交增值税：（6.48 – 5.96）÷ 1.13 × 0.13 = 598.23元

教育附加费：598.23 × 4.5% = 26.92元

城市维护建设税：598.23 × 7% = 41.88元

毛利润 = 64800 – 59600 –（598.2 + 26.92 + 41.88）= 4533元

所得税 = 4533 × 25% = 1133.25元

超市吨产品税后净利：4533 – 1133.25 = 3399.75元

超市的税收：1800.25元。

需进一步说明的是，在本案例中所计算的供应链经济效益，仅仅是直接经济利益，并未考虑计算间接利益。就超市经营环节来说，其利润来源主要由产品进销差价、超市收费、厂家返利三部分构成。案例中计算超市的利益只考虑了产品经销差价利润这一块。

（四）吨油的价值形成

以 JH 公司生产的 5L 一瓶装的纯茶油为例进行换算与推算。

（1）种植油茶的农户每提供生产 1 吨茶油的茶籽成本是 2.4 万元（由表10-6、表10-7数据推算）；

（2）加工企业收购油茶籽成本为 3.6 万元（表10-12）；

（3）精练茶油的出厂批发价 5.96 万元/吨（表10-12）；

（4）超市的零售价格为 6.48 万元/吨（表10-13）。

从上面各项中可以看到，茶油供应链过程为：农户→加工企业→超市，也是其增值的过程和价格形成的过程，平均来看，每吨茶油的价值增值过程为：12000元→7200元→3400元（见图10-2）。从吨油的价格形成过程，我们可以看出，产品在供应链的形成过程中，其最终价值比最初成本增长了1.7倍。其增值的过程可以简单概括如表10-15所示。

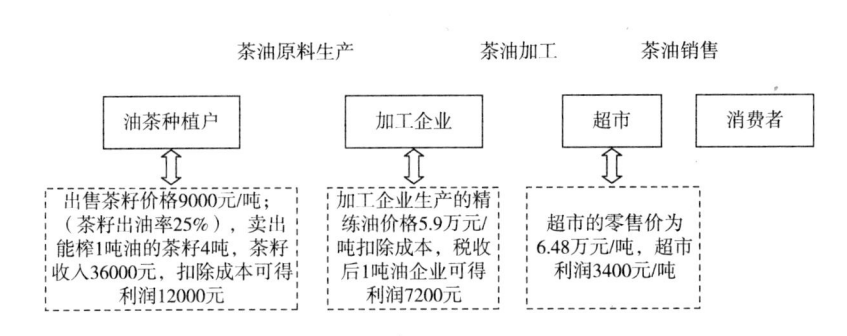

```
         茶油原料生产              茶油加工           茶油销售

    ┌──────────┐         ┌──────────┐      ┌────────┐   ┌────────┐
    │ 油茶种植户 │         │ 加工企业  │      │  超市  │   │ 消费者 │
    └──────────┘         └──────────┘      └────────┘   └────────┘
         ⇕                    ⇕                ⇕
  ┌─────────────────┐  ┌─────────────────┐  ┌─────────────────┐
  │出售茶籽价格9000元/吨;│  │加工企业生产的精    │  │超市的零售价为    │
  │(茶籽出油率25%),卖出 │  │练油价格5.9万元/   │  │6.48万元/吨,超市 │
  │能榨1吨油的茶籽4吨,茶籽│  │吨扣除成本,税收    │  │利润3400元/吨    │
  │收入36000元,扣除成本可得│  │后1吨油企业可得   │  │                │
  │利润12000元         │  │利润7200元        │  │                │
  └─────────────────┘  └─────────────────┘  └─────────────────┘
```

图 10-2　从供应链看价格形成过程

表 10-15　吨精练纯山茶油的价格形成过程

单位：万元

	茶籽价值	茶籽收购	精练油	零售
供应链	种植户	种植户→加工厂	加工厂→超市	超市→消费者
价值/价格	2.4	3.6	5.96	6.48

注：作者调查计算得出。

（五）茶油供应链各环节的利润分配

茶油供应链各环节的利润分配：

（1）油茶种植农户：每生产1吨茶油需要茶籽4吨，农户出售4吨油茶籽可以得到1.2万元利润（油茶籽单价9000元/吨）；

（2）加工企业：如表10-12所示，加工企业从生产加工1吨纯山茶油中可以获得利润7200元；

（3）政府：如表10-12所示，政府从每吨茶油的生产加工中得到2480元，再加上超市的税收1800元，共计4280元；

（4）超市：超市每销售1吨茶油可获利润3400元。

综合以上分析，得到1吨纯山茶的供应链利润分配，如表10-16所示。

表 10-16　供应链各部门之间利益的分配

	总计	种植户	加工企业	超市	政府
利润（元/吨）	26880	12000	7200	3400	4280
百分比（%）	100	44.64	26.29	12.65	15.92

注：作者调查计算得出。

三　油茶供应链模式的启示

通过对调查获得的数据的校正，再依据行业内专业技术专家指导进行数据推算，最后对数据结果进行分析，本人的发现及启示有以下几点。

1. 油茶产业是可持续发展潜力深厚的优势产业

从茶油供应链各部门之间利益分配看，农户获利占44.64%，加工企业获利占26.29%，超市获利12.65%，政府获利15.92%，可以说，这是笔者所能了解获知的各类食品供应链中少有的一种处于链条上游或基层的农户获得利润最高的一种产品。就目前与大众生活密切相关的肉鸡、液态奶、牛肉产品供应链来看，依国内学者喻闻的研究，要么是生产经销商占利润大头，如液态奶，蒙牛获取53.45%利润，其中加工利润8.47%、分销利润44.98%，奶农仅获14.11%；要么是零售商——超市占利润大头，如肉鸡供应链，每只肉鸡养鸡户获利17%、公司23%、超市获利60%，牛肉供应链，每头牛、养牛农户获利润16%、屠宰加工商获利15%、超市获利58%[100]。笔者认为油茶供应链是一种和谐、可持续发展的绿色供应链，也是理想的农产品绿色供应链，其利润分配格局是相当合理的，理由是作为食品供应链上游的原料种植户承担着高额的投入，主要是劳务投入，随着我国城市化、新型工业化、农业产业化的加速推进，从事农畜产品种养的机会成本越来越高，生产过程对投入要素的数量与质量要求高，投入见效周期相对其他普通农产品要长得多，所以应该获得相对高的回

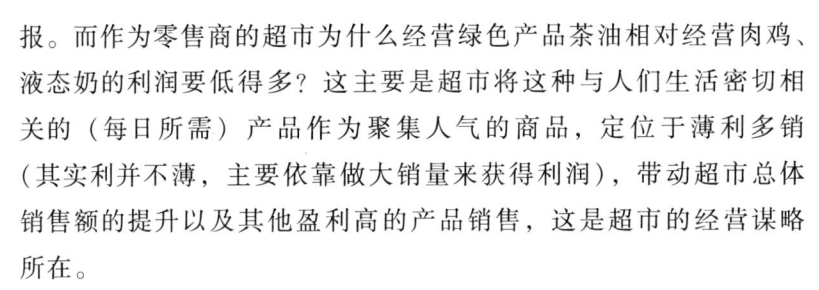

报。而作为零售商的超市为什么经营绿色产品茶油相对经营肉鸡、液态奶的利润要低得多？这主要是超市将这种与人们生活密切相关的（每日所需）产品作为聚集人气的商品，定位于薄利多销（其实利并不薄，主要依靠做大销量来获得利润），带动超市总体销售额的提升以及其他盈利高的产品销售，这是超市的经营谋略所在。

2. 超市、生产加工企业应始终坚持消费者导向观念，牢固树立合作共赢的经营思想

"木桶原理"揭示：木桶盛水的多少不是取决于木桶最高的一边的高度，而是取决于木桶最低一边的高度，要想使木桶盛水最大化，就必须使木桶的每条板最大化。要使供应链中每个主体实现利益最大化，当然离不开供应链利益的最大化。生产加工企业、零售商、消费者是供应链中相互制约、相互依赖的环节，其中任何一个环节都是整个再生产链条中创造价值的、必要的、不可或缺的组成部分，厂商应本着合作共赢的指导思想，倡导健康消费理念、引导消费、开拓市场、传递和创造价值。厂商切不可以本位主义当头，以挤压对方利益求得自身利益最大化。需要强调的是，随着消费者越来越趋向于理性与成熟，超市作为现代零售业，尤其应注重自身的社会形象和社会责任，肩负起播传绿色、健康、高品质生活方式的责任，引领消费潮流，在给消费者提供优质产品和服务的同时，创造和提升自身的品牌价值。

3. 绿色食品供应链上的加工企业的利润提升空间

笔者认为绿色食品供应链上的加工企业的利润提升空间不应该以挤压上游原料提供者农户的利润为代价，而应该实施可持续且务实的战略，通过技术创新、管理创新，一方面着眼于产品深加工，综合利用技术的研发，延伸产业链条，提高产品以及副产品的附加值；另一方面，节能降耗，科学合理运作各项生产要素，这才是加工企业利润的永续之源。

4. 政府对于这种利国利民具有良好发展潜力和前途的农产品应大力扶持发展

本人认为政府可以考虑从以下几个方面予以支持发展。

（1）着眼于提高消费者的购买能力，给予绿色食品在生产、流通过程中一定的税收减免、优惠，使绿色食品的价格处于中高收入消费阶层的购买能力范围内。

（2）为充分发挥大户的辐射、示范和带动作用，激发农民油茶开发的热情，鼓励和支持供应链上游的原料提供者——油茶种植户的生产活动，激发其增加要素投入的积极性，利用WTO农业协议规则，应给予种苗、化肥、农机具等补贴，同时对于生产经营绩效高的农户应予以奖励，以形成一种积极的政策导向，引导农民从事这种生态、社会效益高的农产品生产，同时与金融部门联手，对农户生产投入所需资金给予贴息贷款或者优惠利率贷款，解决农户投入资金短缺的问题。

（3）对于作为供应链核心的加工企业，政府同样应给足并落实好各项优惠政策，支持龙头加工企业科技创新，延伸产业链，创知名品牌，提高市场占有率。

（4）政府应利用电视、报纸等媒体，大力宣传油茶产品、油茶产业，宣传发展油茶产业的政策、技术、典型，为油茶产业发展创造良好的舆论氛围。

四 本章小结

本章进行案例研究，以绿色食品——茶油为主要线索，通过调查为加工生产企业提供主要原料的油茶种植户、加工生产企业、经销产品的零售商——JLF超市，走访相关行业主管部门，深入研究了茶油价格的形成、利益的分配，分别从农户、加工企业、超市、政府等不同层面进行经济分析。通过对调查获得的数据的校正，再依据行业内专业技术专家指导进行数据推算，最后对数据结果进行分析，本人的发现及启示是：油茶产业是可持续发展潜力深厚的优势产业；超市、生产加工企业应始终坚持消费者导向观念，牢固树立合作共赢的经营思想；绿色食品供应链上的加工企业的利润提升空间不应该以挤压上游原料提供者农户的利润为代价，而应该实施可持续且务实的战略，通过技术创新、管理创新来提升自身的竞争力；政府对于这种利国利民、具有良好发展潜力和前途的农产品应大力扶持发展。

第十一章 研究结论

本文在现有供应链管理研究成果的基础上,综合运用交易成本理论、博弈理论、委托-代理理论,对食用农产品绿色供应链的耦合机制进行研究,得出如下基本认识。

(1) 食用农产品加工业导入绿色供应链管理思想意义重大。传统食品产业(食用加工农产品)在发展过程中,不仅造成生态环境的破坏,而且降低乃至损害着食品的质量安全,同时也造成产业链利益不平衡。有必要选择一种既有利于改善与保护生态环境、保障食品质量与安全,又有利于产业链各利益主体的新型食品产业可持续发展模式,这就是绿色化食品产业模式。绿色化食品产业发展模式是有效解决"三农"问题、提高我国农业整体效益和竞争力的有效途径之一。绿色食品产业可以借鉴绿色供应链管理理念与手段。

(2) 供应链是继市场和企业之外的一种创新了的组织分工形式,这种形式既能规避纯粹市场的高交易成本,又能克服纵向一体化的不足。实质上,供应链是经济全球化下企业应对竞争的一项诱致性制度变迁,而供应链管理则是供应链组织形式下的一种制度规范,不仅有利于节约交易费用,也有利于合作博弈的形成,绿色供应链管理有助于培育供应链主体的核心竞争力。

(3) 针对已有学者提出的绿色供应链管理的三个目标:充分

实现资源的优化利用、提高活动的社会福利、供应链内各成员的活动要求实现与环境相容，提出绿色供应链管理目标不仅是上述三个"硬目标"，而且还应该包括"软目标"——供应链主体关系和谐与稳定，即供应链上节点企业之间利益分配关系公平、合理，各主体满意度高。只有实现这四个目标，供应链管理才能够得到可持续运营，也才称得上是完整意义上的绿色供应链。

（4）供应链耦合的利益在于能够获得"1+1>2"的效应，这是供应链耦合的原始动力，动力源自于供应链之间的竞争、关系资本及其关系租金创造，绿色供应链更有绿色知识的溢出。绿色供应链所具有的价值创造力和绿色知识溢出构成农产品绿色供应链的动力机制。

（5）信息共享机制是绿色供应链的效率基础，也是供应链耦合的基本要求。供应链合作主体之间的利益分配是供应链稳定的核心要件，和谐稳定机制就是要建立科学、合理的利益分配机制。运用利润分配机制模型，指出供应链中的利润是否合理分配决定着农产品供应链各参与主体的能力和努力程度，而努力程度与能力水平进一步决定着农产品供应链的整体绩效，因而影响供应链的稳定性。在供应链主体合作过程中，必然会有一些企业为了追求自身利益的最大化而作出对合作关系发展不利的行为，为了不让这种行为破坏合作关系的稳定性、影响合作利益，应建立约束机制：提高声誉市场的监督作用，提高欺骗成本，制定详细而周密的合同与契约，引入一定的惩罚机制。信息共享机制、利益分配机制、约束机制、风险分担机制构成农产品绿色供应链的和谐稳定机制。

（6）从加工企业与农户作为天生的利益共同体和保障绿色农产品供给的角度来说，加工企业与原料生产者耦合有其必要性；通过运用模型，对加工企业与原料生产者参与农产品绿色供应链的边界进行定量分析，得出：加工生产企业在确定投入品供应和原料收购价格时，要充分体现对种养户的激励作用，使作为原料生产者的农户和生产加工企业愿意加入农产品绿色供应链；对加工企业与原料生产者质量价格博弈分析，指出以信息对称为前提条件的集中决策，其利润大于分散决策的利润，完全信息条件下原料生产企业与加工厂商合作竞争博弈均衡。

（7）在网络化时代，绿色食品生产加工企业的理性选择是因时而变，在利用传统的零售商间接渠道的同时，应积极开辟直接渠道，因为混合渠道更多地体现出一种渠道战略安排特性，直销渠道对传统零售商渠道具有压力功能，有助于提升生产加工企业的渠道控制能力，掌握主动权；同时，绿色食品生产加工企业应着力改善经营管理水平、提高渠道效率、增强自身的竞争力；生产加工企业的渠道设计受到许多因素的影响，主要有经营目标、经营实力及市场地位、经营管理水平，生产加工企业要综合多种因素，权衡进行决策；混合渠道模式作为一种最佳的资源配置方式，其存在且渠道主体的利益实现，关键在于渠道关系和谐，即渠道的协调，生产加工企业可通过双重价格机制激励零售商合作，协调渠道矛盾，使系统总利润最大化。

（8）从消费者行为学的角度，以湖南省茶油消费为切入点，研究消费者对绿色食品认证标志的认知情况，探究影响绿色茶油消费意愿的主要因素。研究发现，影响绿色茶油购买意愿的主要因素有13个，它们分别是性别、婚姻、受教育程度等消费者的个人因素，家庭年收入和家人的饮食偏好等家庭相关因素，产品价格、产品口感和营养价值、产品品牌、安全认证标志、购买地信誉等企业营销组合因素，茶油的购买频率、茶油的消费比重等茶油的购买和消费情况因素。根据研究结论提出，政府应该加大政府监管力度，保障绿色食品的质量；扶持绿色食品企业，促进绿色食品行业的发展；积极宣传绿色食品，提高消费者的认知水平。企业应该建设层级少、范围广、信誉高的渠道网络；制定合理适中的价格策略；制定质量可靠的品牌化产品策略；制定形式多样的促销策略。

（9）绿色供应链具有正外部性，政府有必要介入农产品绿色供应链的运作。政府所具有的公共管理能力，尤其是其中的监督保障、协调服务职能，可以弥补市场在解决公共物品、信息不对称、负外部性等影响绿色供应链运行中的问题上的失效。提出政府应该对绿色食品实行规制、对绿色农产品生产给予补贴、对绿色农产品市场实行监管。

参考文献

[1] 诺思:《经济史中的结构与变迁》,陈郁等译,上海人民出版社,1994。

[2] 黄小原、李宝家:《供应链集成化动态模型与控制》,《系统工程学报》2001年第4期。

[3] 孙剑、李崇光:《农产品供应链管理问题研究》,《农产品供应链管理与农业产业化经营国际研讨会会议论文集》,2006。

[4] Houlihan, J. B., "International Supply Chain Management", *International Journal of Physical Distribution & Materials Management* 15, 1985.

[5] Stevens, G. C., "Integrating the supply chain", *International Journal of Physical Distributional & Materials Mamagement*, 1989, 19: 3–8.

[6] O'Brien and Head M., "Developing a full business environment to support just-in-time logistics", *International Journal of Prodution Economics*, 1995, 42: 41–50.

[7] Walton, V. S., "The green supply chain: integrating suppliers into environmental management process", *International of Purchasing and Materials Management*, 1998, 4: 2–10.

[8] Negal, M. H., "Evironmental Supply-chain Management Versus Green Procument in the Scope of a Business and Leadship Per-

spective", IEEE, 2000, 0 - 7803 - 5962 - 3: 219 - 224.

[9] Kenneth Cassavant, " The use of supply China Management to Increase Exports of Agricultural Products".

[10] 任迎伟:《农产品供应链中小型生产组织契约化管理问题研究》,《财经论丛》2005 年第 9 期。

[11] Brennan, D., "Public Policy Issues in Supply - chain Management", *Agri - product Supply - chain Management in Developing Countries Edited by G. I. Johnson and P. J. Hofman*, 2004.

[12] Prahalad, C. K., & G. Hamel. "The Core competency of the Corporation", *Harvard Business Review*, 1990, May - June: 79 - 90.

[13] Coombs, R., "Core competencies and the Strategic Management of R&D", *R & D Management*, 1996: 26 (4).

[14] 王凤彬:《供应链网络组织与竞争优势》,中国人民大学出版社,2006。

[15] 梁浩:《企业间合作的经济学研究框架》,《安徽大学学报》2006 年第 7 期。

[16] Coase, R. H., "The Nature of the Firm", *Economica*, 1937 (4): 386 - 405.

[17] 张五常:《企业的契约性质》,《企业制度与市场组织——交易费用经济学文选》,上海三联书社,1996。

[18] 威廉姆森:《合同关系的治理》,《企业的经济性质》,上海财经大学出版社,2000。

[19] 青木昌彦:《日本经济中的信息、激励与谈判》,商务印书馆,1994。

[20] Kliebenstein, James B. and Lawrence, John D., " Contracting and Vertical Coordination in the United States Pork Industry", *American Journal of Agricultural Economics*, 1995, 77 (December): 1213 - 1218.

[21] Poole, N. D., "Del Campo Gomis"; Igual, T. and Gimenez,

F. V. , "Formal Contracts in Fresh Produce Markets", *Food* Policy, 1998, Vol. 23, No. 2, pp. 131 – 142.

[22] Boger, S. , "Quality and Contractual Choice: a Transaction Cost Approach to the Polish Hog Market", *European Review of Agricultural Economics*, 2001, Vol 28 (3): 241 – 261.

[23] Daval, Y. and Biere, A. , "Grain Producers' Attitudes to New Forms of Supply Chain Coordination", *International Food and Agribusiness Management Review*, 1998, 1 (2): 179 – 193.

[24] 名古屋QS研究会:《质量管理定律》,向秋译,经济管理出版社,2004。

[25] Antle J. M. , *Economic Analysis of Food Safety*. Gardner, B. L. & Rausser, G. C. , *Handbook of Agricultural Economics*. Amsterdam: Elsevier Science B. V. , 2001 (1B): 1083 – 1136.

[26] Keyser, J. C. , "The matic Study on Comparative Advantage and Agricultural Markiting ", *Rome: The International Fund for Agricultural Development (IFAD)*. 2004: 6 – 8.

[27] Gorton, M. , Domitrashko, M. & White, J. , "Overcoming Supply Chain failure in the agri – food Sector: A case Study from Moldova", *Food Policy*, 2006 (31): 90 – 103.

[28] 周洁红、姜励卿:《食品安全管理中消费者行为的研究与进展》,《世界农业》2004年第10期。

[29] Lariviere M and E Porteus, "Selling to the newsvendor", *working paper*, *Fuqua School of Business*, 2000.

[30] Tsay A, S Nahmias and N Agrawal, Eds. , "Modeling supply chain contracts: A Review, Quantitative models for supply chain management", Boston, Kluwer, 1998.

[31] 但斌、刘飞:《绿色供应链及其体系结构研究》,《中国机械工程》2000年第11期。

[32] 王能民:《绿色供应链管理》,清华大学出版社,2005。

[33] 谭涛、朱毅华:《农产品供应链组织模式研究》,《现代经济探讨》2004年第5期。

[34] 李晓明、何宗干:《农产品供应链组织模式研究》,《农产品供应链管理与农业产业化经营国际研讨会会议论文集》,2006。

[35] 冷志杰:《集成化大宗农产品供应链模型及其应用》,中国农业出版社,2006。

[36] 张晟义:《中外涉农供应链研究和发展的初步比较》,《科技管理研究》2004年第5期。

[37] 李强:《农产品加工的供应链管理》,《世界农业》2006年第7期。

[38] 朱毅华:《农产品供应链物流整合实证研究》,南京农业大学,2004。

[39] 任迎伟:《农产品供应链中小型生产组织管理问题研究》,《农村经济》2005年第6期。

[40] 朱毅华、王凯:《农产品供应链整合绩效实证研究——以江苏地区为例》,《南京农业大学学报(社会科学版)》2004年第4期。

[41] 陈超等:《猪肉行业供应链效率研究》,《南京农业大学学报(社会科学版)》2006年第6期。

[42] 郭红东:《农业龙头企业与农户订单安排及履约机制研究》,中国农业出版社,2005。

[43] 周曙东、戴迎春:《供应链框架下生猪养殖户垂直协作形式选择分析》,《中国农村经济》2005年第6期。

[44] 马士华、林勇、陈志祥:《供应链管理》,机械工业出版社,2000。

[45] 杨金海:《农产品供应链失调与政府调控》,《农产品供应链管理与农业产业化经营国际研讨会会议论集》,2007。

[46] 张贯一:《企业间互信机制的建立要不要政府的参与?——

评丹尼尔与威廉之争》,《东南大学学报》2006 年第 4 期。

[47] 张新铎:《供应链中信息共享的管理激励研究》,《管理工程学报》2006 年第 2 期。

[48] Gavirneni S, Kapuscinski R and Tayur S., "Value of information in a capacitated supply chains", *Management Science*, 1999, 45: 16 - 24.

[49] Chen F., "Echelon reorder points, installation reorder points, and the value of centralized demand information", *Management Science*, 1998, 44: S221 - S232.

[50] 科斯:《企业、市场和法律》,上海三联书店,1990。

[51] Williamson, O. E., "Markets and Hierarchies: Analysis And Antitrust Implications", *New York: Free Press*, 1975.

[52] Williamson, O. E., "The Economic Institutions of Capitalism: Firms, Markets, Relational Contracting", *New York: Free Press*, 1985.

[53] 迈克尔·迪屈奇:《交易成本经济学——关于公司的新的经济意义》,经济科学出版社,1999。

[54] 王跃生:《国际企业制度创新与企业理论的发展》,《经济社会体制比较》2001 年第 6 期。

[55] 高乐咏:《一体化经济中的政府与企业》,山西经济出版社,1999。

[56] 陈志俊,丁力:《不完全契约理论:另一个视角》,《中国经济学》,上海人民出版社,1996。

[57] 陈郁:《企业制度与市场组织——交易费用经济学文选》,上海三联书店,1996。

[58] 艾伦·施瓦茨:《法律契约理论与不完全契约》,《契约经济学》,李凤圣主译,经济科学出版社,1999。

[59] 本杰明、克莱因等:《纵向一体化、可占用租金与竞争性缔约过程》,载于《企业制度与市场组织——交易费用经济学

文选》，上海人民出版社，1996。

[60] 张其仔：《新经济社会学》，社会科学文献出版社，1991。

[61] Williamson, O. E. , "Transaction cost economics: the governance of contractual relations", *The Journal of Law and Economics*, 1979, 22 (10): 233-261.

[62] Baker, Gaorge, Gibbons, et al. , "Relational contracts and the theory of the firm", *Quarterly Journal of Economics*, 2002, 117 (1): 39-81.

[63] Grandori, Anna, "Innovation, uncertainty and relational governance", *Industry and Innovation*, 2006, 13 (2): 127-133.

[64] Gulatir R. , "Does familiarity breed trust? The implications of repeated ties for contractual choice in alliances ", *Academy of Management Journal*, 1995, 38: 85-112.

[65] Dyre J, Singh H. , "The relational view: cooperative strategy and sources of interorganizational competitive advantage", *Academy of Management Review*, 1998, 23: 660-679.

[66] Poopo L. , Zenger T. , "Do formal contract s and relational governance function as substitutes or complements?", *Strategic Management Journal*, 2002, 23: 707-725.

[67] Glaro, Dann Y Pimentel, Hageaar, et al. , "The determinant s of relational governance and performance: How to manage business relationship?", *Industrial Marketing Management*, 2003, 32: 703-716.

[68] Joshi, Ashwin W, Campbell al Exandra J. , "Effect of environmental dynamism on relational governance in manufacturer-supplier relationships: a contingency framework and an empirical test", *Journal of t he Academy of Marketing Science*, 2003 (1): 176-188.

[69] Mahoney. J. T. , " The Choice of Organizational Form: Vertical

Financial Ownership Versus Other Methods of Vertical Inregration", *Strategic Management Journal*, 1992 (13): 559-584.

[70] 威廉姆森:《生产的纵向一体化:市场失灵的考察》,《美国经济评论》1971年第5期。

[71] 孙天琦:《合作竞争型准市场组织的发展与产业组织结构的演进》,《经济评论》2001。

[72] 张莹:《供应链协同效应:一个交易费用理论的视角》,《经济研究参考》2003年第91期。

[73] 卢现祥:《西方新制度经济学》,中国发展出版社,1999。

[74] 诺斯:《制度、制度变迁与经济绩效》,上海三联书店,1994。

[75] 刘刚:《供应链管理的交易费用经济学分析》,人大复印资料,2004。

[76] 刘丽文:《生产与运筹》,清华大学出版社,1998。

[77] Dyer, j., & H. Singh, "The Relational View: Cooperative Strategy and Sources of Interorganizational Competitive Strategy", *Academy of Management Review*, 1998 (23): 660-679.

[78] 王凤彬:《供应链网络组织与竞争优势》,中国人民大学出版社,2006。

[79] Verwaal, E., & M. Hesselmans, "Drivers of Supply Network Governance: An Explorative Study of the Dutch Chemical Industry", *European Management Journal*, 2004 (22): 442-451.

[80] 武志伟、茅宁等:《企业间合作绩效影响机制的实证研究》,《管理世界》2005年第9期。

[81] Madhok, A., "Reassessing the Fundamentals and Beyond: Ronald Coase, the Tredansaction Cost and Resource - Based Theories of Firm and the Institutional Structure of Production", *Strategic Management Journal*, 2002 (23): 535-550.

[82] Walter W. Powell, Kenneth W. Koput, Laurel Smith - Doerr.,

"Interoganizational Collaboration and the Locus of Innovation: Networks of Learning in Biotechnology", *Administrative Science Quarterly*, March, 1996, 41 (1): 116 – 145.

[83] Stiglitz, J. E, "A new view of technological change", *Economic Journal*, 1969, 79: 116 – 131.

[84] Caniels, Marjolein, C. J., *Knowledge spillovers and economic growth: Regional growth differentials across Europe*, Northampton, Massachusetts: Edward Elgar, 2000.

[85] Stoneman P., "Handbook of the Economics of Innovation and Technological Change", *Blackwell, Oxford*, 1995: 265 – 297.

[86] 赵林度：《零售企业食品安全信息管理》，中国轻工业出版社，2005。

[87] 方青：《供应链企业合作利益分配机制研究》，《武汉理工大学硕士学位论文》，2004。

[88] 郭丽华等：《基于利润分配机制的农产品供应链分析》，《物流技术》2006年第6期。

[89] Kokko, "Foreign Direct Investment, Host Country Characteristics and Spillovers", *The Economic Research Institute*, Stockholm, 1992.

[90] 孙世民等：《高档猪肉供应链内部协商价格的研究》，《农业系统科学与综合研究》2003年第5期。

[91] 曹静、方名山：《关于流通渠道中生产商与零售商关系的博弈分析》，《商业经济与管理》，2007。

[92] 王效俐、安宁：《商业流通渠道利润最大化模型及利润分配策略的确定》，《系统工程》，2003。

[93] Ingene C. A., Parry M., "Channel Coordination When Retailers Compete", *Marketing Science*, 1995, 14 (4): 360 – 377.

[94] Iyer G., "Coordinating Channels Under Price and Non – price Competition", *Marketing Science*, 1998, 17 (4): 338 – 355.

[95] 李陈华:《消费者偏好异质性与渠道竞争》,《经济与贸易评论》2008年第1期。
[96] 刘大海等:《SPSS15.0统计分析从入门到精通》,清华大学出版社,2008。
[97] 张文彤:《SPSS统计分析高级教程》,高等教育出版社,2004。
[98] 陈永忠:《油茶栽培技术》,湖南科学技术出版社,2006。
[99] 湖南省发展改革委员会《湖南省油茶产业发展规划2008~2020(草案)》,2009。
[100] 喻闻:《农产品供应链案例研究》,中国农业科学技术出版社,2008。

附录1
绿色食品消费者调查问卷

时间：　　　地点：　　　对象：　　　编号：

填报说明：以下问题，请在符合您情况的选项后的"□"内打"√"。

一　您的基本情况

1. 性别：男□　　女□

2. 年龄：35岁以上□　35~55岁□　55岁以上□

3. 文化程度：中学或以下□　大学□　研究生或以上□

4. 家庭人均月收入（元）：1000以下□　1000~2000□　2000~5000□　5000~10000□　10000以上□

5. 本人身份：国家干部或公务员□　科技人员□　教学人员□　医务人员□　企业职工□　退休□　私营业主□　其他□

二　绿色食品及茶油的认知情况

6. 您是否听说过"绿色食品"？　是□　　否□

7. 以下哪个标志是绿色食品标识？

□　　□　　□　　不知道□

8. 您是否相信绿色食品比普通食品更安全？

是□　　否□　　　不确定□

9. 您是否听过"绿色茶油"？　是□　　　否□

10. 影响您购买绿色食品的因素有：

第一位因素：价格太高□　销售点少，不方便□　品种太少□　担心假冒伪劣□　没看法□

第二位因素：价格太高□　销售点少，不方便□　品种太少□　担心假冒伪劣□　没看法□

第三位因素：价格太高□　销售点少，不方便□　品种太少□　担心假冒伪劣□　没看法□

11. 您在购买绿色食品过程中：

最关注的是：价格□　外观□　品牌□　包装、标示□

其次则是：价格□　外观□　品牌□　包装、标示□

再就是：价格□　外观□　品牌□　包装、标示□

第四是：价格□　外观□　品牌□　包装、标示□

12. 您认为目前绿色（无公害）食品的价格如何？

太高，难以接受□；偏高，但可接受□；比较适当□；价格偏低□；不了解□

13. 如果普通食品的价格是每斤 5.0 元，在确保质量的情况下，您能接受的绿色（无公害）食品的最高价格是多少？

5.5元（高出普通食品10%）□；6.0元（高出普通食品20%）□；6.5元（高出普通食品30%）□；7.5元（高出普通食品50%）□；9.0元（高出普通食品80%）□；10元（高出普通食品100%）□；10元以上（高出普通食品100%以上）□

14. 您认为可行的绿色食品营销渠道是（可多选）

超市经营□　设专卖店□　直销配送□　普通零售□　其他□（请注明）

15. 您认为目前绿色食品公众消费不热的主要原因是：（可

多选）

宣传不够，消费意识差□；销售点少，购买不便□；质量不保，怕上当□；信息不畅，不知到哪购买□；价格太高，一般消费者承受不起□；其他□

16. 为促进绿色（无公害）生产，您认为政府应该做什么？（按照重要程度选前4项，注明1、2、3、4）

提供一定的财政支持和生产补贴□；

加大宣传，引导消费□；

制定条规，保证生产质量□；

监管市场，打击假冒伪劣□；

制定绿色（无公害）生产规划□；

增加科研投资，提高技术水平□；

为生产者或企业服务，提供生产、质量、消费等方面信息□

17. 您购买过茶油或茶油调和油吗？ _____

0次□；1~2次□；3~4次□；5~6次□；7次以上□

18. 您家里茶油的主要来源是？

自己购买的□；别人赠送的□；单位发放的□；其他□

19. 您家里每年消费的茶油占食用油的比例范围是多少？

≤1/3□；1/3~1/2□；1/2~2/3□；≥2/3□

20. 您可以接受的茶油价位是多少？（单位：元/斤）____

≤25元□；25~30元□；31~35元□；36~40元□；≥40元□

四 绿色茶油的购买意愿

21. 您是否愿意购买"绿色茶油"？　是□　　否□

22. 请问下列各项对您关于绿色茶油消费意愿的重要性程度（请在对应的空格内打"√"）

项　目	很不重要	不重要	重要	较重要	很重要
安全认证标识					
品牌名称					
价格实惠					
营养成分					
口感香味					
油的色泽					
油的外观					
包装外观					
包装容积					
生产日期					
生产产地					
购买地距离远近					
购买地规模大小					
购买地信誉好坏					
家人的健康状况					
家人的饮食偏好					

感谢您的支持与配合！

附录 2
农户调查问卷

No_____，_____县（市）_____镇（乡）_____村_____组，调查时间_____，调查员_____。

一 被调查农户的情况

1. 户主年龄：_____岁；性别（男 女）
2. 户主文化程度：①小学以下；②小学；③初中；④初中以上
3. 户主有过外出打工或经商的经历吗？①有；②没有
4. 家庭人口：_____人；其中家庭劳动力（16~60岁）_____人。
5. 现总耕种面积_____亩，其中从别人转（租）的面积_____亩。
6. 家庭年总收入（2006）_____元，其中农业收入占全家总收入的比例为多少_____（%）。

二 农户农业生产经营概况

7. 您家何时开始从事该项生产项目？①2000年以前；②2000~2002年；③2002~2005年；④2005年以后
8. 您家有专门的农业设施投入（如大棚、畜舍等）吗？①如

有，您家已累计投入_____元；②没有

9. 您家生产的产品销售渠道：①基地_____%；②企业_____%；③中介组织_____%；④市场_____%

10. 您家生产的产品销售方式：①订单_____%；②基地_____%；③自销_____%

11. 绿色农产品生产成本与常规农产品生产成本相比：①高_____%；②低_____%；③无异

12. 绿色农产品价格与常规农产品相比：①安全农产品售价_____元/千克（头、只、羽）；②当地常规农产品的售价_____元/千克

三 农户与企业合作的情况

13. 您是否知道订单农业（合同农业）？①不了解；②有点了解；③比较了解；④了解；⑤很了解

14. 您家在农产品生产与销售过程中，是否与有关单位签订过订单（合同）？①签订过；②没有签订过

→如选"没有签订过"，您家没有签订过的原因是什么？①没有机会；②好处不明显；③手续太复杂；④自己规模太小，对方不感兴趣，请转回答问题18，继续回答

→如选"签订过"。继续回答以下问题

14.1 您家是与下列哪类组织签订合同？
①当地贩销大户；②企业；③村集体经济组织；④农技部门；⑤供销社；⑥农民自己组建的合作社或专业协会；⑦其他

14.2 您家签订合同的具体形式为：①口头协议；②书面协议

14.3 您家与对方签订产销合同的做法至今已有几年_____？是在_____年。

14.4 您家参与订单的最主要原因是什么？①为了产品有销路；②为了价格有保证；③为了得到技术支持；④为了得到资金的支持

14.5　您家与对方签订的合同期限一般为多长时间？①1年以内；②1~2年；③2~3年；④3年以上

14.6　您家与对方签订的主要是什么内容的合同？①一般销售合同；②生产合同

14.7　通过订单销售的农产品占您家总产量比例为_____%。

14.8　您家与对方签订的合同的价格为：①随行就市价格；②保底收购随行就市；③固定价格其他

14.9　您家最想要的合同价格为：①随行就市价格；②保底收购随行就市；③固定价格其他

14.10　您家与对方签订订单后，对方是否要求您家有一些配套投入？①有要求；②没有要求

14.11　在签订订单后，如果您家不履约要承担对方损失赔偿吗？①要的；②不要的

14.12　您家最后履行订单了吗？①没有履行；②履约了

14.13　如没有履行主要原因是什么？（可多选）①产品质量不符合对方要求；②市场收购价格更高，卖给别人；③数量不够，企业拒收；④交货时间不及时，企业拒收

15. 您所在地政府有支持绿色农产品生产的政策吗？①有；②没有

16. 您家今后是否愿意与有关部门签订合同？①愿意；②不愿意

→如选"不愿意"，结束问卷回答

→如选"愿意"，请继续回答问卷

17. 您家最愿意与下列哪类组织签订合同？①当地贩销大户；②企业；③村集体经济组织；④农技部门；⑤供销社；⑥农民自己组建的合作社或专业协会；⑦其他

四　农户的质量安全意识

18. 您知道绿色农产品吗？①知道；②不知道

对农产品质量安全：①关注；②无所谓

19. 您对绿色农产品生产的态度是：①应该生产；②有补贴就生产；③成本太高，承担不起，不生产；④成本再高也坚持生产

20. 您知道农产品标准吗？①知道；②不知道

若回答知道，请继续回答下列问题

20.1 您生产绿色农产品采用的标准是那种标准？①省部级；②地县级；③基地；④其他

20.2 标准是否模式化？①是；②否。于____年____月模式化。

五 绿色生产的技术支持

21. 农（兽）药由基地统一供应吗？①是；②否

查验过售药单位的合法性吗？①是；②否

2004年底前还用禁止农药吗？①是；②否；③不知道

22. 除与基地的联系外，您家是否加入农业产业化组织？①是；②否

若回答是，请继续回答下列问题：

22.1 它对增收的作用：①大；②中；③小；④无

22.2 对保证产品质量安全作用：①大；②中；③小；④无

23. 绿色农产品基地是否为您家提供统一服务（如统一供种等）？①是；②否

24. 绿色农产品基地是否返还利润？返还标准：①____元/千克（头）或②全年____元。

25. 您家是否有人参加过基地的技术指导或培训？①是；②否

26. 您家农产品销售给农产品加工企业的名称_____，知道该企业对农产品原料质量安全要求吗？①知道；②不知道

该企业是否统一质量安全服务（如统一供种）？①是；②否

您家是否有人参加过该企业组织的技术指导或培训？①是；②否

销售给农产品加工企业的产品是_____，销售量_____千克，占全部总量的_____%，售价____元/千克，而这类常规产品当地市场销价是____元/千克。

企业是否返还利润？①是；②否，返还标准①____元/千克（头）或②全年____元

附录3

企业绿色食品生产与经营情况调查问卷

_____县（市、区）_____镇（乡、街道），调查时间_____，调查员_____。

说明1：请企业质检负责人或熟悉产品质量安全的有关人员填写！

说明2：请在所选项目上打"√"，在" "中填写相应的数字（注意单位）或文字，在"多选"题的每一项后按重要性由高到低标出"1"、"2"的等级。

说明3：我们正在进行绿色食品现状研究，需要了解客观情况，请予支持！

一 企业基本情况

1. 企业名称_____；
2. 企业的财产所有制：
①民营；②集体；③国营；④合资企业；⑤其他
3. 企业的资产总值（2006年）：_____（万元）
4. 企业的固定资产总值（2006年）：_____（万元）
5. 企业的销售收入（2006年）：_____（万元）
6. 企业的税后利润（2006年）：_____（万元）

7. 企业用于食品质量安全的资金投入比例_____％。

8. 贵公司的主营产品：_____

9. 您的职务是_____，您是否关心食品的质量安全？①是；②否。您认为企业负责人或决策层的质量安全意识如何？①高；②一般；③低；④无。

10. 2006年底，企业员工_____人，其中员工比例是：本科及以上_____人，大专_____人，高中_____人，初中_____人，小学及以下_____人；食品专业技术人员的比例_____人。

11. 企业属于：①完全出口类企业；②部分出口类企业；③完全内销企业；④其他

12. 企业产品有否获得过下列荣誉称号？①国家级名牌；②省级名牌；③市级名牌；④没有

13. 企业是属于下列哪类龙头企业？①国家级；②省级；③市级；④县（市）级

14. 企业对原料农产品的质量要求是否较高？①不高；②较高；③高；④很高

15. 生产农产品的农户一般经营规模是否较大？①很小；②较大；③大；④很大

16. 生产农产品的农户一般投资是否较大？①很小；②较大；③大；④很大

17. 生产相同类型农产品的农户数量是否较多？①不多；②较多；③多；④很多

18. 在收购时，从外观是否容易判别农产品质量的好坏？①不容易；②较容易；③容易；④很容易

19. 公司是否容易直接监督农户的生产行为？①不容易；②较容易；③容易；④很容易

20. 目前企业主要通过下列哪类途径收购农产品的？①以市场随机收购为主；②以一般订单（合同）收购为主；③以公司与农

户合作建立的基地收购为主；④以公司自己租地建立的基地收购为主；⑤以公司买地建立的基地收购为主；

二 企业与农户和基地合作情况

21. 企业与基地合作已有几年了？①1年以下；②1～3年；③3年以上

22. 企业通过合同收购主要的农产品是：_____

23. 企业通过合同收购的农产品是主要通过下列哪种方式处理后销售出去的？①经过简单分类处理；②经过粗加工；③经过精加工

24. 企业通过合同收购的农产品数量占总收购量的比例约为多少？①25%以下；②25%～50%；③50%～75%；④75%以上

25. 企业收购农产品的频率如何？①每天收购；②几天收购一次；③季节性集中收购；④其他

26. 企业签订合同的具体形式为：①以口头协议为主；②以书面协议为主

27. 企业签订的是什么类型的合同？①一般产品销售合同；②生产合同

28. 企业与农户签订合同的主要目的是：（可多选）
①为了保证原料的供应；②为了保证收购农产品的质量；③为了减低市场交易成本；④为了稳定农产品的收购价格；⑤为了获得政府的支持；⑥其他

29. 企业目前主要通过下列哪种组织形式与农户签订合同的？①公司直接与大户；②公司+村经济组织+农户；③公司+农村合作经济组织；④公司+贩销大户+农户；⑤公司+当地政府+农户；⑥其他

30. 从企业的角度看，今后最理想的组织形式为下列哪一种？①企业直接与大户；②企业+村经济组织+农户；③企业+农村合作经济组织；④企业+贩销大户+农户；⑤企业+当地政府+

农户;⑥其他

31. 企业签订的合同有效期限一般为多长时间?①1年以下;②1~2年;③2~3年;④3年以上

32. 企业签订的合同条款是如何制定的?①双方协商制定;②由企业说了算;③第三方参与协商制定;④其他

33. 企业签订合同的有关质量规格标准是依据什么制定的?①企业自己标准制定的;②行业标准;③国家标准;④国外标准

34. 企业签订的合同收购价格为:①随行就市价格;②最低保护价格(市场价格高于保护价格时随行就市);③固定价格(根据近几年价格平均确定或成本确定);④其他形式

35. 假如企业采取保护价格收购农产品,如市场价格出现下跌,企业面临亏损,将如何?①继续履行合同,坚持按保护价收购农户的农产品;②将与合同方商议,调整收购价格;③通过其他办法协调;④拒绝履行合同

36. 企业是如何收购签订合同的农户农产品的?①对方送上门;②企业上门收购;③部分对方送上门,部分企业上门集中收购

37. 企业对签订合同农户主要提供下列哪些服务?(可多选)①提供生产资料投入服务;②提供技术服务;③提供资金服务;④没有提供服务

38. 企业对合同履行过程中表现好的农户有否奖励措施?①有;②没有

39. 在合同履行过程中,合同的履约率有多高?①25%以下;②25%~50%;③50%~75%;④75%以上

40. 在合同履行过程中,农户不能履约的主要原因是:(可多选)①卖给出价高的第三者;②质量不符合要求;③交货时间不及时;④数量达不到要求

三 企业生产绿色农产品的绩效

41. 企业生产绿色食品的投入相对于收益来讲？①更高；②差不多；③更低

42. 企业生产绿色食品销量比以前？①更高；②差不多；③更低

43. 企业生产的绿色食品与市场同类常规食品的价格相比：①更高；②差不多；③更低

四 企业与农户和基地的关系及其绩效评价

44. 企业收购农户绿色农产品的价格与市场价格相比：①高；②低；③按市场时价。主要产品产值占总产值的比例_____%；与同等常规农产品加工相比，企业绿色农产品加工的成本高出_____%，经济效益高出_____%。

45. 企业是否依托绿色农产品生产基地（如无公害基地）？①是；②否。企业产品加工原料来自基地的占_____%，在市场采购的占_____%。

46. 企业通过基地农户的紧密联系能否提高质量安全水平。①是；②否

47. 企业对原料的收购采取（多选）：①仅按订单收购；②制定标准并按标准收购；③企业派人对关键生产环节监督后收购；④质检验收合格后收购；⑤其他

48. 企业是否与农户签订绿色农产品收购合同？①是；②否

49. 企业是否对农户提供的原料进行检测？①是；②否

五 企业绿色食品的销售渠道选择

50. 贵企业产品的销售渠道有：

51. 您认为企业产品可行的销售渠道是：

52. 贵企业产品销售渠道运行经济效益最佳的是：

53. 贵企业在选择产品销售渠道是考虑的因素有：

致　　谢

　　本书是在我的博士论文基础上充实、修改与完善而成的。从做博士论文研究到撰写专著，其间经历总难以忘却，心中充满着无限感慨。对于少年时看过的电影《人到中年》，有了更深切的理解。在职攻读博士学位之时，正是我步入中年之际，其间经历了太多太多的波折，以致使我多次萌生放弃的念头，而能够坚持下来走到今天，承蒙老师们的教诲、领导的关怀、同学同事朋友亲人们的帮助和支持，在此，我要表达我最诚挚的谢意。

　　首先，感谢导师曾福生教授。感谢他的关心，让我走进了博士学习的大门；感谢他的培养和指导，使我顺利完成博士研究生的学业；也感谢他对我工作与生活的帮助和支持，使我在事业上有所进步。同时要感谢师母李明贤教授，她高尚的人格魅力、深厚的理论功底、精益求精的工作作风、严谨的治学态度，深深地感染和激励着我，成为我做人、做学问的楷模。

　　感谢博士点诸位导师，他们是朱有志教授、刘茂松教授、乌东峰教授、刘纯阳教授、龙方教授、黄胜泉教授、杨华锋教授，感谢他们传道授业，在我论文开题、写作过程中给我提供宝贵的建议和思路。也感谢刘葆金教授、蒋和平教授、张俊飚教授、应瑞瑶教授、江华教授对博士论文提出的宝贵意见。学习期间，我得到经济学院的罗光强、马浩、罗峦、刘辉、匡远配、吴柳等诸位老师的无私帮助，令我受益匪浅。

我还要感谢商学院的领导对我无微不至的关怀和理解，特别是现任院长刘志成给予我的鞭策和激励、前任院长周发明给予我博士课题研究的关注和支持，感谢始终支持和帮助我的同事们，正是由于你们的帮助和支持，我才能克服困难和疑惑，直至著作的顺利完成。特别感谢我的同事杨亦民博士、刘文丽教授、曾尚梅副教授给予的帮助；王溶花老师、胡梅梅老师，以及研究生安龙送、曾雄旺、罗琳艳，他们为本研究做了不少工作，给予我诸多的帮助。食品科技学院的周建平教授给予我食品生产与加工方面知识的指导和帮助，还有蒋利文博士、杨辉老师提供了实地调研的便利，理学院的李绪孟老师给予我数学模型建构和计算的指点和帮助。

特别要提到的是，平江县李镇江副县长，也是我的研究生，在繁忙的工作中，帮助我选点，安排实地调研工作。

同学之情，终身难忘。杨薇、赵佳荣、彭希林、李倩兰、李立清、洪艳、王旭红、杨发明、杨迪航等在学习期间给予我许多帮助，也使我们的学习生涯充满温馨和快乐，在此一并感谢。

最后我还要特别感谢恩重如山的八十高龄父母和挚爱的姐姐，为解除我的后顾之忧，让我安心完成学业，他们为我付出很多很多，他们的亲情、理解和支持，使我对事业、生活不敢有任何懈怠，激励着我奋力前行，谢谢你们！

此外，在学习和写作过程中，我阅读并参考了大量的文献著作，所列出的参考文献难免有所遗漏，谨向给予我灵感和思想火花的文献著作的作者们表示衷心感谢。

我将承载着你们的爱和期待继续前行，回报社会，实现人生价值。

杜红梅
2012 - 5 - 15

图书在版编目（CIP）数据

中国农产品绿色供应链耦合机制研究／杜红梅著.—北京：社会科学文献出版社，2012.8
（湖南农业大学商学院学术文库）
ISBN 978-7-5097-3590-9

Ⅰ.①中… Ⅱ.①杜… Ⅲ.①农产品-供应链管理-研究-中国 Ⅳ.①F724.72

中国版本图书馆 CIP 数据核字（2012）第 151047 号

·湖南农业大学商学院学术文库·
中国农产品绿色供应链耦合机制研究

著　者／杜红梅

出 版 人／谢寿光
出 版 者／社会科学文献出版社
地　　址／北京市西城区北三环中路甲29号院3号楼华龙大厦
邮政编码／100029

责任部门／皮书出版中心（010）59367127　　　责任编辑／周映希　张　澄
电子信箱／pishubu@ssap.cn　　　　　　　　　 责任校对／杨　慧
项目统筹／邓泳红　　　　　　　　　　　　　　 责任印制／岳　阳
经　　销／社会科学文献出版社市场营销中心（010）59367081　59367089
读者服务／读者服务中心（010）59367028

印　　装／三河市尚艺印装有限公司
开　　本／787mm×1092mm　1/20　　　　　　印　张／17.6
版　　次／2012年8月第1版　　　　　　　　　 字　数／294千字
印　　次／2012年8月第1次印刷
书　　号／ISBN 978-7-5097-3590-9
定　　价／49.00元

本书如有破损、缺页、装订错误，请与本社读者服务中心联系更换
▲ 版权所有 翻印必究